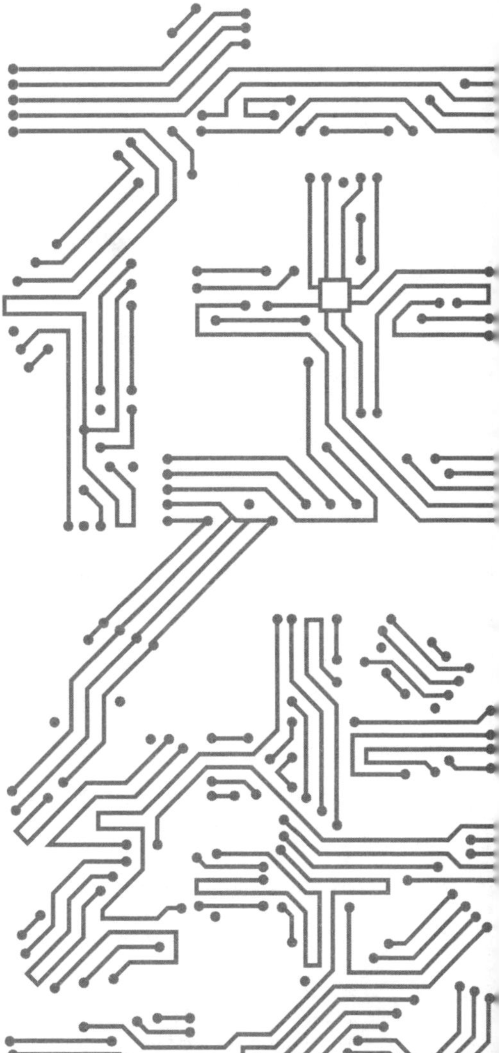

数据改变商业本质 + 计算重塑经济未来

王坚 著

中信出版集团 · 北京

图书在版编目（CIP）数据

在线 / 王坚著 . --2 版 . -- 北京：中信出版社，
2018.5（2025.1 重印）
ISBN 978-7-5086-8605-9

I. ①在… II. ①王… III. ①经济数学—计算技术
IV. ① F224.0

中国版本图书馆 CIP 数据核字（2018）第 026973 号

在线

著　　者：王　坚
出版发行：中信出版集团股份有限公司
（北京市朝阳区东三环北路 27 号嘉铭中心　邮编　100020）
承 印 者：北京盛通印刷股份有限公司

开　　本：880mm × 1230mm　1/32　　印　　张：10.5　　字　　数：220 千字
版　　次：2018 年 5 月第 2 版　　印　　次：2025 年 1 月第 17 次印刷
书　　号：ISBN 978-7-5086-8605-9
定　　价：59.00 元

难忘父母的养育之恩

家人的一路陪伴

目录

5

互联网的进化

6

追寻在线凌云梦

7

从门洛公园到云栖小镇

8

互联网、数据和计算的聚变

9

从摩尔定律到在线定律

10

人类的自信

推荐序一

为什么是阿里巴巴，是马云，是王坚？

读了书稿后，我相信这是王坚博士自己一字一字打出来的。思维活跃，所以文字轻快，一如说话风格跳跃的他；洞察未来，所以预言大胆，一如大开大合的阿里。

马云和王坚，都是我喜欢的聊天对象。跟马云聊天的收获是“原来可以这样看问题”，跟王坚聊天的收获是“未来可能真的会这样”。

王坚对浙江的贡献确实有点儿大（马云就更不用说了）。无论是帮助省政府深化对信息经济的理解，还是举办云栖大会，推进“数据强省”建设，甚至举办国际海岛旅游大会，都有王坚的一份功劳。我对他心存感激。这个世界诸多的精彩，不仅来自市场引领者的创造，还来自少数思考者对未来的畅想。

- 互联网成为基础设施，数据成为生产资料，计算成为公共服务。
- 数据成为资源，对人类来说有两个第一次：人类第一次不是从大自然获得资源，而是自己生产资源；资源第一次不是越用越不值钱，而是在使用中越来越值钱。

- 今天数据为中国带来的推动，很像20世纪初电力为美国带来的推动。

今天这些被我们视为理所当然的思考，在8年前，不论在哪里都会被视作奇谈怪论。王坚是最早洞察到这些问题的人之一，更巧的是他恰好遇到了马云。我也会想为什么是阿里巴巴，是马云，是王坚，为什么都是在浙江？

我认为这跟民营经济的活跃有内在的关系。浙江的民营经济是“一有阳光就灿烂，一遇雨露就发芽”。阳光、雨露，是政策机会，也是历史机遇。灿烂的、发芽的，一开始是各种创业，到了后来自然会有文化的丰富、思想的创新以及对未来的洞察。

现在，互联网已成为浙江经济新的基因，“云上浙江”“数据强省”正在扎实推进，以互联网为核心的信息经济已成为浙江经济发展的新亮点、新动力。相信，不久的将来，浙江一定能够成为中国乃至全球最具活力的地区之一。

这不是偶然，是中国的活力、时代的活力带来的必然。这本书正是一本关于时代活力的著作。为王坚博士点赞！

——**李强** **时任浙江省省长**

推荐序二

假如10年前就有博士，今天阿里巴巴的技术会很不一样[①]

第一次见到王坚博士时，我震撼于他对互联网技术未来发展的理解，有一种相见恨晚的感觉。

第一次在集团战略会议上听到博士谈未来数据时代，惊叹于他对数据技术的理解和执着，正因如此，阿里巴巴才有了如今的技术布局。

第一次听博士提出要进行 YunOS（阿里巴巴旗下的移动操作系统）的研发时，我几乎是愤怒地惊讶于他的胆识。

第一次听到大家痛诉云手机有多烂时，我看到了博士及其团队的顽强。

第一次发生 Hadoop（一个处理大规模数据的软件平台）和云梯技术之争时，我惊喜地看见了一个了不起的、绝对负责的技术领导者应有的科学精神和坚持。

大家对于博士的管理方式、沟通方式和执行手法提出过批评，也进行过考量，但无论如何，我们看到的始终是个谦虚、纯洁，而

---

① 此文完成于2012年9月。

又积极向上的大男孩。

博士是人，不是神。博士的不足大家都知道，我了解的也并不比大家少；而博士了不起的地方，估计很少有人知道。

假如，10年前我们就有了博士，今天阿里巴巴的技术可能会很不一样。

假如，我们的工程师、产品人员和运营服务人员已经具备真正的合作伙伴意识，那么阿里巴巴的明天会更不一样。

假如，我们的博士是程序员出身，那么阿里巴巴的CTO（首席技术官）可能和任何公司的CTO毫无区别。

假如一个乐队的指挥要会拉小提琴、会弹钢琴、会吹大号，那么阿里巴巴集团里恐怕就没有人可以胜任CEO（首席执行官）、CFO（首席财务官）、CPO（首席人才官）……阿里巴巴的了不起之处，就在于我们可以把一个看起来肯定做不了啥“O”的人变成一个独特的“O”！

感谢大家对博士提出的批评，正是这些批评使得博士更加完美。阿里巴巴会把一个心理学博士变成出色的CTO，就像美国把里根这个演员变成总统一样。博士能有今天，不光是因为他本人的天赋和努力，更因为你我的支持和帮助。希望大家今后能够继续支持博士的工作。

马云　阿里巴巴集团董事局主席

推荐序三

当“数据”成为新财富

互联网、数据与计算是推动数字时代与社会进步的三大支柱。它对业务推动，产品生产与制造，人类的生活与沟通、旅行、理财、购物方式，以及健康与医疗都产生了革命性的影响。过去十几年，由于光纤与无线传播技术的发展与扩展，互联网把全世界的计算机、手机、移动装置、机器与其他物品连接在一起，这不只是工程上的成就，更重要的是它把人与机器结合在一起。人们的每一个动作都被记录下来，被编辑、统一、精制、分析与模拟，最后为销售及市场人员、商人与医生提供新的咨询建议及策略，为客户与病患提供更棒的服务。由于互联网经济规模很大，这样的消费（如水电般）多数人负担得起，所以不只是企业，人人都可以享受其带来的好处。

这本书描写了互联网把万物、机器与人连接在一起，每一分每一秒都在产生新的资源，即数据。数据与内容的计算已不局限于单一计算机，而是经由互联网把所有“端”的计算机结合在一起，这将产生出体量无比巨大的计算能力。因此，数据经由互联网的计算产生智能，进而推动科技、社会与生活的发展。

王坚博士对于“互联网、数据与计算”的诠释与富士康推动云移物大智网、八大生活的应用，以及科技服务转型的决心可谓一致。它使产品生产与制造工艺发生了本质上的改变，制造过程中产生的数据经过计算与分析，可产生模型，并预测结果，从而改善并提升生产效率和品质。另外，巨量数据需要与产品联系起来才能产生有用的小数据，进而产生效益。数据本身并无存在的价值，而是要看怎么找到与行业的关联性。

王坚博士将互联网定义为基础设施，将数据定义为世界的新财富，将计算视为一种公共服务，这对企业的经营者来说尤其有吸引力。当数据在未来的世界中扮演关键性的财富角色时，如何有效利用这一项新财富来塑造新的企业经营策略，是真正值得企业经营者思考的议题。

——————————**郭台铭** **鸿海 / 富士康科技集团总裁**

推荐序四

从云计算和半导体业看到的未来

很高兴有此机会将王坚博士（业界都称他为“博士”）的作品《在线》推荐给产业界人士、学界师生，以及对未来数十年信息社会演进有兴趣的读者。博士在中国互联网界是知名人物，心理学博士出身也算异数。

这本书算是博士从浙江大学心理学系加入微软亚洲研究院，再加入阿里巴巴集团，亲身参与互联网产业 20 年来的一个总结，如他自己所言：“是作为一个依然在一线感受技术变化的实践者做出的真诚成果分享，以及对未来的期许。”

博士与我，一个在互联网、软件领域，一个在系统芯片半导体领域，我们的交集也正是手机等各式智能设备。半导体是信息产业之“米”，我常通过计算演进回顾从半导体与计算机到手机和物联网等网络产业的兴起。由于摩尔定律预言的不断进步，现在每人每年平均要使用数十亿个晶体管，才能享受在线、云计算、数据等服务之好处。就像米饭维持人类的生命一样，晶体管则是协助人类心智的运用。博士与我，一个从云计算，一个从半导体，看到了一样的未来，算是殊途同归。

“互联网：离线到在线”“计算机到云计算”“信息到数据”是贯穿这本书的 3 个核心观念，博士用讲故事的方式娓娓道来，数据是生产资料，构成计算经济之基础，支持了移动支付、共享单车、外卖等行业，读者可由此书了解中国及全球互联网发展趋势。书中列举了古今中外许多影响人类社会的发明，例如电力、计算机等，还有许多故事，例如登陆月球、珠峰登顶等，这些都会对年轻学子有所启发。尤其是无私分享 YunOS 的发展以及阿里云计算公司“去 IOE”的故事，更可见博士的理想与坚持不懈。

我和博士相识多年，经由合作相知。最近一次相见是在 2017 年 7 月于杭州举行的中国人工智能大会上，博士是主讲者之一，穿着一贯潇洒不羁的服装和球鞋，在台上滔滔不绝地描述以数据为大脑的智能城市的种种实践，我至今记忆犹新。

如此人物，也难怪连马云都要赞叹博士的视野、胆识与坚持，并觉相见恨晚。读其书而识其人，我真诚地将这本书推荐给各位读者。

——————————————— **蔡明介** **联发科技股份有限公司董事长**

作者序

沉淀下来的足迹

《在线》出版后，我看到、听到许多读者的回馈，感受到本书引起了人们的进一步思考。这些读者有着不同的职业和教育背景，超出了我原来对读者群的预期。

就在第 1 版出版两个月后的 2016 年 12 月，本书就被《南方都市报》评选为“2016 年度十大好书”之一。尽管在朋友转给我评选结果之前，我完全不知道有这样一个评选，但还是感谢这次评选对本书的评价：“《在线》是一位中国互联网工作者做出的独特、深刻、具有前瞻性的思考，它的价值远超互联网经济的范围。”

2017 年 7 月，媒体人秦朔在其朋友圈发了《不理解在线，就没有真懂互联网》一文，流传甚广。他在文中也谈到了“会上网的公司不等于在线的公司”，更表达了“世界就是那么大，那么多未知，探索永无止境，我们完全有条件做到过去做不到的事情”。

引发更多的思考和探索，是任何一本书都应该追求的。同样，《南方都市报》评委对本书的态度让我非常感动，“在评价《在线》这本书时，我们决定抛开王坚的身份不管：不管他过去干过什么，也不管他现在在干什么，只看他的书传递的是怎样的观念”。

我在各种不同场合将本书中的内容讲给不太了解中国，也不会讲中文的各国朋友听。出乎我意料的是，这些带有浓重个人经历的故事并没有影响这些人对“在线”这一核心思想的理解。我深深感受到，书中表达的观点已不会受到我个人经历的影响。这让我有了把《在线》奉献给更多读者的念头。这次的全新修订版是这个努力的第一步。

更让我敬佩的是《南方都市报》评选的初心，“我们认为，现今一个紧迫的课题，就是中国人能为世界贡献点儿什么精神产品”。

独立思考互联网的未来，确实是本书的初心，也希望本书对此能有一点儿贡献。

大学时我就读过王佐良先生的译作，很是崇拜。之后我读了吴国盛先生送给我的《什么是科学》一书，它也让我觉得自己离科学近了一些。所以，《在线》与《王佐良全集》和吴国盛先生的《什么是科学》一起入选“十大好书”，对我来说是一个十足的意外。

最后，再次感谢所有和我交流过的朋友，是你们让本书有了奇特的活力。这也是我为什么把许多朋友的文字直接保留在书中。我想告诉大家，这本书不是事后总结出来的，而是大家不同时间的足迹的沉淀。

——王坚　2017 年 8 月于云栖小镇

1

时代的困惑、错位和纠结

50 多万年前的关键词是光明与黑暗，50 多年前的关键词是
数字和模拟，而今天的关键词是在线与离线。

互联网和数据的困惑

这些年，我遇到了三件看起来不同的事，不大不小，却很有意思，看似没有联系，相互却有关系，它们引发了我对互联网、数据和计算的认真思考。

2013 年 5 月 12 日，MTC（Mobile Talk Club，杭州移动互联网俱乐部）在杭州的云栖小镇组织了一场关于云计算的主题沙龙，音乐分享平台虾米网创始人王小玮聊了云音乐，快的打车创始人陈伟星聊了云时代的产品设计，手机互联网站点短趣网创始人王强宇聊了云时代的创业。这些人都称得上互联网时代的“老兵”。我也借机聊了聊自己的一些看法。总的来讲，当时被移动互联网闹了一阵后，大家（包括我在内）都有相当的困惑。

曾经是《钱江晚报》记者的潘越飞把我的分享以第一人称做了详细的梳理，以“王坚：云计算和大数据，你们都理解错了”为标题发到朋友圈中，文中涉及移动互联网和云的定位、对大数据的反思，以及对 App（移动应用程序）创新的不看好。

无人机是大数据的应用典型

我热爱和平，但一讲到云计算和大数据，我想到的两个例子，都跟战争有关。

一个例子是，《世界是平的》（*The World is Flat*）一书作者去过阿富汗前线后认为西点军校应该重新办了。因为他发现一个连排级的军官，只要一个电话就能指挥航母上的飞机，这在以前的战争年代是不会发生的，那时一个连排级军官能够动用的战争资源非常有限，而如今的连排级军官需要进行的训练和过去的军长师长是一样的。经常有人问，如果有一定的基础设施，我能不能改变世界。在以前，许多大事只有美国总统可以做；而今天，因为有了云计算，一个人可以做得比总统还多。另一个例子是，有人说世界上把大数据用得最好的就是无人机。无人机是一个非常典型的创新，以前的仗不是这么打的，但有了大数据之后就变了。

云计算可以让你做以前不能做的事情，做到以前不能做到的规模。

我们的客户才是最会使用数据的人

阿里云最早成立时，我们说自己是数据分享第一平台，对于这个定位，我自己觉得还挺超前的。在早期讨论时，我们的关注点是数据，而不是信息，这是一个很关键的事情。只要一谈到数据，我们其实就把自己定位在平台上了。我们想象最会使用数据的人是我们的客户，而不是我们自己。

今天，最成功的数据公司是谷歌。谷歌利用全世界每个人都可以获取的网络数据，依靠自己的处理能力，做成了世界上最大的生意。在谷歌的初创时期，它拥有的数据别人也有，只是别人没有它的处理能力和对数据的愿景。

我们在定位自己时，一直坚持“数据就是数据”这个最基本的观点，但肯定有人比我们更聪明，会把数据做成重要的生意。

今天的数据远远超过互联网出现之前的数据，所以可以想象的生意更多，而且肯定可以比以前做得更大。

以前没人知道数据在哪里，直到谷歌做出了搜索引擎。这在今天看来很简单，放在当初却很难，因为要把手中的资源做成一个挣钱的东西，当时没几个人想得清楚，否则微软、雅虎也就不会把搜索外包出去了。

“大数据”这个名字叫错了

我相信“大数据”这个名字叫错了，它没有反映出数据最本质的东西。

其实大数据很早以前就有，只是那时的“大”还没有意义。世界上最大的数据估计和互联网一点儿关系都没有，最大的数据估计存在于欧洲核子研究组织（CERN），那里的对撞机计算的数据可能人类一辈子都算不完。

今天数据的意义并不在于有多“大”，真正有意思的是数据变得在线了，这恰恰是互联网的特点。所有东西都能在线这件事，远比“大”更能反映本质。如果快的打车使用的交通数据不在线，那它也就没有什么作用。为什么今天的淘宝数据值钱，因为它是在线的。写在磁带和纸上的数据，作用是有限的。

反过来讲，在线让数据的价值更容易体现。过去美国总统大选之前，需要做盖洛普调查，随机找 2 000 个人做问卷，这样做出的预测也很准了。现在不用这样做了，只要在推特上分析每个人发的信息，就可以预测谁更有可能当选总统。盖洛普调查做完之后很难快速影响社会，不同的是，数据可以快速影响社会。就像打车软件，它对出租车司机的影响可能比对出租车公司更大，究其原因就是数据在线了。

有时候，一些主营业务是石油、地质探察之类的公司来跟我讲它们的大数据，我不大确定这算不算大数据。它们的数据确实多，但是它们的数据若不在线，就没有意义。

数据比功能更重要

在产品方面我算不上专家，阿里云的产品做得不好，都是我的责任，这个需要大家原谅。但吃了很多苦头后，我对于做产品还是有一些心得的。

目前，我还没有看到一个将产品和数据结合得很好的例子。非互联网时代的产品，功能一定是它的价值所在，而互联网时代的产品，数据才是它的价值。做航旅信息的产品有很多，最近一款名为“航旅纵横”的App我用得比较多，我也不知道从产品角度来说它好不好，但它的数据很实用，它可以告诉你前一个航班发生了什么事情。

过去的软件，很多功能的重要性都超过数据，但我相信，接下来，数据会比功能更重要。互联网人应该能够理解这个说法。我和马云开玩笑说，阿里巴巴对数据的理解深度，不会超过苏宁对电子商务的理解深度。[①] 我的意思其实是，大家还没搞清楚机会在哪里。

前几天我在北京碰到叶凯（北京玩蟹科技有限公司 CEO），他说游戏做来做去，最后发现数据才是最重要的东西，在几个机房里来回复制数据很痛苦。我猜测，他认为完全靠直觉做游戏已经不够了，数据可以帮他做这件事情。

云计算是关于信任的生意

在思考云计算时，我突然发现，云计算是关于信任的生意。包括虾米、短趣，之所以搬到阿里云，都是因为信任。中国是全世界最早使用纸币的国家。一张纸上盖个章，就让人相信它是财富，这需要极大的勇气。而今天的我们反而大大落后了，我们不相信信用卡，把信用卡当成借记卡用，这是很大的问题。

有人说他要做三年赚 200 亿美元的互联网项目，但他要依靠别人的云计算服务，他能相信这一点，是很了不起的。我觉得，没有这个勇气，是不可能创新的。如今的中国就存在这样的机会。

保险是一个很传统的行业。开一个保险公司，必须设立办事处。没有人敢说，现在办理保险业务可以不签书面委托书。但是，可能就在近期，中国会出现一家保险公司——它将是全世界第一家没有办事处的保险公司。不需要在纸上签署任何东

① 这是很多年前我们两人之间的讨论，目的是说明阿里巴巴对数据的认识还远远不够。

西，在线就能做完所有事情。

按我的理解，如果把云计算做好了，创新机会就会非常大。

做App是在别人的花园里弄盆栽

我觉得移动互联网创新可以超越App创新的范畴。今天App上的创新，有点儿像在别人家的花园里种些盆栽小花。因为苹果和安卓已经圈了一个花园，你种些花草是没有问题的，就像是去花鸟市场买盆栽。但是你要想做点儿有生命力的东西，还是有挑战性的。你要跑到大森林里开拓，才能做有生命力的东西。否则别人叫你的产品下架你就得下架，这还是有问题的。当然，也有人认为那个花园是一个很好的环境。但是在中国这个背景下，我们确实还可以做些革命性的东西。具体是什么，我们也还不知道。

有了施乐，才有苹果

我们做云计算时最大的挑战，就是我们还没真正弄清楚云计算是什么。这是一个新兴的行业，我们过去只在书本上读到过，全靠大家的互相配合才能做起来。我觉得应该创办一个互联网博物馆。今天大家都知道互联网，却不知道它的发展历史，这样是很难创新的。

大家可能不知道，几乎所有鼠标都产自中国，大部分也在中国销售，与之相关的很多技术也在中国。很少有人去问，为什么这个东西叫鼠标，也没人知道第一个鼠标是用木头做的。

今天大家看到一款很漂亮的手机，叫作 iPhone（苹果手机），它配有很好的操作系统以及很好的 App 商店，但大家可能没想过这东西是怎么来的。我看过一个关于 20 世纪 80 年代美国经济的片子，其中采访了乔布斯，他说，如果他不被苹果赶走，可能不会发生后面的事情。如果当时乔布斯没被赶走，没有一赌气去做 NeXT（美国电脑公司），而 NeXT 又没有被苹果收购的话，就不会有今天的苹果。所以，这里面的机缘巧合是很难计划的。

我相信阿里云肯定能做好，但吃苦的过程肯定逃不掉。有一个传闻说，苹果先做出了麦金塔系统，微软随后推出了 Windows（视窗）系统，苹果就告微软抄袭。盖茨对乔布斯说，我们就别互相过不去了，其实我们都偷了 Xerox PARC（施乐帕洛阿尔托研究中心）的东西。Xerox PARC 虽然没能让施乐公司做大，但做出了很大的贡献。没有施乐这样的公司，自然而然也就不会有苹果这样的公司。我想说，就算各位创业者和施乐一样做些会“死掉”的产品，也很有意义。

不是搜集什么数据，而是做什么服务

如今，手机中的传感器就种类而言和巡航导弹中的传感器差不多。它能搜集到很多东西，却没有产生多大价值。我觉得，数据搜集这件事，已经没有多大创新空间了，只要你想得到，我们就一定能做到。我觉得真正的创新在于你能利用搜集来的数据做什么，这还没有人弄懂。

这是一个鸡和蛋的问题，如果没有人能够用好数据，那后面的事情就不会发生。最早的时候，有人会提到基于位置的服务。但是到了今天，在知道了位置之后，还是没有人能把服务做好。我觉得，这才是最大的挑战。

“云计算”有歧义

假如说云计算是工业时代的电，大数据就是福特生产线，如同没有电就不会有大规模工业化生产一样，没有云计算也就不会有大数据。我觉得“云计算”这个名词的歧义在于：我们说的云计算，其实包括了云计算、大数据、云存储等所有的东西。到了最后，大家应该会忘记云计算，只看得见福特生产线，也就是大数据。所以我说，看得见的前端，看不见的后台。我不相信有人会说，没有云我也能做大数据。没有云，那就是小作坊。

千万不要想着利用数据去改进现有业务

今天的银行谈不上什么大数据，因为缺少合适的计算基础设施。银行靠什么处理数据，靠 IBM（国际商业机器公司）。你可以算出它处理数据的成本，你会发现它处理数据产生的价值可能都无法抵销处理数据的成本。数据真正了不起的地方，是靠最小的成本产生最大的价值。这并不是说，有数据的地方，就会有大数据业务。阿里巴巴在数据方面做得最好的是金融，但金融不等于银行。阿里金融正在做的小微贷款，恰恰是银行做不了的。银行没有这些数据，银行做信用评级的成本极高，所以它不会做小微贷款。阿里金融上每天想贷几百块钱的人多得很。有个只贷了一元钱的客户特意写了一封感谢信，说这辈子从来没有人愿意只借给他一元钱，突然有人愿意这样做，他就觉得人生从此被尊敬了。

千万不要想着利用数据去改进一个现有业务，那不是大数据应该做的事情，大数据应该做的是以前做不了的事情。亚马逊曾把推荐产品的业务做到全球最好，但那是在大数据发展的早期，如果它现在还每天想着怎么把推荐做得更好，我觉得这件事情一定没有希望。

潘越飞后来写道："当天，青龙老贼（一位当天也出席了沙龙的自媒体人）发了王坚的部分观点，遭遇了他开通微信公众号以来最强烈的退粉，也激起圈内人的各种讨论，这就是王坚的'影响力'。"

"王坚，阿里巴巴最富争议性的人物之一，爱者极爱，恨者极恨。"

虽然没有事先准备就谈了自己的一些想法，结果会产生这样的影响，这让我很意外。

云和计算的错位

2013 年 3 月，我在杭州见到了《中国电子报》的李佳师，她对我进行了一次深度的采访，文章题为《从蝴蝶效应到边际效应：解读阿里云战略》。我在采访中谈到了一个基本观点：云计算已不是理论，而是商业实践。我和李佳师上一次见面还是我在微软亚洲研究院工作的时候，后来她听说我回到杭州加盟阿里巴巴，操盘阿里云和 YunOS，更听到了人们对我在阿里巴巴所做事情的各种评说，有褒有贬，有人说我是个有技术情怀的人，还有人认为我不适合主导产品的研发。2013 年 10 月的阿里云开发者大会前夕，我又和她长谈了云和计算的问题。

这次采访安排在王坚和某投资公司谈合作之后，所以时间一拖再拖，直到晚上 10 点才开始采访，但眼里已经有血丝的王坚说起云还是神采奕奕。他谈云、谈中国基础软件的研发、谈互联网思维、谈竞争对手、谈“双 11”、谈 12306 等，记者曾在很多场合把他的这些观点分享给其他企业的高层，他们认为王坚的观点很有启发性。眼下中国的 IT（信息技术）产业正在转型，云和互联网化冲击着各个领域，推动云和互联网化有很多路径、很多选择，也有很多误区，很希望王坚的那些想法和思考能够给转型中的中国 IT 产业带来启发。

关于云，大部分企业的思路和方向都错了

关于云计算，公有云、私有云和混合云是目前被业界认可的三种形态，IBM、微软、威睿（VMware）等 IT 巨头一直在向不同需求、不同类型的用户推荐“公有”、“私有”和“混合”

这三朵“云”。

但在王坚看来，“私有云根本就称不上云”。云计算的本质是服务，如果不能将计算资源规模化、大范围地进行共享，如果不能真正以服务的方式提供，那就根本算不上云计算。所以他认为IBM等传统IT企业巨头说的所谓“私有云”，最多是将其原有的解决方案换汤不换药地新加了点儿技术、重新包装了一下，然后卖给用户的一个升级版IT解决方案。

王坚认为，云计算的发展是需要生态的，但是当好几个云计算联盟送来请柬时，他都回绝了。他把这些联盟的成员和章程看了一遍之后，觉得太虚，没意义，认为它们就是被IBM、微软等外商绑架的云联盟，所以不去捧场。他自己却在杭州积极撮合了一个名为“云栖小镇”的联盟。据他身边的人透露，这个联盟开始并不是博士（在阿里集团，大家都称王坚为博士）主动想做的，是阿里云在做某行业的全国性云项目时，用户和应用开发商自发碰撞，这样的需求触动了王坚，于是他动念把阿里云平台上的各类应用开发商、各类合作伙伴、用户聚集起来，做个实实在在的联盟，大家一起互相启发思路从而解决问题。

在几次采访中，谈及中国正在大力推动的云计算，王坚都特别忧虑：大家都知道云计算是一种服务模式，“但是真正做起来的时候，又是向使用者卖设备”，这其中最核心的问题是思路没有调整过来。目前包括电信运营商在内的中国各路云计算服务提供商、政府园区等都在大兴土木、大规模地兴建数据中心，他们购买了成千上万的服务器，但“99%都不是云计算”。所以阿里做了“飞天”这样一个类似云操作系统的东西，与数据中心合作，把数据中心的计算资源“云”化，通过服务的方式对外提供计算服务。

在王坚眼里，全球只有一个半的企业是阿里云的榜样，一个是亚马逊，它真正实践了云计算所蕴含的服务本质；另外半个则是谷歌，它解决了规模化的问题，但没有将服务做彻底。

云安全一直是大家谈论得最多，也是最为担忧的另外一个话题。王坚认为：“事实上，云比原来的方法更安全，就好像把钱放在银行或放在枕头底下哪个更安全一样，一定是银行更安全！使用云计算需要克服的是心理障碍。”

所有的企业都拥抱了互联网，云才有价值

在几次采访中，王坚一直强调，如果用户、生态链的思路不转变，如果不能够真正拥抱互联网，那么云是没有意义的。只有当用户、整个生态链都拥抱了互联网时，云计算的价值才会真正凸显。

他认为现在很多用户还是在遵循传统思路用IT。他举了一个“双11”时某客户的案例。为了应付“双11”可能出现的爆发性需求，该客户首先想到应该多买几台服务器，这需要花费几千元，还需要解决后期运维的问题。后来他找到了阿里云，阿里云的同事告诉他，只需要花几元钱购买阿里云的OSS（对象存储）开放云存储服务就可以渡过“双11”的难关。

记者问王坚，既然阿里云可以支持“双 11”这样数以亿计的交易需求，是不是也可以解决 12306 购票平台每到春节就瘫痪的问题？[①]王坚说，大家可以将这两者的各种数据进行比较，结论是很明显的。

有人问王坚，现在阿里云的客户数量庞大，覆盖了方方面面，什么时候像中国工商银行这样的金融大客户也会使用阿里云？王坚说：“这个问题应该由中国工商银行来回答，如果中国工商银行认为自己是一家互联网公司，那就应该使用阿里云服务，至少它的绝大多数非核心业务可以云化。”

现在各行各业都在遭遇互联网的冲击，从金融到零售再到制造业，我们几乎已经看不到不受影响的行业。在推动传统企业互联网化的转型进程中，有很多的选择，也有很多的模式，究竟哪一种路径能够带来更成功的互联网化转型？

在王坚看来，现在很多人依然只是将互联网视为一个渠道，而不是思路和生意模式的改变。王坚说：“如何定义互联网企业，它需要满足两个特征，一是要有云计算，二是要在云计算的基础上用数据优化业务。”

也许在很多人看来王坚的观点有些偏颇，但在笔者看来，王坚所认为的互联网化更接近真实的互联网。如果我们不能在核心思路上有更多的颠覆，我们就很难获得更高的效率和效益，小改小获益，大改大获益。

---

① 从 2015 年开始，12306 已经开始使用阿里云的计算服务。

王坚说，“用云计算”的本质是“用互联网”，企业的IT和业务都离不开互联网，互联网的特质和冲击使传统企业的IT无法应对。如果你的企业永远跟互联网没有关系，你就很难想象10年之后企业会是什么样子。

基础软件只有在云上做才有变的机会

很多拿了“核高基”[①]项目资金的企业现在做的依然是复制品，“人有我有”的思路造出的是“替代品”，缺乏市场生命力，只会成为样板工程。

王坚认为，只有在云的时代，中国的IT产业才有真正改变的机会。

中国的基础软件一直做不起来，原因是缺乏与用户互动的机会。王坚说：“关起门来不可能把一个产品做好，产品的发展永远是与用户交互的结果。”以数据库为例，国外数据库并不是从第一天开始就做好的，它也是慢慢地通过与用户不断交互、不断改进成长起来的，当传统数据库发展到今天这个规模的时候，我们已经失去了与用户进行交换学习、共同成长的机会，已经有了不可逾越的障碍。

“我常说需求就是竞争力，”王坚说，“为什么中国的云计算有可能超越美国、比美国更有竞争力，因为中国有更强劲的需求。”他举了淘宝的例子，为什么在中国，淘宝可以如此蓬

① “核高基”是核心电子器件、高端通用芯片以及基础软件产品的简称。

勃地发展，因为中国有巨大的需求，所以它有机会，而在美国沃尔玛很成熟，分布广泛，所以电子商务的发展相对就没那么容易。有需求就意味着它能够告诉你问题在哪里。在他看来，竞争力绝不是从书上读到的，一定是在用户需求的推动下形成的，循着问题去解决问题，才能形成竞争力。阿里在做“飞天”的过程中，遇到了很多问题，也遭到了很多批评。王坚说，就是因为一直在努力解决问题，阿里云才会不断成长。

在他看来，今天的基础软件又有了机会，因为云的出现，我们从软件时代进入云计算时代，整个体系架构发生了改变。基于云进行基础软件的研发，中国还是有机会的。但是王坚同样看到很多获得国家“核高基”项目资金支持的企业，仍存在误区。很多企业，甚至大部分企业还是基于“人有我有”的思路做替代性研发，这样的复制，虽然能够造出一些“替代品”，但那是缺乏市场生命力的，只会成为新的样板工程。

眼下的阿里巴巴推动“去 IOE”[①]，正从“商业软件”向“开源软件”，再向“自主技术 + 云计算”演变。王坚说，中国用户现在对云的需求像“干柴烈火”一样，他希望不仅仅是基础软件，包括应用和整合 IT 生态体系，都能够更清晰地看到云的机会，抓住云和互联网进行创新，让一直处于追随状态的中国 IT 产业更快变局。

---

① 本意是在阿里巴巴的 IT 架构中，去掉 IBM 的小型机、Oracle 数据库、EMC 存储设备，用新的技术和思路跨越传统 IT 时代。

2015 年，IBM 已从坚信智慧地球改成了认知计算，更在谈论“沃森”（Watson，IBM 的人工智能系统）才是未来。2021 年 1 月，《华尔街日报》报道 IBM 正在考虑出售其“沃森”业务，不知以后的重心还会改成什么；而微软确定了“云优先”战略，坚定地走在了云计算的道路上；谷歌的云计算依然在追赶；还有人在讨论边缘计算。硅谷也在反思，把大量的钱和最好的人才投在 App 上，是否真正体现了美国的创新竞争力。大家依然在寻找方向在哪里。

我觉得当时和佳师谈得很凌乱，但这次采访在《中国电子报》上登出时，标题是《阿里集团 CTO 王坚的云和互联网观》[①]，这让我意外。

离线和在线的纠结

我经常用 Skype（微软的即时通信软件）聊天，有一天，实在忍受不了了，因为 Skype 会有永远都发不出的消息。“这玩意儿不好用，只要你离线了，我的消息就发不过去。”朋友这么告诉我。

按照 Skype 的设置，你今天发了一条消息给我，如果我没有在线，这条消息就发不过来。也就是说，如果某一天当我没在线的时候你给我发了一条消息，而发完之后你也下线了，那么一直要等到某一天，我和你同时在线了，这条消息才能发送成功。热门网站豆瓣上曾经出现过一篇帖文，讲述两个人因为 Skype 的这一设置，整

① 作者自 2015 年 5 月起出任阿里巴巴集团技术委员会主席，不再担任阿里巴巴集团 CTO 一职，后面部分的引用不再另做说明。

整花了一个月的时间才把消息发送成功。

这个例子鲜明地体现了离线思维。在 Skype 眼中，你是会下线的，你生活在离线和在线两个世界里。你只有待在办公室的电脑前才会使用 Skype，那时你才上线。当你乘地铁、跑步或者吃饭的时候，你都远离了网络，下线了。Skype 只在你一本正经地要进行互联网通信时才提供服务，就像打电话要求两个人必须拿起话筒才能沟通，这里我们把互联网当成了电话。正是这种对于离线和在线的严格区分，让我觉得 Skype 如果不能超越这种约束，在移动互联网时代就一定会不断没落。

Skype 提供免费的全球性电话，你不必再受限于任何一家电话公司以及国家地域，直接通过互联网就可以进行高质量的语音通话。“当我下载完 Skype 时，我意识到传统通信时代结束了。”时任美国联邦传播委员会主席的迈克尔 · 鲍威尔（Michael Powell）曾这样描述 Skype 带给他的惊艳。鲍威尔看到了通信的价值，不知当时他是否看到了互联网的未来，如果看到了就不会有今天的微信。纠结在线与离线这两个世界的不只是 Skype，还有 QQ（腾讯的即时通信软件）。

QQ 是一款国民应用。自 1999 年推出以来，已经拥有 4 亿左右的用户，成为使用人数最多的即时通信工具。正是 QQ，让中国网民对“在线”这个词极度熟悉——当你想和家人聊天、给同事传文件、观看视频节目、更换虚拟服装、玩休闲游戏时，第一件事就是打开电脑点击 QQ 的图标，在登录框输入账号和密码，在表示在线的绿色状态栏亮起后，你就可以做以上那些事了。当你听到一个中国三、四线城市的人说“上 QQ 去”时，其背后的含义往往是，“我要上网了”。在线，成了上网的代名词。

2011 年年初，微信问世，这个同为腾讯旗下的即时通信工具主打智能手机之间跨运营商和跨操作系统的免费沟通功能。与早在三年前就已经推出的手机版 QQ 相比，微信没有抢眼的在线状态栏。与 QQ 不同，在微信的设计逻辑中，你应该是 24 小时在线的。仅仅在发布 433 天后，微信就获得了 1 亿用户，QQ 曾耗费数年才取得这样的成绩。QQ 选择正面应对这一变化——弱化甚至是消灭在线这种状态。

2013 年 5 月，最新版的手机 QQ 彻底学习了同门师弟的逻辑，新版 QQ 的界面和微信十分相似，最重要的是，那个显示是否在线的状态栏也消失了。科技媒体很是诧异，并使用了类似于“腾讯 QQ 正在用生命山寨自己”这样的标题来抱怨这次莫名其妙的改版。用户的反应更为激烈。QQ2013v4.0 版在苹果商店上架仅 4 天，就引起大批网友的不满，据报道，38 000 多名网友中有 90% 以上给了“差评”，戏称其为“二手微信”。大多数用户的不满都指向了一个关键点：取消了在线状态。

在我看来，QQ 的这一改进方向是必然的，绝非简单的仿效。移动互联网的发展，正在让在线这一传统的上网动作消失。只有取消了在线这个动作，才能让在线渗透生活的每一个角落。“永远在线”这一观点本身无可厚非。你可能觉得自己一直在线，但又觉得不存在这一动作，这才是在线社会的人所需要的。

但 QQ 想要做到永远在线，不只要和几十年培养起来的用户习惯对抗，还要消灭“离线”。微信的使用者不会存在有关在线状态的争议，因为它根本没有离线这回事。QQ 真正要超越的并不是微信，而是比微信更难逾越的离线世界，结果是手机 QQ 后来又把离线状态的显示“优化”回了产品中。

QQ 的改版与 Skype 的固执，取消离线与坚守离线，相反的做法与相反的结果，虽然是产品方面的纠结，却让我看到了未来的影子。

2015 年这一年，中国对互联网未来的讨论虽然热烈，但大家很少关注这些对我们未来很重要的细节，这让我意外。

这一系列的意外，让我强烈地感觉，一个新的世界正在扑面而来。远在 40 万年前，北京周口店的猿人接受了为他们带来温暖和光明的火。一个黑暗的洞穴，只要有了火，就成了光明之地。这个世界被划分为“光明”和“黑暗”，光明是生存的根本，黑暗是恐惧的源头。20 世纪 80 年代在非洲的发现，把原始人类使用并控制火的时间提前到了公元前 142 万年。光明驱散了黑暗，我们所处的是一个光明的世界。

从 20 世纪 50 年代开始，数字技术出现，数字计算机开始代替模拟计算机，我们从电气时代逐渐走到了数字时代，计算机重塑了社会的架构与价值。今天，我们写的每一个字都是数字的，看的每一本书都是数字的，拍的每一张照片也都是数字的。数字化的视野，成了深藏在现代人基因里的生存本能。数字吞噬了模拟，我们所处的是一个数字的世界。

今天，互联网继续飞速发展，大数据、云计算、移动互联网、人工智能、可穿戴设备、机器人、虚拟现实、物联网、知识图谱、社交体系等各种新词出现在各种媒体、讨论会或展会上。互联网时代的每一天，都好像有全新的科技创意诞生。科技，犹如失控的野马群，在钢筋水泥的森林里狂奔，气势汹汹，难辨方向，影响着每一个人。

在我看来，纷繁复杂的背后，有一只能量无限而又看不见的手在驱动，那就是我们熟悉而又陌生的“在线”——今天我们这个时代的关键词。我每天都会遇到不同的创业者，作为一个依然在一线感受科技变化的实践者，我一直在思考这些变化背后的本源力量。想要理解互联网的变化轨迹，唯一的方法是弄清背后的规律。“在线”这个所有人既熟悉又陌生的词语，不仅是常识，也是我一系列想法的核心。这让我有了想谈谈在线这个被忽视了的常识的冲动。常识的含义是，长久的经典，真正的基础。

在线，是新世界的常识，观察它、审视它、思考它，有助于消除头脑中的冲动与迷茫。

每一个文明节点，都有它独特的关键词，而如今我们与在线不期而遇。在线的世界不是对旧世界的改变，它是一片新大陆。

2008 年以来，我在阿里巴巴的工作给了我一个很好的框架，让我得以用在线的思路梳理这些困惑、错位和纠结。我会很真诚地分享自己的理解与心得，和大家一起，用一种新的思路重新认识我们生活的世界，这个正在被重构的、正在变成在线世界的离线世界。

2

从数字到在线的进化

互联网之前的信息革命，完成了原子的比特化；而互联网的出现，则要完成比特的在线化。在线是一片新大陆，就像当年的美洲大陆，我们还需要深入探索。

多年前在新疆和西藏的几次旅行，让我更深地体会到在线距离我们越来越近了。

库车县是位于天山南麓中部、塔里木盆地北缘的一个小县城，别名龟兹，其机场称龟兹机场。我沿 3012 国道往南经过那里时，四周没有任何绿色的东西，全都是褐色的石头。苍茫大地，没有人烟。在那里，你会感觉自己好像在孤独的火星上，回归到了原始的状态。除了荒芜，还是荒芜。

路上的陡坡很多，很难走，有时车子每小时只能开 5 千米。当我在那个地方十分缓慢地行进时，我突然看到了电线杆。突兀却必然出现的一根接一根的电线杆，绵延的电线输送着可以衍生出各种服务的电力，这是整片土地上唯一和人有关的东西。在那种苍凉的地方看到电线杆，我真的被震撼到了。今天，人群一旦聚集起来，要定居下来，第一件事肯定是把电力输送过来。有电的地方，一定有人，有人的地方，一定有电。我当时的感受是，电实在太伟大了，它是电气时代的象征，它连接的是工业文明，是它让我们离文明近一些，更近一些。

去过新疆之后，我又去了更偏远的地方——西藏。去往西藏的路上也是人烟稀少，那一路上，由于太偏远而铺不了电网，连电线杆都没有。但在没有电线杆的路边，我突然看到了一个巨大的告示牌，牌子上写着："5 千米后有手机信号"。意思是 5 千米后会有一个通信基站，在那里手机就可以连上网络，我就可以在线了，重新和这个世界连接起来。因为太阳能，在没有电线杆的地方，有了在线的文明。这是对我的又一次冲击，也许网络信号是比电线杆更重要的东西。没有传统的电网，也可以有在线的网络，未来世界的文明是在线，也只有在线。

图 2–1　西藏的旅途风景

如果放在 30 年前，“在线”也许是科技新贵挂在嘴边的时尚词汇。而今，“在线”这个词，大家可能早就听腻了。

1978 年，一个名叫比尔 · 冯 · 迈斯特（Bill von Meister）的人创立了一家名为“The Source”的公司，提供早期的在线服务——BBS（电子公告牌系统），当时的用户使用的是 300~1 200 波特率的拨号上网连接。The Source 给自己的定位是：不是硬件，不是软件，但它能把你的个人电脑带到世界任何地方。迈斯特后来又成立了一家名叫“Control Video Corporation”（下文简称 CVC）的新公司，为 Atari 2600（雅达利 2600）电子游戏机提供在线游戏服务。不久前，我在自己的旧书中看到一张夹在书中的很多年前美国在线的推广光盘，美国在线的前身就是 CVC。美国在线第一次把完整的服务带到线上，包括新闻、股票、天气、购物、照片分享、搜寻、电子邮件以及即时通信工具等，并于 1998 年宣布收购著名的网景公司，而那一年美国互联网用户的宽带普及率还不到 1%。

虽然美国在线和时代华纳后来的合并没有产生奇迹，《今日美国》还是在 2007 年把美国在线的成立列为 25 年来互联网领域发生的 25 件大事之一，排名第四，位于万维网、电子邮件和图形用户界面之后，第五名和第六名分别是宽带和谷歌。

美国在线对社会的这种影响力，至今还能在各种事件中感受到。2010 年，一位名叫布拉德利·曼宁（Bradley Manning）的美军情报分析家向著名的维基解密泄露了美国军方和政府的几十万份秘密档案，包括一段于 2007 年 7 月拍摄的美军阿帕奇直升机向伊拉克平民开火的视频，这让阿富汗和伊拉克战争的残酷真相大白于天下，在全世界引起轩然大波。而曼宁第一次对外表示他拥有这样的机密信息时，用的就是美国在线的即时通信工具 AOL Instant Messenger。

这不是美国在线的影响力，这是在线的影响力，是在线的奇迹。中国也曾流行过在网站名称后面加“在线”两个字，例如中关村在线、浙江在线一类，如今看来，这样的做法已经略带土气。不管土气不土气，不管你愿不愿意，在线今天依旧在我们身边，渗入我们的生活，中国互联网的奇迹也已出现。要不要进入一个在线世界，变成了一个不能回避的问题。

在线是互联网的本能

最早开始认真思考“在线”这件事，可以追溯到我还在微软工作的时候。作为世界上最成功的软件供货商，微软的每一款软件，从 Windows 到 Office（办公软件），在上市之前都要做一件事，叫作“可用性测试”（usability testing）。简单地说，就是为了让产品更容易使用，工作人员通过观察有代表性的用户完成产品的典型任务，从而界定软件设计是否满足了使用者的需求以及它本身的易用性，同时发现并解决与用户相关的设计问题。

换成互联网兴起后的说法，可用性测试就是为了做好“用户体验”。在软件还装在光盘里的时代，微软对此已经十分重视，每一个产品都由专门的团队负责。可用性测试最常见的做法就是让普通且典型的用户进入专门的可用性实验室，大家使用同样的软件，通过装有单向玻璃的观察室、录像、问卷等各种测试手段，记录下用户的行为。有时，微软负责可用性测试的团队甚至会前往用户的办公室，现场观察在那种真实场景下的软件使用行为，以确保场景的真实性。最后通过数据的统计分析找到软件设计上的缺陷，反复修改多次，产品才能发布。

这些曾经是整个软件行业的通用做法，也是离线时代唯一可行的办法。但是这种方法所能观察的用户数量极为有限，所以永远只能覆盖很小一部分用户。而且，可用性测试人员可以在办公室现场观察使用者如何使用办公软件，却不可能大半夜跑到用户家里观察他到底是如何使用视频软件的。在过去传统软件时代，尽管拥有成千上万的用户，由于没有互联网，微软最大的遗憾就是永远无法知道用户在真实的场景下是怎么使用微软的软件的。而因此养成的思维习惯，到了互联网时代可能会变成致命伤，如果有人比你离用户更近的话。

21 世纪初，微软做了一件很创新的事。当时 Windows 95 已经普及了，人们逐渐习惯上网。微软在 Office 2003 中全面使用了一种技术，可以自动记录用户使用软件的行为数据和机器配置，并通过互联网发送回微软，这就是微软的用户体验改进计划，内部项目代号为 SQM。此时，微软的设计人员只要事先想好需要了解什么问题，就可以根据这些问题写好代码，Office 会自动通过网络搜集相关的数据，然后传回微软。这件事不同寻常的地方在于，数据回馈变成一件常态化的事情。MSN（微软的即时通信软件）的产品部门率先使用 SQM 分析 MSN 客户端的性能和使用情况。Windows Vista 是第一个把 SQM 当作一个功能组件发布的操作系统。

根据詹森·哈里斯（Jensen Harris）在 msdn.com 上的博客记录，Office 2003 自发布以来，一共搜集了 13 亿个使用片段（session）。每个使用片段都记录了一段固定时间内的所有 SQM 数据。在最后的 90 天内，仅 Word（文字处理软件）就记录了超过 3.5 亿次指令列的点击。微软也因此在历史上第一次知道 Word 2003 中最常用的 5 个指令是粘贴、保存、复制、撤销和加粗，这 5 个指令加在一起占了 Word 2003 所有指令使用量的 32%。能有那么多的用户实时提供行为数据，并且是在真实使用场景下的数据，在没有互联网以前，这事人们连想都不敢想，简直是天方夜谭。

我认为微软“干了半件互联网的事”。直到今天，你安装软件时，依然会被询问是否要加入用户体验改进计划，这其实就是在询问你是否允许软件公司搜集和反馈你的数据。因为虽然使用者使用的仍是传统软件，但是软件公司可以利用互联网的便利机制搜集更多数据，这是一大进步。你得到的数据是以前的上百倍、上万倍，而且一定是用户在最真实环境下的数据，而不是通过简单的人为观察得来的数据。现在看来，这是非常了不起的进步。

我刚开始了解 SQM 时，一直好奇用户为什么会愿意将数据发送回来，哈里斯的博客回答了我的问题。我去看 SQM 数据量的时候其实挺吃惊的，数据多到什么程度？在那个时候，微软那么大的一家软件公司，数据多到后端服务器没有足够的能力接收全部，它要用一定的算法删除许多数据。由此你就可以想象，全世界的用户对于把数据传送回来有多大的热情。

今天，一旦 App 在手机上安装好，弹窗（对话框）会询问你是否要参加用户体验改进计划。如果你选择同意，App 就会得到很多数据。大家对这件事已经习以为常，但很少有人知道这是从微软身上学到的。世界上第一个做这件事情的是微软，甚至“用户体验改进计划”这个词都是微软发明的，而不是今天的互联网公司。

但是，我们如果进一步审视整个过程，依然可以发现 SQM 这种方法过于复杂和臃肿了。你必须事先想好了解哪部分的数据，提前写好一大段极其复杂的代码，才能实现数据的在线搜集功能，整个过程十分不容易。从这个意义上讲，传统软件公司得到用户数据的代价非常高。为了搜集用户行为数据，软件公司必须提前调研，预先添加很多代码。

幸运的是，互联网公司，一种为在线而生的公司形态诞生了。互联网公司自出生那天开始就一直在线。以前的软件是纯粹的离线产品，因为互联网的出现才有了一点儿生硬的在线，这是很难得的进步，但还不纯粹。从软件公司到互联网公司，这中间存在着一个巨大的转折点，那就是数据。

在互联网公司，得到数据的代价几乎是零。从网站和网页的设计本质来看，它们天生就会让你的数据沉淀，这就是为什么大家如此看重 cookie（储存在使用者本地终端上的数据）。你想想，你今天在网页上点击一下，这个数据必然会反馈给互联网公司，否则互联网公司就无法在网上显示相应的页面变化。唯一需要决定的是这些数据到底要保存多久。好比你被热水杯烫了一下之后会马上把手缩回去，沉淀数据已经成为互联网公司的本能反应。

谷歌是互联网公司中的典型，这家在美国斯坦福大学学生宿舍里诞生的公司，从 1998 年开始就不断为全球带来惊喜，目前被公认为全球规模最大的搜索引擎公司。一直以来，谷歌的成功被解读为怎么处理信息、怎么解读文本信息、怎么优化广告系统。然而在这些重要的东西背后，还有不为大家关注却更为基本的东西，那就是数不胜数的鼠标点击行为。

在互联网时代以前，世界上每天都发生数十亿次的鼠标点击，但这些被认为是毫不起眼的小事。大多数软件公司从来没有关心过，唯独微软把它用在 SQM 中。在互联网公司诞生以前，鼠标点击都是离线的，从来没有人有机会把这些点击变成财富。互联网的出现让点击这件事变得在线了，点击超文本链接可以让机器比你自己更懂你想找什么、想看什么。当谷歌把印在报纸上的离线广告关键词变成在线的广告语时，点击这件事就变样了。今天的一次点击有可能价值数千美元，点击变成谷歌财富的来源。从此，点击有了全新的价值、全新的形态、全新的空间，最有影响力的互联网公司也因此诞生了。

如今，不仅是点击，我们的生活都在线了。你的电脑可以在线了：你的每一次点击，你在电脑上的每一次购物，每一次网页浏览，每一次键盘输入，都已经在线了。你的手机可以在线了：手机带有GPS（全球定位系统）装置，你所在的位置会成为最新的在线数据，手机还有运动传感器，手机的每一次上下晃动都被记录在线。

你的眼睛也可以在线了。2012年，谷歌眼镜的推出，意味着你看到的每一个画面，都将是在线社会的源头；反过来，在线社会在你眼中也将呈现完全不一样的状态。曾有一篇文章说，谷歌眼镜流行后，社会需要全新的社交法则，这很有道理。

你的汽车也可以在线了。特斯拉、宝马、苹果等公司都在探索汽车智能化。当我下次去西藏时，我相信不需要再去寻找手机信号标示牌了，因为汽车内置的设备全天候连接着网络，我可能一路上都在和世界另一头的同事讨论业务。

你的空调也可以在线了。空调自带的传感器会实时检测房间里的温度与空气流动，成为你远程查看的数据之一。

慢慢地，连你的睡眠也可以在线了。只要将智能手环佩戴在身上，它就能监测你睡觉时到底有多投入，以及入睡时间和卧床时间。诸如此类的案例，我还可以列举很多。互联网技术的渗透，正让你身边一切习以为常的事物焕发全新的魅力。

将来，全天 24 小时，无论醒着还是睡着，你都将没有一秒钟是脱离在线状态的。在线正在成为一个时代的新本能。

原子比特化，比特在线化

互联网之前的信息革命，完成了原子的比特化；而互联网的出现，则要完成比特的在线化。

到底什么是在线？从思维发展与技术发展的角度来说，我认为，在线是连接的属性，也就是说，必须先连接起来才有在线这回事。从改变行业与生活的角度来说，我认为，连接是在线的结果，也就是说，在线后才能让连接渗透社会生活的各个方面。

鼠标、点击、万维网和在线

在线和连接都离不开几项当时看起来微不足道却不可思议的技术进步：鼠标、超文本链接、联网的计算机等。这些技术都和一个名叫道格拉斯·恩格尔巴特的人联系在一起。

在 1945 年“二战”快结束时，作为海军雷达技师的恩格尔巴特在菲律宾服役。在菲律宾某个小岛上的红十字会图书馆里，他第一次读到范内瓦·布什（Vannevar Bush）后来成为经典之作的文章《诚如所思》（As We May Think），深受启发，为他日后的工作奠定了思想基础。这篇文章对信息科学和万维网的影响是深远的，其对社会的价值，毫无疑问远超范内瓦·布什亲自组织的曼哈顿计划。

从加州大学伯克利分校毕业的恩格尔巴特于1957年进入斯坦福研究所，建立了独立的研究小组ARC，并在1963年发明了鼠标——一个粗糙的木头盒子，右上角有一个红色按键，由两个轮子带动电位器产生位移信号。因为木盒子后面有一根电缆线，像老鼠尾巴，因而有了今天大家熟悉又通俗的名字——鼠标。恩格尔巴特在1967年申请了专利，专利的名称很雅致：显示系统的X-Y位置指示器。1968年恩格尔巴特在旧金山第一次演示了鼠标，并于1970年获得专利。但那时没有人知道这样一个装置会有什么价值，恩格尔巴特也没有因此发财，数年后斯坦福研究所以大约40 000美元的价格把该技术卖给了苹果公司。

图2–2 早期的苹果麦金塔个人电脑与鼠标

1972 年，Xerox PARC 成功研制出具有图形界面的 Alto 微电脑。在该中心的科学家当中，有一些曾师从恩格尔巴特，他们将鼠标用在微电脑上，这使得这台微电脑的操作异常方便。1983 年，苹果公司也仿效 Xerox PARC 的做法，把改良过的鼠标安装在 Lisa 微电脑上，因此鼠标名声大噪。随着网络热潮的传播，鼠标也红遍全球。

虽然大多数人会错认为鼠标仅出现了一二十年，但实际上这个小东西已出现了约 60 年。回顾半个多世纪的科技发展史，这些看似不经意的小发明对科学技术的贡献却非同小可。鼠标成为继键盘后新的计算机输入装置，使得人与计算机的交互更加方便，这个发明被美国电气和电子工程师协会列为计算机诞生 50 年来最重大的事件之一。只不过这些细节不被大多数人所知，就像大多数人不会注意到今天全世界几乎所有的鼠标都是在中国制造的。这两个看似无意的忽视，可能从更深层次上体现了创新和追随的巨大差异：20 世纪 60 年代美国的一个木头盒子变成了 20 世纪 90 年代中国规模巨大的鼠标制造业。鼠标的发明只是恩格尔巴特博士对计算和互联网发展众多贡献的一小部分。

1968 年 12 月 9 日，美国秋季联合计算机大会（美国全国计算机大会前身）在旧金山召开，恩格尔巴特公开演示世界上第一个鼠标盒子。在 90 分钟的演示中，恩格尔巴特第一次在公众面前使用鼠标改变窗口的大小，操控屏幕上的文本（屏幕上的黑色小点就是后来大家熟悉的光标）；第一次和同事进行远程视频对话，尽管连接时使用的只是调制解调器，而这些同事也只在约 50 千米外的门洛公园；第一次点击了有下划线的文本，连接到了另一个页面，这是世界上第一次公开场合的点击。更巧的是，超文本链接和鼠标由同一个人在同一年演示出来。

这次演示后来被记者史蒂芬·列维（Steven Levy）在他1994年出版的一本书中称为“演示之母”。它的影响是巨大的，它直接孕育了20世纪70年代施乐的Alto个人计算机，80年代的苹果麦金塔，以及90年代的微软Windows。斯坦福大学分别在1998年和2008年专门为这次演示举行了30周年和40周年的纪念大会，这大概是世界上唯一的为一个演示而召开的纪念大会。值得一提的是，斯坦福研究所是首批接入阿帕网的4个节点之一，恩格尔巴特也是早期13位主要研究人员之一，阿帕网后来演变成了今天的互联网。

鼠标是数字时代最重要的革命，如今鼠标被手替代了，但是点击这件事依然存在。要知道，如果没有鼠标点击，没有超文本链接跳转，后来的所有事情都是不存在的。

刚开始时，大家觉得点击一下文字就能跳转到别的地方，这件事情很神奇，都感到很惊讶。慢慢进化到现在，我们已经习惯所有东西都可以点击几下就跳转了。假如你在网上搜索“普洱茶”，居然没有出现一个页面供你点击后查看最新的茶价和最地道的茶道，你一定会觉得这个网站已经崩溃了。现在已经是连邻家的4岁小孩子都知道在iPad（苹果平板电脑）上胡乱按几下就能在网络上看动画片的时代了。

“在线”这个词，最早指的是人连接到计算机上。如果你用过打印机，你就会发现一件特别好玩儿的事情：打印机的提示状态也分为在线和离线两种，在线表明它和计算机连在一起了，而离线就是没和计算机连在一起。

其实早就有人谈论在线了，此外还包括永远在线、随处在线、随时在线等说法。但唯一没有讲清楚的是，在线必须在互联网上实现。

写作本书时，我把笔记本电脑连接到 27 寸的大屏幕显示器上，大屏幕显示正在编辑的书稿，而笔记本电脑屏幕上显示的是我在互联网上找到的数据。大屏幕显示器虽然在物理上连接着笔记本电脑，但它并没有真正在线，互联网知道有一台笔记本电脑的存在，但不知道这台大屏幕显示器的存在，笔记本电脑是在线的，大屏幕显示器只是物理连接。所以，我会说连接和在线这两件事情从一出生开始就密不可分，而且的确存在本质上的差别。

人们最早讨论互联网时，其实仅仅是在讨论物理连接这件事，例如光纤电缆之类的基础设施。这种想法容易进入一个误区，以为物理连接就是在线。实际上，两者之间不能画等号。中文里说的互联网，与之对应的英文应该是 Internet 加上 WWW。这里的 Internet 指的就是物理上的连接，而 WWW 就是万维网，常被简称为 Web（网页），指的是在线的那些内容。只不过 Web 占据了传统互联网九成以上的连接内容，所以两者经常被混为一谈。应该说，互联网的真正作用是带来一个平台，让过去不在线的数字内容在线了。Web 带来的最重要的东西是什么？就是大家一直忽略的，文字可以被点击这件事，也就是超文本链接——可以被点击的加有下划线的文本。互联网只是把机器连接起来，超文本链接则是把内容连接起来，这非常具有革命意义。但这只是互联网的第一步，更大的意义是互联网能将更多的东西搬到线上，大家经常讲的物联网其实就是将更多的物理实物在线化。

连接和在线很容易混淆，但本质上依然是不一样的。同样是修了一条马路，上面有行人、马车、自行车、汽车，都是从一个点到另一个点的连接，但是连接状态之间的区别就太大了。你走路时，这条马路修不修意义不大，反正不管是在长满杂草的小道上还是在铺上沥青的马路上，对你来说，走路的速度，也就是连接的速度不太会受到影响，能够连接的人的数量也相当有限，你基本没有机会和全世界的人接触。

但当你开汽车时，事情就变得不同了，这条马路会变得很重要。这时，你才会产生住在郊区的感觉，如果没有汽车和马路，连郊区的概念都不会产生。与此同时，你也有更多的机会和更多的人接触了。在六度空间理论[①]中，你写封信给别人就算是连接了，在这个情景中，你在线与否关系不大。

到了今天，连上互联网了，你才有机会接触世间万物，通过脸书接触世界上的每一个人，这时的连接才算在线。从本质上来说，连上互联网意味着你和全世界的服务器连接了，而手机在线意味着你和全世界的人连接了。一个是和一台计算机连接，一个是和全世界的服务器与人连接，二者的意义完全不一样。因此，千万不要以为连接就等于在线。

---

① 六度空间理论由哈佛大学心理学教授斯坦利·米尔格拉姆（Stanley Milgram）提出，该理论认为只需要6个人就可以联系起互不认识的两个人。

我们原本处于一个离线的世界，在本质上，装置是离线的，对象是离线的，人也是离线的。传统计算技术把物理的离线世界变成了数字化的离线世界。互联网技术把离线变成了在线，而它给人类社会带来的变化说不定会超过人类第一次使用火。

在网络游戏中，有一类人物养成型的游戏。养一个虚拟人物需要服务器的计算能力支撑，而计算能力来自电的消耗，电的消耗会产生二氧化碳。于是，有人计算过，在网络上养一个虚拟人物，产生的二氧化碳和养一个真人是一样的。

这只是一个简单的案例，在线社会对离线社会的影响远不止这一点。在线与离线之间的界限正不断模糊，离线会慢慢消失，世界将进化成一个在线社会。

很难用一句话来定义在线，我也拒绝在现在做这样的定义。好比“digital”会被译为数码化、数字化一样，同一事物在不同的场合会有不同的称呼，不同的称呼又容易产生不同的偏见。在线连接了世界上所有服务器，你因此与世界上所有链接相连，最后你连接了世界上的所有人。早期的门户网站只能输出内容，不能输入内容。在那上面，你只能浏览报纸在线后的内容，这只是一个单向输出的动作而已。慢慢地，网站开始根据你的阅读习惯、浏览数据、互动信息做个性化的智能推荐，这就是在向完整的大数据应用靠近了。但这还远远不够。2014 年时，我见到一款叫作“今日头条”的新闻 App，它由字节跳动开发，号称“5 秒算出你的兴趣”和“根据兴趣智能推荐”，秉承的就是双向在线的理念。你在这头输入自己的兴趣爱好，它在那头输出匹配的新闻信息，形成了一个

“没有小编的新闻引擎”。这个自己不生产内容的新闻引擎，两年内就吸引了超过 1.2 亿名用户，月活跃用户达 4 000 万名。2014 年 6 月，该公司估值超过 5 亿美元，已经超过很多老牌报业公司，其背后的魔法就是在线的应用加上数据的机器学习。TikTok（抖音国际版）也是字节跳动的产品，其兴趣智能推荐至少可以部分说明为什么 TikTok 在美国也很火。数据的积累要在线，输出的过程也要在线。大数据的本质就是在线，而且是双向在线。我在前面提到过，点击的在线成就了谷歌，这可以被理解为输入的源头在线了，你的行为也在线了。

YouTube、Hulu 和数据在线

YouTube（优兔）是世界上最大的视频分享网站，它不同于其他任何视频网站，它的来源是在线的，它的分发也是在线的。YouTube 的上传者大多是个人，但也有一些媒体公司，如哥伦比亚广播公司、英国广播公司、VEVO（音乐服务网站），以及与 YouTube 有合作伙伴计划的其他团体，向 YouTube 上传自家公司录制的影片。

Hulu 是一家美国的视频网站，由美国国家广播环球公司和福克斯广播公司在 2007 年 3 月共同注册成立。经常有人将 Hulu 和 YouTube 放在一起对比，认为两者的区别仅仅在于，一个有版权，一个没有版权。在我看来，有版权的 Hulu 其实是拿离线内容做了来源，而所谓没版权的 YouTube 则是拿在线内容做了来源。如果没有 YouTube，永远只会是人们事先拍好视频，然后存到电脑里，做

很多编辑，最后把编辑好的视频放到网上看一看。这种离线行为产生的社会价值和影响一定会大打折扣。

2009年4月29日，一名英格兰孕妇在家中突感腹部不适，即将分娩，在这种紧急情况下，其丈夫在YouTube上搜索有关分娩和接生的视频教程。4个小时之后，孕妇进入分娩过程，正是根据YouTube上的教学视频，丈夫顺利地完成了接生工作。如今再将YouTube和Hulu相比，哪个社会价值更大？当然是YouTube的价值大，Hulu只会让传统媒体苟延残喘一段时间。

互联网圈流行讲用户体验，可在我看来，这个词被人过度使用了。我开过太多有关互联网的会议，都在讲用户体验。很奇怪的是，大家好像认为只有互联网重视用户体验，其他行业都不讲究用户体验。按照那套说辞，只要软件设计得好，也就是所谓的用户体验做得好，其他就都没问题。实际上，这只是表面现象。

非互联网行业其实也是很讲究体验的。美国汽车历史上有一个非常有趣的案例。当时汽车厂商之间的竞争十分激烈，同质化现象很严重。这时有厂商突发奇想，在汽车上多加了一个小小的咖啡杯架，这个原本不值钱的咖啡杯架最后成为消费者是否购买一辆车的重要因素。在消费者眼里，反正汽车的其他地方都差不多，那么多个咖啡杯架的汽车可能体验更好，更值得买，而没有咖啡杯架的汽车就不值得买。互联网的用户体验，本质在于它不同于线下体验，这才是关键。互联网之所以不同于传统行业，不是因为互联网提供了良好的用户体验，而是因为互联网本身就是对传统行业的跨越，千万不要本末倒置。

用户体验，不应该成为“正确的废话”。回头看一看，互联网刚刚出现时，体验有多差？第一个鼠标出现时，体验又有多差？用户体验绝对不是互联网的专利。用户体验是要跟着时代走的，这样才对。聊到用户体验，鼠标加光标是当下最好的操作体验，这是有道理的。

人能够通过使用不同的工具做许多事情，但实际上这也会使人对另一些活动的控制力下降。比如现在有两个圆圈，你用手指在两个圆圈之间来回点，可以点得很精准，因为你直接用手，而不是用任何工具。但你设想一下，如果你用一根筷子去点，你点的速度和精度一定会下降。也就是说，你用手去点的准确度和速度一定高于你拿着一个东西去点。当一个工具能够帮助你延伸能力时，你会得到一些东西，但也一定会牺牲一些东西。

可是鼠标为什么能和光标连在一起？鼠标是少数的几个物理装置之一——当你将其拿在手上移动时，光标移动的精准度跟赤手差不多，所以你用鼠标不难受，也不会觉得特别别扭。这是鼠标设计了不起的地方。鼠标是符合菲兹定律（以俄亥俄州立大学心理学系教授保罗·菲兹的名字命名）的一个装置。菲兹定律是说，两个目标之间的移动精度与距离的相关程度很高，它不会因为一个工具的加入而降低，所以即便用了鼠标，精度也与赤手时的情况一致。可以用来替代鼠标的东西有很多，但都没有那么自然。具体一点儿说，尽管鼠标是一个身外的装置，但它基本上做到了手的自然延伸。到今天为止，我还没有看到一个人工装置可以与它媲美。

有了鼠标，才有我们今天习以为常的鼠标点击。在触摸屏出现之前，互联网经济基本上就是点击经济。在互联网出现之前，最难的一件事情就是获得计算机上的点击，将其作为大数据的来源。然而互联网出现之后，这一切都变了。除了点击，今天的可穿戴设备让原先无法得到的数据变得容易在线了，可穿戴设备可以使移动计算在线。尽管不断有人提到穿戴式计算，但它本质上还是移动计算，不过这个移动计算只有在人们穿在身上时才会发生。目前可穿戴设备主要解决的是传感部分的问题，而不是计算部分的问题，比如手环设备能够感应你的心跳，这是在利用传感功能解决数字化的问题。数字化的数据极其重要，一旦数字化的数据在线了，革命就会悄悄发生。今天的可穿戴设备也是革命性的，因为它把数据连到了互联网上。

2013 年 8 月，网络上出现一条来自科技博客 AllThingsD 的新闻——《NBA 球队建议裁判佩戴谷歌眼镜》。

> 休斯敦火箭队的总经理达里尔·莫雷（Daryl Morey）参加 Reddit（新闻聚合网站）的网友问答环节。一位网友提问道："你是否认为谷歌眼镜能被整合到 NBA（美国男子篮球职业联赛）直播中，比如让裁判佩戴谷歌眼镜，让观众看看他们关注的画面？"莫雷回答说："这是一个很棒的主意，可以问问席尔瓦。"亚当·席尔瓦（Adam Silver）是 NBA 副总裁，时任总裁斯特恩退休之后，席尔瓦将接任。

值得一提的是，身在篮球圈的莫雷也具有科技行业背景，他大学期间主修计算机专业，后以麻省理工学院研究生身份毕业。媒体随后向莫雷证实他的表态是不是在开玩笑。莫雷进一步表示，让NBA裁判佩戴谷歌眼镜是一个“绝对有意思的想法”，值得尝试。这是一个很典型的例子，如果过去你只把可穿戴设备当成一个传感器，你就错了。一旦真的让裁判佩戴谷歌眼镜，那等于裁判看到的所有东西都将在线，这样一来可穿戴设备的社会影响力就会完全不一样。每个人都知道裁判在干什么，万一裁判吹哨时眼睛看的是其他地方，观众立刻就会发现。再想一想，如果不只是裁判，每个球员都佩戴谷歌眼镜，大家全都在线了，也是一幅有趣的景象。赢的不是谷歌眼镜，而是在线。

今天，我们都在谈虚拟现实（VR）、增强现实（AR）和混合现实（MR），Magic Leap（创业公司）更是将其研究的技术称为影像现实（cinematic reality）。其实大家都在纠结到底是什么现实。有一次在迈阿密，我跟Magic Leap的创始人和CEO罗尼·阿伯维兹（Rony Abovitz）开玩笑说，这一切都是现实，只不过是在线现实（online reality）。过去的现实是不在线的。

地图、照片和音乐的进化

微软地图和谷歌地图

地图也许是世界上使用频率最高的一种数据了。在中国，早在4 000多年前的大禹治水神话中，大禹控制了黄河流域的特大洪水，那时就已经有了关于地图的传说。公元前约400年成书的《左传》

上记载有夏代（公元前约 2070—前约 1600）的九鼎图，即在 9 个鼎上铭刻九州岛的山川、草木和禽兽的图像。后因秦攻周，九鼎图下落不明，但由九鼎图图像衍生出的《山海经》则流传下来。在西方，目前发现的最早的地图，是距今 4 500 多年的古代巴比伦陶片地图。一块手掌大小的陶片上，刻画了底格里斯河和幼发拉底河发源于北方的山地，流过南方的沼泽地，中间是古代的巴比伦城。

地图在人类文明的演进中，一直占有十分重要的地位。

公元前 228 年，秦攻占赵都邯郸，赵灭。邻近的燕国十分担心被攻打，燕太子丹派出刺客荆轲，以献燕国督亢（今河北涿州、固安一带）之地的地图以及秦国大将樊於期之首给秦王的名义，伺机刺杀秦王。由此可见地图在古人心目中的重要位置。《周礼 · 地官 · 土训》曾提到“掌地道图，以诏地事”，这大概是“地图”一词最早出现在中国文字记载中。《周礼》中也有“地讼，以图正之”一说，可见地图在经济中的作用。

地图也是社会心智的一个衡量。中世纪初，西方世界称之为蒙昧时代，由于宗教占支配地位，“地球是圆的”这一概念遭到排斥，地图不再是地理知识的反映，而是变成神学著作中的插图。这类地图几乎千篇一律地把地球画作圆盘，没有经纬度，也没有比例尺。直到 1000 年，启蒙思想才开始在地图学和地理学领域表现出来，并影响其他领域。新旧大陆的沟通，也依托于地图。1538 年，荷兰制图学家墨卡托（Mercator）绘制了第一张世界地图，这张地图从北极的角度俯视绘制而成，图中特地用拉丁文标出了“未知的南方大陆”。这张地图堪称地理大发现初期人类对于世界认识的出色总结，确切地说，它是麦哲伦首次环球航行以后不久的产物。

原子状态下的地图曾无比深刻地影响了全球文明的进程，而进入比特状态的地图，依然是最受欢迎的数据。航空遥感技术、GPS技术、导航系统等技术的出现，使得数字地图很快兴起。在我的记忆中，一张刻在光盘上的数字地图，可以显示的信息量远大于普通地图。你可以任意进行拼贴、组合，查看任意比例下的地势结构，把以前只有专业人员才能看懂的数据变成直观的图像。数字光盘地图曾是微软的一项重要业务，售出过天文数字般的数量。然而，光盘地图很快被打败了，因为谷歌在2005年推出了谷歌地图——一个在线的地图。

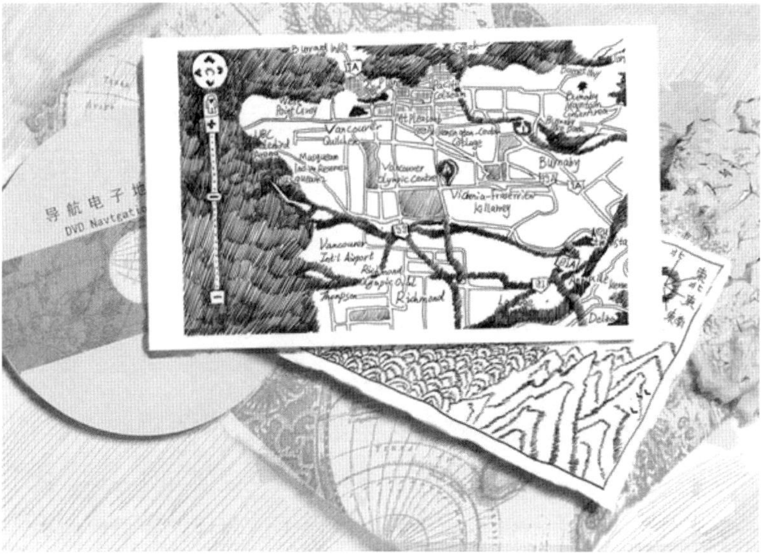

图 2–3　地图是人类最重要的数据平台

从此以后，再也没有人怀念烦冗的光盘地图，那些数字地图公司也很快被人忘记。如今恐怕已经很少有人知道，微软依然在亚马逊上以 299.95 美元的价格售卖光盘地图 MapPoint。

光盘地图之所以失败，并不是因为谷歌地图比光盘地图做得更加精美、数据更加完善精准，而是因为谷歌把地图数据和服务变成在线的了。从严格意义上说，谷歌首次使地图的数据在线了，地图也从此不再是原来的地图。

2008 年时，曾有一则新闻很轰动，新闻称谷歌自己发射了一颗卫星用于拍摄地图影像，谷歌开始自己搜集地图信息。很多人第一次看到地球的卫星拍摄图像就是在谷歌地图上。

其实，这个消息不完全准确，这颗卫星是由美国的数字地球公司（Digital Globe）发射的。谷歌地图使用的高清晰地图影像数据不是它自己的，而一直是由数字地球公司和地球之眼卫星公司（GeoEye）提供的。这两家公司于 2012 年合并后，继续为谷歌提供包括卫星图像在内的很多数据，谷歌做的事情就是把大家可能用到的地图数据变成一个在线服务。有意思的是，数字地球公司只花了 4.53 亿美元就全资收购了地球之眼卫星公司，这也表明，一家公司只拥有数据并不一定就有价值。

那么，地图在线后所产生的价值和影响力来自何处，我们从 2009 年《时代》周刊列出的十大谷歌地图发现便可见一斑。这十大发现包括从传说中消失的亚特兰蒂斯古城遗址，到军事演习中的巡航导弹，一直到销毁 B-52 和隐形轰炸机的飞机坟地，在线的高清晰卫星影像使得任何一个与互联网相连的人都能用最细的梳子把世界梳个遍。由众多爱好者组成的在线社区帮助发现了以前没有这种社区时不可能发现的东西，正是这种力量重新发现了地图的价值，传统研究机构是不可能看完数字地球公司每天搜集的 60 万平方千米的影像的。

诺基亚也尝试过学习谷歌的做法。2008 年，诺基亚以 81 亿美元收购了芝加哥地图服务提供商 NAVTEQ，诺基亚的逻辑很简单——手机里肯定需要地图。想法不错，但诺基亚没有成功。诺基亚所做的不是让地图在线，而是把地图装进手机。它所做的仅仅是把一个离线地图放进手机，然后大力推广手机导航，包括大力推广步行导航，反正在 2G（第二代移动通信系统）时代非智能手机的地图很难在线，那就安心做导航。诺基亚没有理解的是，互联网的大趋势是要在线，然而导航可以是一件离线的事情，在真正的地图服务中所占比例很低。2012 年 11 月，随着诺基亚宣布新的品牌和业务 HERE，曾经价值 81 亿美元的 NAVTEQ 不见了。但今天如果不是我在这儿提到 HERE，估计也没有人会记得它。

谷歌做到的是，数据原本不是它的，但它把这些数据变成在线的，而这些数据被人们使用之后又衍生出新的数据。不是新地图打败老地图，而是在线打败离线。这是一个时代变革的标志。离线的数据难以产生最大化的经济价值，在线的可以；离线的数据难以产生最大的社会竞争力，在线的可以；离线的数据难以产生大的影响力，在线的可以。在线是因，变革是果。任何一样不起眼的东西在线之后，都会产生巨大的变革效果。

我读小学时，交通信号灯下还设有老式的交通岗亭，交通警察坐在岗亭里维持十字路口的交通秩序。交通警察会根据路上车辆的行进情况，手动控制各路口的红绿灯信号。随着技术的发展，交通岗亭逐步自动化，借助电子监控摄像头、路段流量监控、闯红灯违法抓拍、卡口测速等数字化手段，岗亭可以自动运转起来，整个城市由数据驱动。我曾和一位市长说："我不太同意'智慧城市'这个说法，我觉得'数据城市'才恰当，智慧不智慧太主观了。"但是这依然不够，数据还没有真正变得在线。如果现在的城市领导想要进行交通规划，他可以调查过去一年所有的数据，然后再做规划，但这些数据还是被用作统计分析，是一次性使用，而不能随时随地用来帮助改善交通状况，因为它不是活的。

过去到店里买东西时，大家都知道柜台里面的商品摆放是很有讲究的，它会影响到商品能否卖出去。那时，由经验老到的人来决定商品怎么摆放就很重要。但是淘宝上有超过10亿件商品，怎么可能找到知道所有商品应该怎么摆放的人呢，唯一能帮它摆好商品的，就是背后的数据。

其实淘宝的样子随时都在变，每个人看到的也都不同。你的每一次点击，都会被加入以前的数据好好梳理一遍，然后影响你下一次看到的淘宝。在淘宝上，如果需要，我们可以临时调整商品的价格和位置，因为数据都可以被找到，实现起来很容易。但是淘宝的规模越来越大，用户越来越多，每个商家都需要实时调节，这时，对于数据驱动的需求就更旺盛，需要数据真正在线，无时无刻不在流动。

这就是数据在线和简单的数据驱动之间的区别。我并不是觉得数字化不重要，数字化是在线的基础。世界上数字化得最好的东西都和多媒体有关。以前数字化得最好的东西是报纸。方正排版系统曾经很流行，它就是把铅字印刷变成激光照排了，这就是数字化。这个数字化很彻底，铅字没了，整个铅字印刷行业也消失了。只可惜，最后一刻输出的仍是纸张。所有东西原本都数字化了，但在最后一刻你又把它模拟化了，这就是在倒退。通过这两种方式印出来的报纸并没有太多差别。值得肯定的是，至少报纸在前面的流程数字化了，现在想要实现在线，进行新媒体的探索，并不难。假如是在没有数字化的铅字印刷时代，报纸根本不可能到达在线这一步。尽管都和计算机有关，但数字化和在线是两种完全不同的境界，这就是方正和谷歌的差别。

柯达、索尼、数字照片和数字音乐

另一个靠数字化取代传统产业，并且依赖在线产生价值的产品，就是数码相机。

1975 年 12 月，在位于纽约州罗彻斯特的柯达公司，电子工程师史蒂文 · 赛尚（Steven Sansson）成为世界上第一个拿着（从严格意义上说是捧着）数码相机拍下第一张数码照片的人。赛尚是柯达从 20 世纪 70 年代开始招聘的最早一批电子工程师之一，在那之前公司主要招聘的是化学和机械工程师。赛尚的理想是“不用胶卷拍照片，不用相纸看照片”。赛尚在 1978 年获得的数码相机专利于 1995年到期，那一年有三款数码相机的价格降到了 1 000 美元以下。2009 年，在白宫举行的颁奖典礼上，赛尚先生被授予美国国家技术与创新奖。

今天，你已经找不到非数码相机了。就算还有爱好者在收藏传统胶卷相机，那也是将其当成艺术品，而不是通常意义上的消费。从这个意义上说，市场上已经没有胶卷相机了。柯达曾在它的数码相机上配置 Wi-Fi（无线网络）功能，就算改进了。但是这种做法没有用，添加 Wi-Fi 仅仅是让照片更容易下载到电脑而已，这个东西一定不会有生命力。而真正具有革命意义的是手机上的数码摄像头，它随时连接着互联网。一个在线的相机，彻底改变了拍照这种行为。现在在外面吃饭时，无论是刚上小学的孩子，还是四五十岁的中年人，都习惯于一上饭桌马上拿出手机拍照，然后把照片传到社交网站上。在线相机激发了普通人的创造欲望和分享欲望，所以才有 Instagram（照片墙）这类照片分享软件在全球掀起浪潮。

以前使用胶卷相机时，一个普通消费者一年如果能用掉几十个胶卷，就算很厉害了，而且他应该是一名经常旅游的摄影爱好者。而数码相机流行之后，人们拍摄照片的数量一下子变成原来的数百倍，一年按 10 万次快门也很正常。当你开始使用手机摄像头，也就是在线的相机后，你那 10 万张原本储存在电脑里的、偶然挑几张放在床头的照片，一下子就有了爆炸性的扩散规模，而且在照片发布的瞬间，可能就有成千上万人同时看到。

2012 年 1 月，拥有 131 年历史的柯达申请破产。从第一张数码照片到申请破产，只有不到 40 年的时间。今天，赛尚的梦想实现了，柯达却不见了，这也体现了柯达和 Instagram 的差别。

音乐也经历了这样一个历程。从磁带到 CD，从 CD 到 MP3，我们获取音乐的方式越来越便利。这也遵循了从原子到比特，最后到在线的过程。世界上的很多技术，都是出现没多久，甚至还没和你真正匹配到最佳状态就已经消失了。比如随身听，这个风靡一时的磁带播放器，还没进化完，就被淘汰了。

2012 年 11 月，日本的赛尔坎 · 托托（Serkan Toto）博士在其推特上表示："索尼开始在 iTunes（数字媒体播放应用程序）提供日本音乐，我曾以为这一天永远不会到来。"距此 8 年以前，由于 iPod（便携式多功能数字多媒体播放器）与随身听构成竞争关系，索尼音乐娱乐公司拒绝向 iTunes 提供日本艺人的音乐。索尼最终开放其音乐目录，不只表明了随身听和 iTunes 的差别，更体现了数字和在线的差别。这也正是索尼和苹果的差别。

在人类的发展过程中，许多东西都在进化，能够留下来的东西很少，这体现了适者生存的原则。有的东西，比如眼镜、手表、项链，一直没被淘汰，我相信它们还有足够的时间去进化，去适应环境。在我看来，在线也是同样的东西，它是一个生命周期以百年来计算的东西，它需要足够的时间去进化，我们也需要足够的时间去讨论它。

在线是世界的新大陆

2006 年，知名数学家丘成桐先生卷入了一场由庞加莱猜想引起的风波。亨利 · 庞加莱（Henri Poincaré）是一位法国数学家，他最大的成就是提出了许多具有开创意义的数学问题，1904 年提出的庞加莱猜想就是其中之一：任何一个封闭的三维空间，只要它里面所有的封闭曲线都可以收缩成一点，这个空间就一定是一个三维圆球。2000 年 5 月，美国克雷数学研究所把庞加莱猜想列为 7 个“千禧年大奖难题”之一。根据规则，只要有人在数学期刊上发表有关任何一个猜想的解答，并经过两年的验证期，这个人就会得到 100 万美元的奖金，也就是说，克雷数学研究所为每道题悬赏百万美元求解。

佩雷尔曼和他的新大陆

2006 年 6 月上旬，新华网发布了一条消息称：“哈佛大学教授、著名数学家、菲尔兹奖得主丘成桐在中国科学院晨兴数学研究中心宣布，在美、俄等国科学家的工作基础上，中山大学朱熹平教授和旅美数学家、清华大学兼职教授曹怀东已经彻底证明了这一猜想。”“在美国出版的《亚洲数学期刊》6 月号以专刊的方式，刊载长达 300 多页、题为《庞加莱猜想暨几何化猜想的完全证明：汉密尔顿 · 佩雷尔曼理论的应用》的长篇论文。”

2006 年 6 月下旬，在北京召开的国际弦理论会议上，丘成桐做了有关庞加莱猜想的专题演讲，首次在公开场合阐释“彻底证明了庞加莱猜想”。现场有超过 1 000 名听众，其中包括著名物理学家史蒂芬 · 霍金。

2006 年 7 月下旬，《华尔街日报》发表了沙伦 · 贝格尔（Sharon Begley）的一篇文章，其中引用 1962 年菲尔兹奖得主约翰 · 米尔诺（John Milnor）的话，认为“彻底证明”一说是在谁解决了庞加莱猜想的问题上扔了“猴子的扳手”，意思为搅局。

2006 年 8 月 28 日，美国的《纽约客》（*New Yorker*）杂志刊登

美国哥伦比亚大学新闻系教授西尔维娅·娜莎（Sylvia Nasar）和戴维·格鲁伯（David Gruber）合著的一篇文章《流形的命运》（Manifold Destiny），文中提及此事。娜莎是《美丽心灵》（*A Beautiful Mind*）一书的作者，这本有关天才数学家约翰·纳什（John Nash）的书后来还拍成同名电影，娜莎这样的背景也让这篇文章更具影响力。

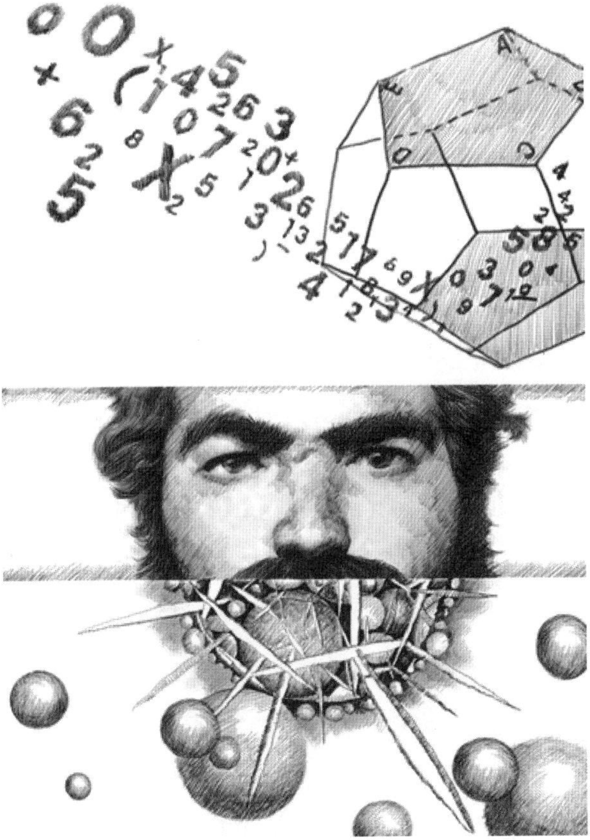

图 2–4　互联网改变了知识的创造

2006 年 9 月 1 日，中国科学院院士、北京大学数学研究所所长丁伟岳教授在新浪博客上发了一篇名为《庞加莱的困惑》的文章，其中质疑道：“丘成桐教授是几何分析公认的世界级权威，他不会不知道当时国际上许多数学家认为俄罗斯数学家佩雷尔曼已经解决了庞加莱猜想。他的宣布似乎是在与众多的同行背道而驰。”

作为主角的佩雷尔曼从来没有按照克雷数学研究所的要求，在学术杂志上发表过自己的论文。他在花了 8 年时间研究这个足有一个世纪历史的古老数学难题后，将三份关键论文的手稿在 2002 年 11 月至 2003 年 7 月之间，转贴到一家专门刊登数学和物理论文的网站 arXiv.org 上。这是一个由康奈尔大学图书馆维护的、看起来非常简陋的网站，而且发表在该网站上的文章未经同行评审。

2006 年 5 月，密歇根大学的布鲁斯 · 克莱纳（Bruce Kleiner）和约翰 · 洛特（John Lott）在 arXiv 上发布了题为《佩雷尔曼论文注记》（Notes on Perelman’s Papers）的文章。同月，由 9 名数学家组成的委员会投票授予佩雷尔曼菲尔兹奖——该奖项被称为数学界的诺贝尔奖，以认可他在解答庞加莱猜想方面的工作。

2006 年 6 月初，国际数学联盟（IMU）主席约翰 · 保尔（John Ball）专程前往圣彼得堡，说服佩雷尔曼接受菲尔兹奖，但被拒绝了。2006 年 6 月下旬，娜莎和格鲁伯为合写《流形的命运》一文专程来到圣彼得堡。佩雷尔曼表示，“他不是数学英雄”，“如果每个人都知道证明是对的，那就不需要任何其他形式的认可”。

7 月，约翰 · 摩根（John Morgan）和田刚也在 arXiv 上发布了 473 页的手稿《里奇流和庞加莱猜想》（*Ricci Flow and the Poincaré*

Conjecture)。摩根在 2006 年 5 月的一次采访中也谈道，因为庞加莱猜想，佩雷尔曼应被授予菲尔兹奖。

8 月，世界数学家大会在西班牙马德里召开，佩雷尔曼被授予菲尔兹奖，但他没有出席领奖。他成为第一个，也是唯一一个拒绝菲尔兹奖的人。

9 月，美国数学学会的会刊 *Notices of the AMS* 发表副主编阿林·杰克逊（Allyn Jackson）的一篇长评，回顾了整个事件，文中引用了克雷数学研究所詹姆斯·卡尔森（James Carlson）关于百万美元大奖的观点："如此看来，现在的规矩是获奖者不一定是公开发表结果的那个人。""事实上，佩雷尔曼选择将他的结果贴在 arXiv 网站上，却没有将它投递给公开发行的期刊。"这不只是对佩雷尔曼贡献的肯定，也是对互联网的肯定。这在过去的世界是不可能发生的。由于"同行评审"这一学术界规定的存在，佩雷尔曼的论文没有经过所谓的评审，没有发表在公开发行的刊物上，科学界就可以认为这个结果不算数。结果，由于佩雷尔曼的论文在线了，他所做的事情被全世界知道了，不再需要任何人的评审。而且后来人所有的工作，事实上都成为对佩雷尔曼工作的进一步证明。

2006 年 12 月，朱熹平和曹怀东在《亚洲数学期刊》上发表了修改过的论文《庞加莱猜想暨几何化猜想的汉密尔顿·佩雷尔曼证明》，他们承认有关证明与克莱纳和洛特于 2006 年 5 月在网络上发表的证明相同。

2010 年 3 月，俄罗斯数学家佩雷尔曼因为解决了庞加莱猜想这一问题被授予千禧年奖。2010 年 6 月，佩雷尔曼没有出席在巴黎举办的颁奖仪式。同年 7 月，佩雷尔曼拒绝克雷数学研究所奖励他的 100 万美元，因为奖金对他而言没有意义。根据维基百科的介绍，arXiv 的存在引起了科学出版业中的所谓开放获取运动，现今的数学家及科学家已经习惯将其论文先上传至 arXiv，再提交给专业的学术期刊。

我完全不懂数学，但我从这个事件中看到了互联网的力量。

知识新大陆

因为在线，事物的规模效益一点点被叠加起来。思考的规模，也随着计算在线而变化。《大英百科全书》曾经是人们心目中规模最大的一部书。《大英百科全书》又称《不列颠百科全书》，被认为是当今世界上最知名、最权威的百科全书，与《美国百科全书》和《科利尔百科全书》并列为世界三大百科全书。《大英百科全书》诞生于 18 世纪的苏格兰启蒙运动。第一版于 1768 年开始编撰，历时 3 年，于 1771 年完成，共 3 卷。1788—1797 年出版的第三版再次扩大规模，共 18 卷，加上两个补充卷，共 16 000 多页。普通人可能终其一生也看不完所有的内容。

到了今天，《大英百科全书》的规模根本算不上什么。因为就信息量来说，维基百科中共有 380 万个词条，是《大英百科全书》的 38 倍。更重要的是，维基百科是一个自由、免费、内容开放的网络百科全书，是世界第五大网站。词条编写者来自世界各地。这个网站使用的是维基技术[①]，这意味着任何国家、任何背景的人都可

① 一种多人协作的写作工具。——编者注

以编辑维基百科中的任何文章及条目。一本离线的百科全书，当然无法和一本在线的百科全书抗衡。所谓的常识，在你的思考中被重构，根源就在于在线的崛起。

图 2–5　互联网改变了知识的累积

一个和你密切相关的常识改变是：你还天真地以为现在是 8 小时工作制吗？事实上，工作和生活已经分不开了，你根本不知道自己什么时候在工作，什么时候在生活。这“多亏”了电子邮件、协同办公、即时通信等在线产物。

一个能用好云计算的公司，哪怕只有一个人，它也可以拥有 10 000 人的公司的计算能力。有了在线，你所能覆盖的使用者范围、成本和速度都将改变。速度产生价值，这是互联网创新的根本。在《Facebook 效应》（*The Facebook Effect*）一书中，有一个案例证明一个人的号召力可以影响全世界。哥伦比亚有位名叫奥斯卡·莫拉莱斯（Oscar Morales）的土木工程师，看着哥伦比亚毒贩横行、治安恶劣、百姓受苦，他一直痛心疾首，那时哥伦比亚革命武装力量 FARC 刚刚挟持了 700 名人质，举国震惊，大家感觉“国家被绑架了”。莫拉莱斯登录脸书，发现上面没有任何关于 FARC 的群组、活动和帖子，于是他组建了一个反对 FARC 的群组，他的标语是“反对绑架、反对谎言、反对杀戮、反对 FARC”，他把群组命名为“反对 FARC 的 100 万个声音”。

随着参加群组的人越来越多，莫拉莱斯发起了一个全国性的反 FARC 游行，结果一呼百应，来自迈阿密、洛杉矶、布宜诺斯艾利斯、马德里、巴黎和其他地方的哥伦比亚移民纷纷加入。“最终这成了一场由互联网世界推动的史无前例的全球性活动。2 月 4 日，据估计，在哥伦比亚近百座城市里有 1 000 万人参与了反对 FARC 的游行，另外在全世界各个城市还有近 200 万人参与了游行。”

谁也没想到，这场规模浩大的示威游行活动，仅仅起源于一个沮丧的年轻人在自家卧室里于脸书上发布了一篇措辞激烈的文章。一夜之间，惊扰全球，这就是在线社会的速度。速度是创新的基础。这个基础不是帮助你形成一个新的想法，而这个想法无法物质化。这个基础是让你有了新的想法后，将其直接变成服务，让 1 000 万人受益，产生巨大的价值。

曾有人说，一项新技术被 5 000 万人接受的速度会体现技术的动态渗透性。电力，从覆盖一个用户到覆盖 5 000 万个用户，花了五六十年的时间。而如今的一项新技术从发布到获得 1 亿个用户，可能只需要两年时间。这就是在线的力量。

《大英百科全书》如今对人们来说已变得不再那么重要，大家设想一下，当《自然》和《科学》这样的杂志也变得不重要时，就像蒸汽机本身在今天也变得不再重要，当研究人员不再只是用论文分享实验分析和结果，而是能在互联网上分享所有的数据时，这是又一次进步，会让世界变得更美丽。

在线是一片新大陆，就像当年的美洲大陆，我们还需要深入探索。

3

从信息到数据的进化

信息时代把数据当成了信息，互联网让数据真正发挥出价值，

让人们相信人眼看不见的数据世界。

数据比信息更有价值

工业革命时代的福特汽车生产线是一个集大成的产物。过去汽车生产商生产的汽车都是靠人工组装的。这样不仅人力成本高，花费的时间也多，汽车的成本自然居高不下，所以汽车在当时是财富的象征。福特汽车创始人亨利·福特受到杀猪流水线的启发，研发出了世界上第一条汽车生产流水线，不仅减轻了员工的工作负担，还大幅降低了汽车价格，因此，福特被称为“为世界装上轮子的人”。而在福特汽车的背后，是已经比较成熟的炼钢产业和发电产业。

在线社会，云计算相当于发电产业，云存储相当于钢铁产业，而大数据就是福特汽车生产线。

没有钢铁、没有电，就不会有大规模的工业化生产。同样，没有云计算就不会有云存储，而没有云计算和云存储，也就不会有大数据。

数据因在线而有了生命

在正式讨论大数据之前，我得先说一句，大数据这个叫法非常值得商榷。

2012 年 12 月，在北京亦庄的云基地，我参加了 2012 云世界大会“云夜话”的研讨会，主题是关于大数据的。在分享时，我讲得很直接：“其实大数据这三个字叫错了，这个名字没有反映最本质的东西。今天的数据和昨天的数据最大的区别就在于数据在线了。”当时，我知道《大数据时代》的作者维克托·迈尔–舍恩伯格也在讨论会现场。

大数据这个称呼会给人造成一种误解，让人们以为“大”很重要。大数据的规模大不大？肯定很大，但是这不需要被过分强调。

在西方文化里，突然把一直存在的数据（data）叫作大数据（big data）可能不是非常奇怪。但在中国文化里，这可能会造成一种习惯性的误读。之前有本书名为 *Connected*（连接），作者是尼古拉斯·克里斯塔基斯（Nicholas Christakis）和詹姆斯·富勒（James Fowler），讲的是社交网络的影响力，但在中国出版时，书名被翻译成了《大连接》。

过分强调大就有点儿哗众取宠了，极端者会过分追求纯粹的“大”。这样的倾向肯定是很危险的，因为只有“大”是不够的，还要看问题的实质。

图 3–1　福特汽车生产线是世界上第一条汽车生产流水线

大的数据很早以前就有。世界上最大的数据估计和互联网一点儿关系都没有。欧洲核子研究组织的大型强子对撞机做一次碰撞产生的数据，就算用最强大的计算机，也是一辈子都算不完的，这才是世界上最大的数据。对撞实验室搜集了几乎超出人类想象的数据量。实验室中一亿像素的相机每秒要拍摄 4 000 万张粒子碰撞的照片，相当于每秒产生 1PB[①] 需要分析的数据。

根据欧洲核子研究组织基础设施经理蒂姆·贝尔（Tim Bell）提供的信息，对撞实验室全年大约要记录 35PB 的数据，随着大型强子对撞机的升级，这个数字还会更新。贝尔还透露，目前有 45 000 个磁盘驱动器用于备份数据，以便长期保留。磁盘上的数据不在线，实际上就是死数据。这可能也是我们没有在舍恩伯格的畅销书《大数据时代》中看到对撞实验室的大数据故事的原因。对撞实验室确实产生了大量的数据，但离大数据还是远了一些。

舍恩伯格还写过一本书，名叫 *Delete*（删除），简体中文版的译名是《删除》，这倒不夸张，夸张的是副书名——“大数据时代的取舍之道”。这本书本来讲述了一个很简单的道理，就是人最了不起的事情不是记住什么，而是最后记忆里留下了什么。好比雕塑的过程，它是把不要的东西去掉，这样才能把要留下的东西凸显出来。这本书通篇都在讲这个道理，结果被生硬地跟大数据扯在一起。另一本书的书名为 *Predictive Analytics*（预测性分析），简体中文版的译名是《大数据预测》，其中的问题，略见一二。现在流行的大数

---

① 1PB 相当于 2^{50} 字节。——编者注

据一词已经成为被过度使用的词语。大数据成了这个时代的万金油，什么东西都想和它扯上一点儿关系。我担心这种情况继续下去的话，人人都想着把数据变大，那世界就乱套了。也许会出现这样的情况：一提到大数据，大家就会比谁的数据中心建得更大，谁买的计算机更多，买了10万台机器的公司一定比隔壁只买5万台机器的公司更厉害。媒体在进行报道时也会大肆宣扬哪家公司建了一个很大的机房，特别宏伟，堪称世界建筑史上的新奇迹。诸如此类的混乱景象一定会出现。为了把大家拉回来，我宁可偏执一回，不停地重复一句话：大不重要，在线才重要。

真正有意思的不是数据变“大”了，而是数据变得在线了，这恰恰是互联网最大的特点。在线的数据，一定很“大”。在线也是“大”之所以产生价值的前提。所以，数据从过去的离线状态变成随时在线，远比“大”更能反映本质。从更绝对一点儿的角度来看，单纯数字化的数据根本不是大数据。

比如，方便药品监管的条形码数据很早就被放到数据库里，数据规模达数百亿，但这只是数字化的过程。这些数据批发商用不上、零售商用不上、医院用不上，为什么？原因很简单，这些条形码数据被数字化得很好，唯独一件事没做好，那就是没有连上互联网，没有在线。

所谓的数据产生价值，必须先有数据共享才可以实现。怎么共享，难道抱着硬盘从北京搬到上海吗？共享是一个成本极高的过程，如果没有在线这样一种形式，大规模的共享根本实现不了。

在线如果没有数据在线这个过程，很多新东西就发现不了。这就是在线与离线的区别。在线社会，数据的大不仅仅是规模，数据流动的空间、时间尺度也变大了，数据的价值也因此变大了。

数据是战略资源

讨论大数据时，大家都把大数据当作金矿，觉得它很值钱，都想要挖金矿。但在我看来，大数据的厉害之处是把沙子变成了硅。

硅是一种非金属元素，作为半导体材料，可以制作半导体器件和集成电路。著名的硅谷，初期也是以从事半导体–电子加工业闻名天下，现在成了全球著名的高新技术区。我们脚下最常见的沙子，主要成分就是硅。构成计算机芯片、推动信息时代发展的硅，居然就在我们身边，这很难让人相信。大家可能不知道硅占地壳总质量的大约 27%，仅次于氧（大约 49%）位居第二，硅在宇宙中的储量也能排到第八位。生命离不开氧，而计算离不开硅。

英特尔是“点沙成硅”的集大成者。这家成立于 1968 年的全球最大的半导体芯片制造商，在沙子里找到了价值，它用硅生产出的微处理芯片带来了计算机和互联网革命，改变了世界。

金子不会成为一个国家的竞争力，世界上大部分的金子来自南非，但南非并不是世界上最有竞争力的国家。真正的竞争力是把所有人都可能拥有的东西变成财富，让沙子变成硅，这才是核心。很多人在讲大数据时，经常会说自己拥有的数据多么重要、多么稀有、多么独特，这样说很不妥。不是说这样讲不对，但这是挖金子的思维方式。卖金子的人无法成为超级富翁，真正创造更高价值的是售卖硅产品的英特尔。

我在前面提到过，点击不值钱，让点击在线才值钱。这两者是一样的道理。

在互联网上，内容其实就在那里，跟沙子一样，量大且免费，没有人能垄断互联网内容，大家都可以用。这些互联网“沙子”是不值钱的，至少在谷歌搜索出现以前都是不值钱的，直到谷歌搜索出现后，互联网上的“沙子”才变成了“硅”。所以那些天天吹嘘自己拥有稀有数据的人，难以形成自己的核心竞争力。

数据是核心的竞争力，我对这句话的理解包含两部分：数据本身是核心竞争力，数据的处理能力也是核心竞争力。

当大家都在一个平台上时，数据就可以在平台上流动起来了。当大家都在云上，流动和运转的成本才能真正降下来。在这个基础设施上，数据通过交换创造更大的价值，而在此之前，这不可能实现。沃尔玛的成功在于牺牲个体的个性化以换取便宜的价格。这需要大规模的工业化生产以及良好的基础设施，也就是电网等的支持。回到互联网经济中来，制造业肯定会形成一个活跃度极高的经济环境，今后的制造业也一定要以云计算和大数据为支撑。一种新型经济就该这样成长，这也是云计算作为基础设施的作用。

过去衡量一个国家的经济水平，就看它用了多少电。当你从外太空俯视地球，你会发现美洲那边特别亮，因为那里发达国家多，电用得厉害；而非洲那样的不发达地区就很暗，因为电用得少。未来衡量一个国家的竞争力，会有一个更重要的标准：看它用了多少计算能力。中国是世界上数据贡献量最大的国家之一，也是服务器占有量最多的国家之一。可以说，中国是计算机大国，但还不是计算大国。但到今天为止，没有一家企业能站出来说，可以帮助处理全世界互联网上的信息，因为那需要庞大的处理能力。有计算机不一定有计算能力。计算能力一定会成为一个企业和国家的核心能力。以后必然会出现的情况是，计算能力成为国际贸易的一部分。中国要把计算和数据结合在一起，让大数据通过云计算产生价值，这样才能形成核心竞争力，成为计算强国。

如果说过去30年是计算机和软件的时代，那么未来30年就是计算和数据的时代。云计算一点儿也不神秘，是数据让我们感觉神秘，但是数据也给了我们一次机会，让我们拥有了足够多的数据。我非常有信心，在有生之年可以看到世界上最重要的两个“计算装置”——互联网和大脑连接在一起，也就是说把大脑变成互联网的一部分。这就是为什么说互联网少说还有三五十年的时间，等到大脑变成互联网的一部分时，我们再来探讨下一个新技术是什么。这就是我对云计算的理解。

望远镜、显微镜和雷达

我觉得要把人类历史上三个重大的科技发明作为一个整体来讲，才能比较好地描述数据的价值。

第一项发明是伽利略的望远镜。望远镜对科技发展的影响极其深远，有了望远镜之后，人类才知道世界是怎样的。也就是说，人类不是因为知道太阳系的存在，才去发明一个望远镜来观察，而是人类根本不知道太阳系，有了望远镜之后，人类东看看西看看，才发现地球以外存在另一个世界。我觉得，大数据也会帮人类看到一个大到人类以前根本看不到的世界。这是一件非常重要的事情。在对大数据的理解上，时至今日我们都处在非常原始的阶段。

第二项可以用来描述数据价值的发明是显微镜。显微镜可以让你看到以前从没见过的微小事物。显微镜发展史上有一件很重要的事情，就是人类第一次有机会观察到一种叫作细胞的东西。显微镜下的东西都是活的，即使一棵看着不会动的树，实际上里面也有活动的细胞。通过显微镜，人类又看到了一个活生生但是肉眼看不到的世界。

图 3–2 望远镜发现了比地球更大的世界

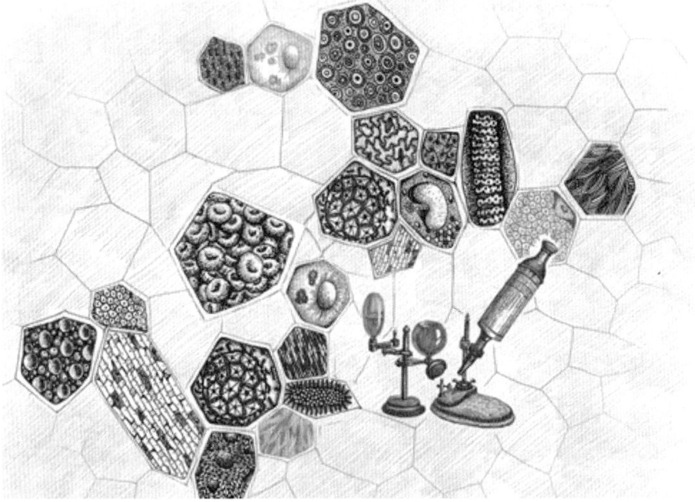

图 3–3 显微镜发现了小到肉眼看不见的生命

互联网上的一些东西经常会被大家忽视，其中一个就是点击。在互联网出现以前，大家都没有觉得点击有什么特殊意义。但今天我们都知道，正因为成千上万的点击数据，在线世界才变得更为鲜活、更有意义。这个道理就像单个细胞是没有意义的，可是众多的细胞组合在一起，就可能变成一个生物。互联网中最有活力的基本单元，就是点击，人们不应该小看它。要相信你看不见的世界。

第三项和数据很像的发明是雷达。“二战”结束之前，1945 年 8 月 20 日那一期的《时代》周刊，本来要用雷达作为封面故事，介绍对同盟国至关重要的雷达技术。但是在出刊以前，美国在日本先后投下两颗原子弹，结果这期周刊的封面就变成了一个打有大叉的日本国旗，主要篇幅都是关于原子弹的故事和人物，原子弹给全世界留下了深刻印象，而有关雷达的内容只有短短三页。原子弹的功臣之一、诺贝尔奖获得者汉斯·贝特（Hans Bethe）曾在麻省理工学院的雷达实验室工作过两年，他后来说了一句话："原子弹帮我们提早结束了'二战'，而雷达帮我们打赢了'二战'。"

图 3–4　雷达帮人们打赢了"二战"，也提早发现了未来的到来

20 世纪 40 年代初，英国空军的实力很弱，它之所以能够打败德国空军，是因为英国的雷达足够先进，可以提前探察德国飞机从哪里来、具体在什么位置、大约有多少架。等到德国飞机靠近领空时，英国飞机才出去进行攻击，于是英国飞机可以在空中逗留的时间也比从英吉利海峡另一边飞过来的德国飞机要长得多，这就是早期英国空军用那么少的飞机就拖垮德国空军的原因。长波雷达是英

国取得这场空战胜利的关键，从 1940 年夏天开始，它成功引导了数千架英国空军飞机拦截德国飞机。如果没有雷达引导，英国空军可能需要动用上万架飞机，而这是当时的英国不能承受的。如果没有雷达，英国很可能会失败。

1940 年 9 月，亨利 · 蒂泽德（Henry Tizard）率代表团搭乘加拿大籍的“里奇蒙公爵夫人号”邮轮，将代表英国科技希望的共振腔磁控管从英国经加拿大带到美国，把自己的雷达技术分享给美国。美国军方随后在麻省理工学院建立了历史上最大的雷达研究中心。在以美国和日本为主角的太平洋战争中，日本在雷达技术方面就已经输掉了。

在太平洋战争时期，日本的雷达仅作为一种防御设备，并未受到重视，先进性与英美相距甚远，很像现在的心电图，没有敌机时是一条线，有敌机时会出现起伏，但基本上没有办法确定敌机的确切方位。这种雷达并未被日本海军当作主要设备，他们主要还是依靠手持望远镜的观测员进行警备，然而当肉眼都能看到敌机时，根本来不及准备。相比之下，美国航空母舰上的机载雷达可探测到 160 千米范围内出现的日本战机。

1942 年，同样是长波雷达帮助美军在中途岛大败日本联合舰队。在东所罗门群岛海战、马里亚纳海战和萨沃岛海战中，雷达同样发挥了关键作用。1944 年，日本海军在与陆军的雷达优先使用权的争夺中获胜，日本所有的军舰都装备了现代意义上的雷达，但它的联合舰队已经失去了最重要的航空母舰，整个舰队自然也就没有了飞机的支持。

太平洋战争末期，日本派出了以当时世界上最大的一艘战列舰“大和号”为旗舰的舰队，以对抗美国的航空母舰群。建造这艘战列舰用掉的钢材不比建造一艘航空母舰用得少。这艘战列舰每发炮弹的重量相当于一辆汽车，对战列舰来说，只要炮弹打得比你远，炮弹比你大，它就可以击沉你。日本派出这艘战列舰的目的很悲壮，就是找到一艘航空母舰并与之同归于尽。更悲壮的是，这么大的一艘战列舰提早被美国的航空母舰发现了。“大和号”还没来得及发现航空母舰，就遭遇了200多架美军飞机的攻击。战列舰侧翻时，炮塔因为自身太重，被硬生生地扯掉了。这是日本战争史上非常著名的一个失败案例。

如果能够提前10分钟知道飞机在哪里，结果就会大不一样，这就是雷达的价值。数据也可以帮助你做到这一点。

以前的计算机防病毒技术，要等到病毒入侵你的个人计算机，才会出手防御。但事实是，等到你的个人计算机已经被侵害时，那是你发现病毒的最后时刻，这意味着你的计算机系统早就有漏洞。

微软当时的一个研究发现，如果世界上流行一种计算机病毒，那么早在6个月或者12个月以前，在世界的某个地方，就一定有人写过一些这样的代码——这些代码只是告诉人们存在这么一个问题，存在这么一个漏洞，别有用心的人依靠这些漏洞制造出病毒，但代码本身并不是病毒。

这意味着，你知道这件事情的时间可以很早，早在12个月以前就应该可以预测到病毒的出现。

互联网变成基础设施以后，人们要做的任何事情，其实都可以在互联网上做，所有的沟通和交流一定都会在互联网上进行。所以，写代码的人一定会在互联网的某个角落留下蛛丝马迹，病毒也不例外。

我所说的互联网除了指基本的硬件及连接设施以外，还有BBS、博客、即时通信软件、电子邮件、脸书等各种沟通方式。所以只要你处理的数据足够多，你就可以找到线索。本来你要等到病毒出现时才能做出反应，而今天只要你能够把全世界的数据都分析一遍，你就可以提前12个月掌握情况，这就是你的竞争力。

过去想要知道一个国家的进出口贸易情况，要查看海关的数据。可是大家知道吗，海关的数据实际上是事情发生很久以后才汇总得到的。

但阿里巴巴的国际贸易数据是不一样的，从第一天买家询价开始，你就可以预测接下来会发生什么，今天询价的人越少，未来12个月的出口肯定也越少。这个时候你会发现，数据的价值远比一张报表的价值大得多。

比别人早知道一点儿，就没什么东西能阻挡你了，只要早知道几分钟，你就有更大的机会赢取胜利，而数据会帮助你抢先那几分钟。

相信数据，是一种自信

在普及云计算与大数据的过程中，最大的难点在于它们已经超越了技术和常识的界限，已经和人性密切相关了。

银行最怕的就是某一天人们突然不信任它，大家觉得钱放在那里不安全，于是集体挤兑。在好几部描述动荡的旧上海的电影中，都出现了银行遭遇挤兑的场景，美国大萧条时期的电影也有这样的场景出现。结果往往是整个社会秩序的混乱。不把钱存在自己国家的银行，而要存到国外的银行，这已经不是财富的管理问题，而是社会的信任问题。

信任的破产，是一件很可怕的事情。云计算和大数据也是一样，无论是大公司还是小公司，它们必须信任云计算平台，相信平台不会欺负它、抄袭它。然而仅是这样还不够，最关键的是我们要能够赢取别人的信任。

我曾对员工讲，我们做阿里云计算平台，要努力做到让创业者发自内心地相信，在阿里云计算平台上创新、创业，照样可以做成上市公司，甚至会比阿里巴巴更厉害。有了这样的信任度，云计算才能真正做起来。

纸币的自信

大家都知道，中国曾是信用最好的国家。在早期，贵重金属自然成为商品交换的媒介，这样一来，重量也就自然成了价值体现，这从“英镑”、“里拉”和“卢布”等词中可以看出，这些货币都是用重量单位命名的。所以纸币的出现是货币发展过程中极其重要的里程碑，因为它的价值体现已不是重量，而是信用，信用成为真正的财富。

一般认为，中国的交子是世界上最早使用的纸币，比欧美国家要早700年。汉武帝在位时期（公元前141—前87年）就出现了用白鹿皮制作的皮币，每张价值40万钱，其价值已与皮币自身的价值相分离，这种早期的尝试可以看作纸币的先驱。到了唐代中期（公元800年左右），出现了被称为“飞钱”的纸币凭证，用于解决当时商人外出需要携带大量铜钱而带来的不便问题。北宋真宗咸平年间（998—1003年），民间出现了最初的纸币——交子，最早流通于中国四川地区。交子是古代四川俚语，意为票券、凭证。

关于交子，中文维基百科上有这样一段描述。

> 最初的交子实际上是一种存款凭证。北宋初年，四川成都出现了为不便携带巨款的商人经营现金保管业务的“交子铺户”。存款人把现金交付给铺户，铺户把存款数额填写在用楮纸制作的纸卷上，再交还存款人，并收取一定的保管费。这种临时填写存款金额的楮纸券便谓之“交子”。
>
> 交子的使用越来越广泛，许多商人联合成立专营发行和兑换交子的交子铺户，并在各地设分铺。由于铺户恪守信用，随到随取，交子逐渐赢得很高的信誉。商人之间的大额交易，为了避免铸币搬运的麻烦，也越来越多地直接用交子来支付货款。后来交子铺户在经营中发现，只动用部分存款，并不会危及交子信誉，于是他们便开始印刷统一面额和格式的交子，作为一种新的流通手段向市场发行。正是这一步步的发展，使得交子逐渐具备了信用货币的特性，真正成为纸币。

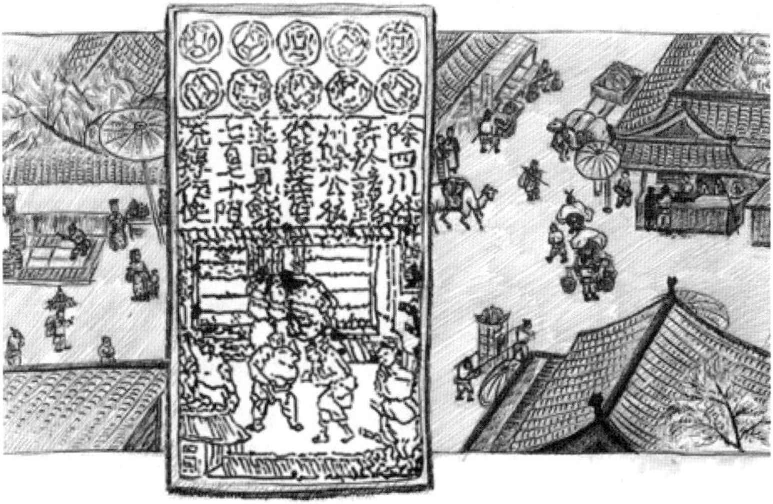

图 3–5　交子的使用带动了纸币的流行，也是一种自信的体现

交子作为官方法定的货币，在四川境内流通了近 80 年。《宋史 · 食货志下三》里记载：“交子之法，盖有取于唐之飞钱。真宗时，张咏镇蜀，患蜀人铁钱重，不便贸易，设质剂之法，一交一缗，以三年为一界而换之。六十五年为二十二界，谓之交子。”从商业信用凭证到官方法定货币，交子在短短数十年间就发生了彻底的变化，具备了现代纸币的各种基本要素。古代人可以信任交子，信任在一张纸上盖个章就代表财富，可以用来买东西，实在太需要勇气了。这也是信任度极高的表现。

唐宋时期的人们可以相信并且使用刚刚出现的纸币，今天的我们反而退步了，就是因为不相信信用卡真的可以代表个人的信用，人们才硬生生地把信用卡用成了借记卡。对比可见，目前的信任度下滑得有多严重。你是否愿意把自己未来成功的基础放在别人那里，这涉及体制架构、公民责任、社会环境等，不只是云计算的问题。从长远来看，我对这件事是乐观的，我对数据有足够的信心，相信历史会改变。

对云计算和数据的信任

2014 年 5 月，飞利浦（中国）和阿里巴巴签订了合作备忘录，阿里云将向飞利浦提供云计算服务，并在智慧城市、智能医疗和移动网络等领域展开合作。飞利浦在 2014 年法兰克福照明展上展示了被称为“City Touch”的智能照明管理系统，可为城市照明节约 70% 的能源，引起了很大反响。

飞利浦是一家成立于 1891 年的世界 500 强企业，它与阿里巴巴的合作是一家成立时间超过 120 年的企业和一家想要存在 102 年的企业之间的合作。正是这种信任，让两家大公司从内到外走到一起。

2014 年起，美的集团和阿里巴巴承诺共同构建基于阿里云的物联网开发平台，美的在所有的空调新品中采用基于阿里云的物联网智能技术，把空调变成互联网智能终端，并计划在 3 年内使 50% 的美的空调基于云计算。这会对智能家电行业乃至整个中国的制造业产生深远影响。这个案例体现的不只是产业的变化，更重要的是一家制造业企业对一家互联网公司的信心。

这些例子看起来只是公司之间的合作，背后却反映出云和互联网时代的信任关系。

有了云计算之后，一家公司敢于把它最重要的战略资源，也就是数据，放到公共的计算平台上，就像把钱放到银行里一样。有了云计算之后，数据一定会快速沉淀，沉淀到你可以触及的范围之外。整个社会必须对这样的未来有足够的信心。

为什么先有云计算，再有大数据？因为如果没有对云计算的信任，大数据就不可能沉淀。以前大家对互联网理解不深刻，稀里糊涂就上网了。一上网才发现，互联网没有想象中那么安全，哪怕在网络上受到攻击，你也挡不住。云计算出现后，人们又把对互联网的恐惧转移到云计算身上，人们害怕数据沉淀下来会对自己产生不可预知的损害。

整个世界的发展轨迹，其实就是越来越多的沉淀。如果走路去拜访一个人，你会留下一串脚印，但风一吹，脚印就没了，之后你大可死不认账，说自己没去过。但如果坐车去拜访一个人，你就需要买票，票根就会留下来，不再是风过无痕那么简单了。

你留下的痕迹越来越多，沉淀的数据也就越来越多。社会向前发展，一定会失去很多东西，这个进化过程是没有办法后退的。但是你依然需要勇气拥抱未来，你拥抱得越好，你的先进性就越高。做个非常简单的类比：国人用交子时，中国比不用纸币的国家先进；国人不相信信用卡时，中国就比相信信用卡的国家落后。在我小时候，到饭店吃饭要先付钱，之后才能吃到东西。今天，我们去饭店都是先吃饭后付钱。虽然有骗饭吃的情况，但人们总体上是相信新规则的。这就是信用，更是信心。

我觉得互联网可以让我们的信任度发生一次飞跃。如果今天你相信只要排了队就一定能得到你想要的东西，那么你就一定会认真排队；如果你发现每次认真排队后都不会得到你想要的东西，那么你就不会再老老实实排队。假设你在银行排队，快轮到你时，柜台人员突然喊了一句“今天不办公，要下班了”，那么你下次很有可能会插队。

大约是 1986 年，当时我在北京，那时候只有北京大学等少数几个学校有外国留学生。北京动物园是最大的转车地点，那里总是黑压压一大片人，老老实实排队就很难上车。我曾亲眼看到被认为排队素质极高的留学生以远比当地人更疯狂的劲头去插队。资源匮乏的大环境会导致规则秩序的破坏，而规则秩序的丢失会让信任荡然无存。

信任也是同样的道理。如果你付出了信任，之后得到了你想要的回报，那么你的信任度就会提高；如果你付出了信任却没有得到应有的回报，那么你的信任度就会降低。

在线世界，从原则上讲有能力满足需要被满足的需求。因为在线社会的资源是共享的，你开设的博客网站不会因为已经有 10 个人在看，第 11 个人就看不了了。这跟报纸不一样，你不必再担心自己应得的东西突然没了，原先稀缺的东西不再稀缺了。只有大家不再认为东西很难得到时才会愿意排队，而愿意排队以后，信心也会随之强大起来。在淘宝上，商家愿意相信你，你也愿意相信商家，这和社会的文明程度休戚相关，信用也从此慢慢建立起来。

互联网人经常讨论开放和分享。我一开始不懂，后来慢慢理解了这两个概念。开放不是免费，开放的关键在于原则上大家之间是平等的。大家在网络上获取资源时，不会因为官位高而占优势，所有人都是平等的。分享的重要性在于资源不会那么容易被独占，资源更不会被少数人独占，垄断变得非常困难。

以教育为例，教育资源原本是最不平等的，充斥着垄断。尼古拉斯·尼葛洛庞帝（Nicholas Negroponte）在把电脑送进山村时，发现山村里有了电脑也没用，因为没有电，所以他开始开发手摇发电的笔记本电脑。从这件事就可以看出，教育原来是这么的不平等。很多学校推出的所谓多媒体教学，其实就是让学生待在教室里，对着连上局域网的电脑看老师演示课件。你本来就在这个学校上课，结果看着老师换了个形式讲授同样的内容，意义实在不大。有意义的是让教育在线，让全世界的教育财富开放，任何人都可以分享。

一旦教育在线，中国西部山区的孩子也可以享受到北京大学最好的教育。这具有非常重大的意义。在线的分享和开放，不应该变成一个幌子。在线的分享和开放，要求你真的去跟别人合作，而不是去抢别人的饭碗。只有这样，彼此之间才会建立信任，才不会变成仇人。即使有一天云计算没有了，大家对彼此的信任仍然是最重要的社会资产。

4

从计算机到计算的进化

云解放了计算机这台机器，让计算能力彻底从一个箱子里释放出来，

回归了计算的本质。

计算，是一种新公共服务

在线最新的表现形式，就是计算的在线，也就是大家经常提到的云计算。

计算为什么到后来叫云计算，为什么我又把它叫作通用计算，区别在什么地方呢？今天，一家公司，要么像谷歌一样，自己满足自己对计算能力的需求；要么把计算当作公共服务，通过云计算服务满足需求，就像用电一样。如果还是像传统公司一样去买一堆机器放在自己的公司里，或者去托管，那我觉得不仅方法不对，而且计算需求达到一定程度时也无法得到满足，除非你的规模像谷歌那么大。如果不想用国家电网的电，只有两种情况：要么自己的电厂盖得足够大，要么这个公司没有大到要用国家电网的电，自己拿个柴油发电机发电就足够了。

20 世纪 80 年代中期，我曾去深圳，对那里的两个场景印象很深，至今难忘。第一个就是整座城市到处都是传统的鱼骨电视天线，因为这样才能收到香港的电视信号。第二个是在深圳的老商业街，每家商店门口都有一台柴油发电机，所以整条商业街充斥着柴油发电机发电的噪声。为什么？原因很简单，那个时候我们整个电力基础设施都是按照计划建造的，加上额外的电视机和冰箱就不行了。大家设想一下，如果计算也像过去的电力基础设施那样，每次多加一台机器就要重新部署，实际上跟自己用柴油发电机发电是一样的。所以从这个角度讲，云计算有两个很重要的属性：一是计算的通用性，二是把计算变成一种公共服务。通用计算就是要像电一样，既可以用于空调，也可以用于吹风机。只有把计算变成一种公共服务，新的时代才会到来。我想目前还有很多人可能不会认同这种观点，但是至少我是这么认为的，也是这么做的，尽管我知道做到这些需要花很长的时间。

2020 年的世博会在迪拜召开，我在 2015 年时去过一次迪拜。迪拜这个地方很奇怪，周围都是沙漠。那里的人也很有趣，只要一件事是世界第一，他们就愿意去做。我曾跟迪拜酋长办公室的工作人员讲，我们应该把迪拜这届世博会办成“历史上第一届世博会”。大家知道过去这种大会的 IT 设施都是由像 IBM 那样的公司提供的，也就是说由传统的厂商提供。所以我才说，应该把迪拜的这次世博会办成“历史上第一届世博会”，利用公共服务解决所有的计算问题。我不知道这件事能不能做成，但是迪拜人有兴趣做这件事，我会跟他们一起尝试。

这样做的意义是什么？19 世纪末，电还没有成为公共服务，芝加哥世博会第一次使用交流电进行照明。人们可能早已忘记当年的世博会上展出过什么，但芝加哥世博会成为人类历史上第一届使用电灯的世博会被人们永远记住了，因为它是划时代的。由于新冠疫情，2020 年迪拜世博会推迟到了 2021 年 10 月—2022 年 3 月，但期待的云计算没有如期到来。

2017 年 1 月 19 日，奥委会宣布阿里巴巴成为 2018—2028 年夏季奥运会和冬季奥运会的顶级赞助商，以阿里云支持 2020 年奥运会，直到 2028 年，云计算服务从此走进奥运，过去那里是传统 IT 设备厂商的天下，计算也因此跨越了历史。也由于新冠疫情，东京奥运会推迟了一年，令人感到高兴的是，在东京的夏季奥运会和北京的冬季奥运会上，阿里云都如期而至，这对云计算的意义一定可以比肩芝加哥世博会对电的意义。

简短的历史

20 世纪 50 年代，约翰 · 麦卡锡（John McCarthy）以其在人工智能方面的工作而闻名。1962 年，麦卡锡第一次设想“计算有一天将被组织为公共事业……就像电话系统作为公共服务一样……成为新的、重要的产业”。计算成为一种公共服务是云计算的核心思想基础。今天看来，云计算和数据确实是人工智能的基础。

1969 年，阿帕网的首席科学家之一伦纳德 · 克莱因洛克（Lenonard Kleinrock）也提出设想：“计算机网络仍处于起步阶段，但随着它们成长和变得复杂，我们可能会看到计算机公共服务的普及，就像电和电话公共服务那样，为全国的个人家庭和办公室提供服务。”

1983 年，太阳计算机系统有限公司（Sun Microsystems）提出“网络就是计算机”，这可以算得上云计算在工业界的前身。

1997 年 10 月，得克萨斯大学的拉姆纳特 · 切拉帕（Ramnath Chellappa）博士在国际运筹学与管理科学学会年会上，提出计算已经从以大型机为基础的架构进化到了以网络为基础的架构，他把这种新的计算模式称为云计算，这是云计算这个术语在学术界第一次使用。之后，拉姆纳特博士继续做他的研究工作，直到今天他还只是埃默里大学商学院的一名副教授，很少会有人记得他。

2006 年 8 月 9 日，谷歌 CEO 埃里克·施密特（Eric Schmit）在加州圣何塞召开的搜索引擎大会上第一次高调用云和云计算的概念描述谷歌所提供的互联网服务。施密特特别指出，与此相对应的传统模式就是 Oracle（甲骨文公司）主导的传统的客户机／服务器处理结构模式。

同年 8 月 25 日，亚马逊推出 EC2（弹性云计算）的测试版，EC2 是亚马逊云计算服务平台 AWS 中最重要的一部分。

同年 9 月 27 日，杰夫·贝佐斯（Jeff Bezos）在麻省理工学院的新技术大会上，作为第一个主题演讲者，把 EC2、S3（可扩展的云存储）和土耳其机器人（Mechanical Turk）称为亚马逊“11 年来的大规模万维网计算”方面的结晶。演讲中，贝佐斯并没有像施密特那样专门提到云计算，但一直强调把后台基础设施作为服务。

2007 年 12 月，《商业周刊》刊登了一篇封面文章——《谷歌和云的智慧》（Google and the Wisdom of Clouds），讲到谷歌的新战略是“把惊人的计算能力放到众人手里”，这种惊人的计算能力在文章中沿用了谷歌的叫法，被称作“云”。自此，云，连同今天大家熟悉的 MapReduce（一种编程模型），开始逐步出现在主流商业杂志上。谷歌于 2008 年开始正式提供云服务。

2008 年，Oracle 的 CEO 拉里·埃利森（Larry Ellison）认为 Oracle 之前所做的一切就是云计算，潜台词是反对使用云计算这个称呼。在《华尔街日报》的报道中，他认为云计算行业就像一个女人的时装秀，“完全是胡说八道”。

2010 年 11 月，亚马逊把自己的零售网站切换到了 EC2 和

AWS上，网飞（Netflix）和Pinterest（拼趣）等公司也把自己的互联网服务搬到了亚马逊的AWS上，从此云和云计算开始大行其道。

2010年3月，李彦宏（百度创始人）、马化腾（腾讯创始人）和马云（阿里巴巴创始人）在中国IT峰会上同台发言，主题之一就是云计算。马化腾认为投资云计算太早了，恐怕要到科幻片《阿凡达》所展示的年代才能出现；李彦宏直言云计算就像新瓶装旧酒，没有什么新东西；马云是三人中唯一相信云计算是未来方向的人。十几年之后，这段对话还是经常在流传。

电作为公共服务

在我看来，如何区分云计算和非云计算，首先得看它的核心本质——计算是否在线，计算的使用是否通过互联网完成。这也决定了云计算的两个最重要的特点：一是计算要成为一种公共服务，就像水和电一样；二是计算规模变得足够大，需要巨大的数据中心来承载。我从在阿里巴巴做云计算的第一天开始，就告诉自己："云计算是一个社会最基础的公共服务，就像电一样。"

宝钢电厂发的电和国家电网中的电都是电，它们之间有差别吗？答案是它们之间有着巨大的差别，宝钢电厂发的电是工厂自用的，出了问题只影响自己的生产；而国家电网中的电供给千家万户，出现一点儿问题就会影响百姓的正常生活。所以，只有国家电网中的电才是公共服务，自备电厂发的电都很难称得上。

风力发电和三峡水力发电都是在发电，它们的区别又在哪里呢？今天大多数风力发电生产的电量，由于技术和经济原因无法并入国家电网，所以风力发出的电至少到目前为止还不能成为公共服务的一部分；而三峡水力发电自起始时就可以并入国家电网，所以它从第一天起就是国家电网服务的一部分。并入国家电网这个状态，换成互联网行业的说法，就是电能在线。

事物之间的区别，有时候不是由它的物理形态决定的，而是由它的服务形式决定的。同样是所谓的“云计算”，哪怕规模再大、计算能力再强，如果没有在线、没有进入公共服务领域，就算不上云计算。

为什么云计算必须成为公共服务？因为云计算已经和电一样成为互联网经济时代最基础不过的社会需求，它会慢慢变成国家基础设施的一部分，支持整个国家经济社会的发展。

假如你想在 19 世纪末 20 世纪初的美国纽约建一个纺织厂，哪怕备齐了资金、工人、机器和原材料，你还是无法开工。因为那时候的美国还没有公共电网，你想让那庞大无比的纺织机器动起来，就必须自己建一个发电厂。那时候，一台发电机设备只能供应一栋房子或者一条街上的照明用电，用的是直流电，人们称其为住户式电站。

很多时候，建一个发电厂很有可能比建一个普通的工厂还贵。尽管建一个发电厂比建第一个以蒸汽机为动力的纺织厂要简单得多，但其低效益和风险是显而易见的。万一工厂倒闭，发电厂就彻底报废了，也不会有人回收。

人类的血管中流淌着商业的基因。人们慢慢觉悟到，自己建发电厂的做法太愚蠢了：用不完的电怎么办，能不能卖给别人用？电不够用怎么办，能不能租别人的用？两家的电并在一起用好像效果更好，成本降低之余，风险也降低了，要不干脆把十几家发电厂都并在一起？按照这个思路，发电厂逐步合并到一起，电的规模效益也就表现出来了。

1882 年，“发明大王”爱迪生在美国纽约珍珠街建设了拥有 6 台发电机的发电厂。这座发电厂虽然只有 30 千瓦的容量，仅能满足城市照明的用电需求，却是电力第一次真正在人类生活中作为公共服务出现。英国发明的蒸汽机，为英国日后的强盛打下了基础；同样是英国最早发明了电，但英国将其作为公共服务比美国晚了很多年，这也为英国日后的衰落埋下了伏笔。

公共电网雏形的出现又推动了电力技术本身的变革。越来越多的地方尝到了电的甜头，对电力的需求大大增加，公共电网供电的范围不断扩大。远程供电需要增加电压以降低输电线路中的电能损耗，而高压电又要通过降压器才能送至用户家中。直流电变压十分复杂，而交流电变压比较简单。很明显，就可用性来讲，交流电更胜一筹。

电网成了国家的标准配置，交流电变成世界通用的供电标准，电力真正成为人类生活、社会经济发展的基础设施。

今天的你已经无法想象这样的场景：家里装了一台发电机，专门给灯泡供电。闷热的夏天来了，你决定装个空调，但是发电机的电力不够，你不得不在买空调的同时购入一台新的发电机，加装在老的上面。过了几天，你又想买冰箱了，回头一看已经占了大半间屋子的发电机，这样的日子根本过不下去。

以为购买更多的发电机就会解决夏天家里的用电问题，这样的想法不仅不对，而且荒唐。很可惜的是，这种荒唐的想法在云计算时代重演——大家对购买更多计算机的热情，远远大于对使用云计算服务的热情。更不幸的是，将云计算具象化为建设数据中心这样的事，还不时地发生在我们身边。

计算也是公共服务

在互联网时代，大家对于计算能力的需求越来越大，不知上限在哪里。这就好像只有利用国家电网而不是发电机才能解决社会的用电问题，云计算才是满足互联网时代计算需求的途径，互联网时代是一个计算在线的时代。

对成千上万的普通用户来说，其实云计算和电一样，早就进入了每个人的生活。人们最常进行的网络行为之一是搜索。当我们在搜索框输入关键词、敲下回车键的一刹那，大概要消耗 8 瓦灯泡点亮一小时所耗的电量，大概需要数万台服务器瞬间提供计算支持。当然，这些听起来繁复与恐怖的计算过程，都通过网络在一个你不知道地点的数据中心完成了。你每天所做的许多事，包括登录一次淘宝、发一条微博、发一段微信语音、刷新一次新闻客户端、看一段视频，都会消耗远超本地设备所能承载的计算量。事实上，世界上已经没有任何一台电脑可以让你摆放在家里的同时，还能让你搜索全世界的海量数据并享受各种互联网服务。

2012 年 8 月，“苏拉”“海葵”等强台风陆续登陆中国。可能有人还记得当时的场景，大家不停地在网络和媒体上查看台风究竟跑到哪里了。而在这背后，是不断瘫痪的系统。由于访问量急剧上升，福建和江苏等地的台风信息系统因压力过大而陆续无法访问。当时，浙江省水利厅的系统支撑了来自全国各地的剧增的访问量，央视新闻、微博、报纸发布的关于台风的动态都来自这里。以前，该信息系统的日访问量不过 5 万，基本也就是内部人使用。而台风来袭的那几天，日访问量突然超过 350 万。这也难怪其他地方的系统会瘫痪。由于浙江省水利厅使用的是云计算服务，所以才得以平稳地度过那几天。应该说在互联网时代的今天，只有云计算才能保障你的生活不会退回到 50 年前那个靠打孔机才能做计算的年代。大家之所以感受不明显，是因为云计算真的很基础，它天生就被贴上了“默默”的标签，为你工作时，你不会感知到它，而在它不工作时你才会强烈地感受到。

2012 年 6—8 月可以说是全球体育迷的狂欢季，因为欧洲杯和伦敦奥运会接连举行。在此期间，上亿名中国网友通过网络电视台体育频道同步收看顶尖赛事。传统做法是，提前购置一堆服务器，花大量时间做好基础运维。但是，在赛事高峰时期，这些机器可能还不够用；而等赛事高峰过后，放任多余的服务器在那里又是一种巨大的浪费。2012 年的伦敦奥运会，中国网络电视台体育频道首次运用云计算，通过在线的方式获得了其所需要的计算能力，在保障流畅稳定的同时，省下了一大笔不必要的开支。我在浙江的普陀山从网上观看了伦敦奥运会的开幕式直播，由于职业的关系，而且因为它使用的是阿里云服务，我的关注点是视频的质量和速度，而不是开幕式的内容。两年后，中央电视台体育频道再次使用阿里云的服务转播 2014 年巴西世界杯，这次我可以安心地关注球赛本身了。

蒸汽机没有发展成为普通的动力来源，原因是什么？我想一个根本性的问题，就是移动性太差了。你今天根本无法想象，用一台蒸汽机驱动你的吹风机，洗完澡后吹干头发。本质上，你需要的是动力，而不是动力机。电的移动性算是比较好的，人到哪里，拉根电线就能把电力带过去了。但到今天，电的移动性还有一个重要的问题没有解决，那就是电线。无线传输电力依旧是很多发明家的梦想，2007 年 7 月，麻省理工学院的马林·索尔亚契奇（Marin Soljacic）教授领导的小组展示了在两米的距离内无线为 60 瓦的灯泡供电，他们把这个系统称为“WiTricity”，它将无线传输电力这一梦想又往前推进了一步。第一个向人们展示无线传输电力的人是交流电之父——尼古拉·特斯拉（Nikola Tesla），那是 100 年前的事，而今天的我们依然在为此努力。

这也是服务器和云计算的差异，你需要的是可以“搬来搬去”的计算能力，而不是笨拙的计算机。想要真正体验云计算，就要把它搬到线上，像电一样实现规模化。规模化是否也意味着大规模投入？阿里巴巴每年向云计算投入 10 亿元。但在中国，一年可以拿出 10 亿元人民币做一件事的公司还有很多。能否真正做成功，关键要看公司是否真的相信在线这件事，是否相信计算在线会对社会有所帮助。

现在很多公司都在探讨云，教育云、健康云、电商云、游戏云等，名字一个比一个好听，但这些不过是垂直应用的思考，而不是真正投入云计算服务的平台。从计算平台角度讲，没有一个东西叫垂直云，只有利用云计算解决一个垂直问题，而不是创造一个垂直的云，这才是对的。计算机能干什么？你买了台计算机做文字处理，难道它就是办公计算机吗？你买了台计算机打游戏，难道它就是游戏计算机吗？你只是用计算机办公，用计算机玩游戏。

没有垂直的计算机，也没有垂直的云。从这个角度讲，人们所说的教育云、健康云，还是叫云健康和云教育为好。

我曾在中国工信部组织的一个会议上说："中国 99.999 9% 的数据中心做的都不是云计算。"因为数据中心不过是物理的东西而已，租了几个机柜给别人不能算作云计算，它得作为一个整体的计算平台来运营才算得上云计算。

现在也有许多公司在做云计算，但这些云计算平台，要么是和自己的业务结合得比较紧，要么就是一个很垂直的业务平台，再怎么做，也只能解决一家互联网公司需要解决的问题。例如一些打着云计算旗号的公司，到最后它开放的不是计算服务，不是基础设施，而是客户资源。这些公司不是在做发电厂，只是在做一个订制的发电机。真正的创造力掌握在个体手里，实际上他们需要的是一个公平的开放性平台。

那些做垂直云的公司，实际上有很强的施舍心态："我想好了该干什么，我给你搭个台子，然后你就来做吧。"这种意识，一定需要改变和创新。第一台个人计算机出现时，没人告诉制造者他能用它做什么。就是在这样一种环境下，最后才有了个人计算机行业的蓬勃发展。现在的云计算，正处于个人计算机刚出现时的状态。

我觉得，真正做云计算，就要把它作为一个通用、整合的平台来做。阿里云刚成立时，我曾经想过不叫“阿里云计算公司”，而叫“通用计算公司”，这背后隐藏的是对云计算的理解和信心。最早的计算机网络，不是今天的互联网，只是本地网，而且只是用来交换信息数据的，网络上的其他计算机不会帮你做什么特别的事情，这些计算最后还是得在你自己的计算机上完成。一个计算发展史上常见的场景是：人们在命令行的界面中输入一串指令，一段字符就从另一台计算机上传送过来了。

网络的盛行促使了“服务器”概念的出现，尽管与服务器的通信本质上也是一个交换数据的过程，但是后台的东西已经在很大程度上被处理过了。到了互联网的年代，主要工作都在后台完成了，计算结果是以服务的方式通过互联网提供给人们的，大家熟悉的服务器就这样自然而然地被云（不在你身边的计算服务）替代了。表面上看是你连到了云上，但实际上这是一个使计算变得在线的过程，也是一个使计算输出的结果变得在线的过程。这个过程和电的普及与使用有不一样的地方。电能够通过电网真正地把能量传到千家万户，电能是在本地被消耗掉的；云计算并不是真正把计算传输到本地，只是把你的请求传回到云（数据中心），然后再把结果传回给你，计算是由云上的计算设备完成的。

你可以设想一下，你要在互联网上查询一个东西，实际上是发送了一个查询的指令到云，这会触发成千上万台计算机为你在海量数据里找到对应的结果，然后呈现在你面前。这和过去你要什么文件或数据，相应的文件或数据就传过来是不同的。要在互联网上查询任何一个东西，比如淘宝上的一件商品，都需要在云端消耗大量的计算能力。这个过程不再是纯粹的数据传输，而是计算在线。计算在线正是我要强调的东西。我经常在公开场合重复这样一句话："云计算和电一样。"这样的观念被完全接受还需要时间。

互联网用户已经很快习惯了云计算，而传统企业却慢了不止一拍。很多中国创业者在做互联网项目时做的第一件事是租服务器，做 IDC（互联网数据中心）。IDC 基于互联网，为集中式存储、处理和发送数据的设备提供运维的设施基地以及相关的服务。简单地说，IDC 就是互联网时代的发电厂。每个公司自己开设 IDC，就跟当年纽约人一边办工厂一边修建发电厂没有区别，很落后。即使有些互联网公司做到了一定的规模，那也不过是在自己工厂边上建了个巨型发电厂而已，没有并入公共电网，依然很落后。

如果你做了一个卖童装的电商网站，而且用的是自建发电厂那一套办法，那么没人买东西时，你的服务器还是在运转，白白消耗资源，多余的计算能力也不能分享给别人。而一旦你突然搞个促销活动，整个网站的服务器就会吃不消，临时买服务器也来不及，只能眼睁睁地看着用户想付钱却找不到付钱的地方。互联网最大的特征是爆发性的成长。一个成熟的传统企业，例如中石油的 IT 部门，它原本按年进行规划，但这样做会失去机会，现在也开始改变了。互联网时代的企业，其本身的结构必须有弹性。想要解决上述案例中的尴尬问题，只能把云计算变成公共服务。

2013 年，高级技术主管实名社区 ITValue 在海南举办了一个年度 CIO（首席信息官）研讨会，会议上我碰到了锦江之星的 CIO。锦江之星是创立于 1996 年的连锁酒店品牌，旗下各品牌酒店数量已经接近 1 000 家，因此接下来的计划是更加快速地增加酒店数量。他告诉我，他们原本已经建了一个大型的数据中心，但他们还是停建了第二个数据中心，正在考虑是否可以利用云计算。这是中国特有的一幕，面对新科技，企业家充满着其他人无法理解的热情和胆怯，他们凭直觉判断什么是好的，什么是坏的，他们乐意去冒险，也懂得迅速掉头。听到锦江之星的 CIO 说把在建的第二个数据中心正式停掉的那一刻，我觉得，这也许是云计算发展的众多历史节点中最富有勇气的转折点之一，它让我感受到了云计算对整个传统 IT 界的影响。不知锦江之星的近况如何？

从计算机到计算服务，产业一小步，人类一大步。

只有公共云，没有公有云和私有云[①]

我刚开始做云计算时经常说，世界上有一个半公司是阿里云的榜样，一个是亚马逊，另外半个是谷歌。阿里云希望成为下一个成功做云计算的公司。大部分公司不是不想做或者没在做，只是做得还不够彻底，拥抱云计算也需要勇气。

从计算规模来看，谷歌应该比亚马逊大。但谷歌的计算资源大多还是自己在用，亚马逊才是真正把云计算变成了公共服务。

2006 年，AWS 诞生，目前使用这项服务的公司不乏流媒体视频巨头网飞、照片分享网站 Instagram 等大牌科技公司，连美国国

① 公共云即 Utility Cloud，公有云即 Public Cloud，私有云即 Private Cloud。

家航空航天局也是 AWS 的客户。这些公司主要依赖亚马逊提供的计算服务进行内容存取、内容交付和支付等业务。知名的社交网站 Pinterest 也利用了 AWS，只用了 9 个月的时间，其访问量从 5 万迅速升至超过 1 700 万，现在已达 4 800 万，公司存储在亚马逊平台上的数据也超过了 400TB[①]。

变了味的私有云

不论是基础设施、平台，还是存储设备，它们都天然地结合在一起，这是云计算鼻祖亚马逊在做云计算时遵循的思路。我觉得亚马逊带来的一个最大的好处是让大家明白了一件事——计算可以作为一种公共服务。卖给你一个服务器，并不代表卖给你一种计算能力，这是两件完全不一样的事情。卖给你服务器，仅仅说明你有可能得到计算能力，但事实上，很多服务器都烂在了仓库里。

计算能力其实隐藏在各个行业的背后，是在线社会的基石。我看过一本名叫《编码的奥秘》（*Code: The hidden Language of Computer Hardware and Software*）的书，里面有一个被作者称为谣言的故事现在看来还是很有意思：如今到处都是加密过的东西，它们用的是各种不同的加密算法，而且这些算法的加密强度不同，加密技术的本质就是让你在规定时间里用一定的计算能力无法进行破解，美国银行的加密算法就属于这一类。加密算法能否使用，需要美国国家安全局的批准来决定。美国国家安全局是美国保密等级最

① 1TB 相当于 2^{40} 字节。——编者注

高、经费开支最大、雇员总数最多的超级情报机构。美国国家安全局衡量加密强度的标准是需要多少足够快的计算机才能破解这个密码。在人们的概念中，只有美国国家安全局才具有这样规模的计算能力，黑客之类的人不会拥有这么强大的计算能力。

在一层层扒开各种技术与在线状态的外衣后，最里面的那一层肯定是计算能力。亚马逊向大众提供计算能力服务这件事，对整个产业的良性发展有极大帮助，非常值得尊重。

什么样的云计算才算得上是好的公共服务？如果还是用电来打比方，那就是：能够用、便宜用、安心用。当你插上插座时，必须马上通电，而且想插一个电器就插一个，想插 10 个也可以，这叫“能够用”；电费如果高出天际，用一分钟就会把你的钱包掏空的话，也是不对的，电费不应成为你的经济负担，这叫“便宜用”；当你用电时，你发现用了一分钟就漏电，电到自己了，这也不行，安全是所有公共服务的隐藏核心，这叫“安心用”。

这三个要点看起来很简单，想要全都做到却很难。

从 2006 年业界开始大范围讨论和使用云计算到现在，十多年过去了，实际上很多人只是习惯性地在讨论云计算这三个字，却没有认真思考其中的含义，甚至有人刻意误导大家。

现在很多人在面对云计算时，会大谈云计算多么好，不用云计算会多么糟糕，然后进入主题：“你想用云计算是吧？挺好。不过呢，公有云都不安全。干脆这样，你买我的服务器，买我的数据库系统，买我的存储系统，建一个属于你自己的私有云吧。”经常有人问我，怎么看待公有云和私有云，我的回答是：“我没听说过私有云。”这其实是委婉的说法，客观来说，私有云是不存在的，只是个假命题。

如果在20年以前号召并鼓励发展互联网，谁会最有条件出来做呢？一定不是现在大家熟悉的互联网公司，说不定是电报公司。电报公司可以说自己正在做的就是互联网经济，因为它的网点遍布全国。现在大家都知道，互联网和电报网点完全是两个不同的概念，电报网点可以继续为特定机构提供小范围服务，而互联网经济必然要大规模崛起。那些大力推荐所谓私有云的公司，号称自己做的是云计算，其实就和电报公司号称自己是互联网企业一样。云计算就是公共服务，只要是想卖软件和硬件产品给你的，那肯定不是那场应该到来的革命，最多也只是传统技术的一种延续。好比现在做运输生意还要自己修一条高速公路一样，这是一件可笑的事情。

其实，私有云鼓吹者的理由非常简单，就是公有云不安全。私有云公司利用了大家对安全的担心向人们兜售硬件和软件产品。一旦计算设备连上网络，就无所谓你的还是别人的，所有人面临的安全问题都是一模一样的。除非组建一个自己的局域网，不与互联网连接，这样才可能获得安全保障，但局域网不是现代社会需要的东西。现在一谈到银行和互联网，大家的第一反应是银行比互联网安全，互联网基础设施的天性就是不安全——实际上反了。

2017年5月，WannaCry勒索病毒暴发，全球至少有150个国家受到影响，受到攻击的对象包括俄罗斯内务部、美国联邦快递、西班牙电信运营商Telefonica、法国汽车制造商雷诺、数百家隶属于国民保健制度的英国医院以及中国石油在各地的众多加油站，中国的高校更是重灾区，波及范围之大近 10 年少有，而且中招的几乎都是一些单位、企业的内部网络。与此形成对比的是，阿里云的飞天和亚马逊的 AWS 虽然服务着成千上万的客户，却相对风平浪静。这看似巧合，其实不然。这次病毒暴发的教训之一就是，公共云上的安全服务质量远超传统 IT 系统，包括所谓的私有云。

安全的公共服务

历史总是惊人的相似，我经常用电来解释云计算背后的种种思考，然而电成为一种公共服务也经历过这么一段让人感叹的过程，尽管这个过程已被大多数人遗忘。

特斯拉是一个发明天才，一个传奇人物。他从欧洲到达美国时，口袋里只有 4 美分，而他去世时身无分文。但今天的每个人都享用着他的发明。

1884 年，因为仰慕爱迪生，特斯拉这位塞尔维亚工程师来到位于纽约的爱迪生通用电气公司工作，每周工资 18 美元。那时的纽约就像今天的硅谷，是创新者向往的圣地。爱迪生是直流电的拥护者，他在纽约建造了第一个提供公共服务的直流电发电厂。但是直流电存在一个很大的问题——它的传输距离有限，最多只能传输不到 5 千米。有一天，爱迪生对特斯拉提出了一个改进直流电电机和发电机的问题，表示如果能解决，他愿意赌 5 万美元（购买力相当于今天的 100 万美元）。当特斯拉用了几个月的时间非常成功地完成了改进，要爱迪生兑现承诺的 5 万美元时，爱迪生却和特斯拉调侃道："你不懂我们美国人的幽默。"特斯拉拒绝了爱迪生每周给他增加 10 美元工资的建议，马上就辞职了。

特斯拉离开爱迪生通用电气公司后，建立了自己的实验室，开始了交流电的研究，从发电到传输全部成功。当时直流电无法长途传输，每隔数千米就要增设发电站，但交流电可以利用变压器变压从而实现长途传输。而且使用直流电价钱较为昂贵，效能也远远不及交流电。当时，交流电的传输成本也只有直流电的千分之一。1887 年，特斯拉创立特斯拉电力公司，完成了他最重要的发明——无刷交流电机，并获得了专利。1888 年，特斯拉和乔治 · 威斯汀豪斯（George Westinghouse）见了面。威斯汀豪斯是西屋电气制造公司的创始人，也是火车空气刹车的发明人。最后，威斯汀豪斯以每马力 2.5 美元的许可费获得了特斯拉的专利许可。到了 1890 年，34 岁的特斯拉已是一位名副其实的百万富翁。

爱迪生当然非常不愿意看到自己的直流电生意遭到威胁，于是爱迪生开始打压特斯拉。今天很难想象，当时对于是用交流电还是直流电争得最凶的，不是用电的人，而是发明电的人。

爱迪生的手段是广泛传播交流电会致命的言论。在新泽西的西奥兰治，爱迪生把数十只哺乳动物带到公众面前，用 1 000 伏特的交流电发电机把它们电死了。爱迪生用这个办法告诉大家，交流电不安全。媒体现场直播了这一恐怖的事件，一个新词"electrocution"（电刑）也因此出现了。在有关交流电和直流电的争论中，发生了两件特别的事：一是用于处以极刑的电椅的使用，二是一头名叫 Topsy 的大象被用交流电处死。

1888 年 6 月，纽约州立法机构通过立法把电刑作为执行死刑的一种新方法，但并未决定是用交流电还是直流电。爱迪生聘请发明家哈罗德·布朗（Harold Brown）设计电椅。布朗和他的助理弗雷德·彼得森（Fred Peterson）共同为爱迪生设计了电椅，彼得森既是政府负责选择电椅的设计委员会的负责人，同时也是爱迪生的雇员，电椅选择使用交流电也就不奇怪了。1889 年 1 月，电刑真正实施时，威斯汀豪斯拒绝将任何交流电发电机卖给司法当局，最后是爱迪生和布朗为当局提供了所需的交流电发电机。非常具有讽刺意味的是，人们还把电刑称为“被西屋”。

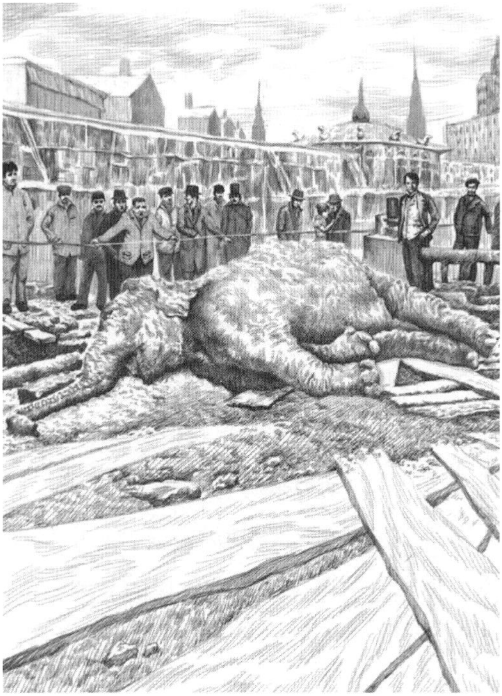

图 4–1　被施以电刑的大象成了“交流电不安全”宣传的牺牲品

纽约的康尼岛在20世纪上半叶因为当地的主题公园而闻名。Topsy是乐园马戏团的一头亚洲母象，因为受到虐待，Topsy曾杀死过驯兽员，因此被认为会对人构成威胁。Topsy原本要被处以绞刑，后因动物保护学会要求，寻求其他方式。爱迪生因此提议用交流电执行死刑，大约有1 500人在现场见证了这一切，而且爱迪生公司还把行刑过程拍成电影在全美上映，用来展示特斯拉的交流电是如何不安全。爱迪生利用了大家对新鲜事物的恐惧感，将其具象化、放大化，这是人类社会发展中不可避免的悲剧。

之后，威斯汀豪斯给了特斯拉一笔资金继续发展。终于，在1893年1月于芝加哥召开的世博会开幕典礼中，特斯拉利用交流电同时点亮了9万盏灯泡，这一举动震慑全场，因为直流电根本达不到这种供电规模和低成本。事后，特斯拉因此次展示被聘为尼亚加拉水电站的电力设计负责人。从此交流电取代直流电成为供电的主流。特斯拉至今依然是很多创新发明者的偶像。据说谷歌的创始人拉里·佩奇（Larry Page）在12岁时读了有关特斯拉的传记，从而立志成为一名工程师。而亿万富翁埃隆·马斯克（Elon Musk）在创建他的电动汽车公司时，也选择了特斯拉这个名字，并以交流电机作为特斯拉电动汽车的动力来源。

我觉得，历史不断重演，让我们对云计算的发展既悲观又乐观：悲观的是，类似直流电、交流电这样的丑陋竞争肯定会重演；乐观的是，你肯定能分辨得出真正的云计算和在线的计算能力应该怎样使用。

图 4–2　交流电让电成为公共服务

交流电和直流电之争，实际上也是电力基础设施是否需要统一之争。通信领域有过专有网的概念——一个大集团、大机构自己做一个封闭的网络体系，同时会为了它的安全做出特殊的设计。专有网具备与互联网相连的能力，它和互联网可谓是相同的基础设施，只是部署的安全要求不一样。而目前所说的公有云和私有云其实是两种不同的基础设施。为了像电一样，确保计算基础设施的一致性，公有云所使用的基础设施也可以被部署成专有云，以满足不同的安全需求，但它们应该是同一种基础设施。计算需要规模化，不是可以规模化，而是必须规模化，只有规模化才能解决成本问题。1% 的电在国家电网里与 90% 的电在国家电网里，效果是完全不同的，至少电价会差很多。成本问题会影响事物的普及。

哪怕你今天真的准备搬一台大计算机回去，你也搬不了。搜索应该是你最常用的一个上网功能，但是你的每一次搜索，实际上都需要几万台服务器为你服务，哪怕你只使用一次，也会消耗如此多的计算资源。

一个普通人不可能每天只用一次搜索功能。一个“90后”需要用手机发微信、发微博、看视频、打网游、编辑文档。这些动作消耗的计算量是十分惊人的，没有一台计算机可以单独提供所有的计算能力。你没办法独享所有的计算资源，既然不能独享，那么就一定要分享出去。因为要与人分享，你就不可能把几万台服务器搬回家，你唯一可以享受这种服务的方式就是通过在线。

把信心放在云计算里面，才是真正的变革。

“飞天”让计算成为公共服务

云计算是21世纪新的基础设施，其在整体上的重要性，远远超出一家云计算公司。

2010年以前，我一直说世界上真正在做云计算的公司只有一个半，一个是亚马逊，另外半个是谷歌，这两家公司各有所长，都是阿里云学习的榜样。[①] 归结起来，亚马逊真正实践了云计算蕴含的服务本质，而谷歌则解决了规模化的问题，但谷歌没有把服务

① 2011年，微软的云计算业务在市场上几乎不占据份额。

做彻底。向榜样学习的前提是：一要有自己的信念，二要有自己的技术。

在做云计算时，我们一定要抱有一个信念：计算是一种公共服务。坚定的信念是必须的，而叶公好龙的心态则是一种灾难——表面上大谈云计算是一种服务，私下里又大肆兜售自己的软件和硬件产品，告诉客户要做私有云。云计算不是扩建 IT 设施，而是拥抱互联网。这时使用计算资源的方法不是把计算机买回家，而是使用在线的计算服务，降低单位计算成本，这才是云计算。

2009 年阿里云成立时，我想过给公司取名为“通用计算”，后来怕和通用电气混淆，才随大流叫了“阿里云计算公司”。当时想的是反正别人也不明白我想干什么。我给阿里云提出的企业愿景是“打造数据分享第一平台”，做“以数据为中心的云计算”。尽管 2008 年前后大数据的概念还没有那么热门，但数据一直都是一个企业的战略资源。数据不是阿里云的，而是客户的，只不过客户在使用云计算以后可以很方便地从数据的角度出发进行思考，从而创造价值。所以云计算首先节省成本，其次创造价值。我认为今天的很多东西都会在一二十年后消失，但云计算在 100 年后还会存在。

当时《IT 经理世界》的记者吴磊在采访我后写的文章里面，详细描述了我对于阿里云、飞天和云计算的看法。

“云计算的出现是一种服务模式的改变，这句话耳熟能详，”王坚说，“但人们往往忽略了做这件事情的技术难度，而且不是一点点的技术难度。当我们要做大规模的时候，我们就没有办法依赖别人的技术来做这件事情。”

自主研发通用大规模分布式计算系统的想法在王坚脑中诞生了，他将这个平台命名为“飞天”。“飞天”的整体设计始于2008年下半年，2009年春节后上班第一天，阿里云团队在北京上地一间简陋得连空调都没有的办公室写下第一行代码。

也正是在那一年，我又去了美国硅谷，在斯坦福大学的一场演讲中，第一次分享了“飞天”的基本想法。很多人认为在中国做“飞天”这样的事一点儿也不可靠，我觉得他们是对的，世界上没有人会觉得这件事靠谱，因为它难度太高。不过有意思的是，后来又有不少持怀疑态度的人陆续加盟阿里云，从事“飞天”技术的研发。因为做云计算，多多少少需要点浪漫主义的精神，否则做不好。

从某种意义上讲，“飞天”就是一个操作系统，操作系统最重要的功能就是资源管理。“飞天”的底层是数据中心，有成千上万台通用服务器，每台服务器都有CPU（中央处理器）、内存、存储，相互之间用以太网进行连接。简单地说，这套系统就是把所有资源抽象成一台计算机，通过互联网提供计算服务。

诸神实现飞天之梦

《程序员》杂志曾就“飞天”对我进行过采访，记者在文中详细地介绍了“飞天”。

“飞天”，是亲近水的一位神的名字，是可以为人们带来幸福和吉祥之神。“飞天”系统中的各个模块也被赋予了上古诸神的名字：分布式文件系统是开天辟地承载一切的基础之神——盘古，负责任务调度和资源管理模块的是占卜和预测之神——伏羲，从底层上监视和处理导致集群性能下降的集群诊断系统——华佗，负责网络连接的模块——夸父，监控系统——神农，集群部署——大禹[①]……借诸神之名，映射出的是背后的理想主义色彩。

在众神协作下，“飞天”负责管理数据中心 Linux（操作系统）集群的物理资源，控制分布式程序进行，并隐藏下层故障恢复和数据冗余等细节，有效地提供弹性计算和负载均衡的服务。而数千节点规模下，无论是系统的打造还是扩容都面临着众多技术挑战，平台的各个模块在规模性能、高可用性以及可运维性等方面都做了大量的改进和优化。

- 盘古，在内部架构上采用 Master/Chunk Server（主盘 / 块服务器）结构，Master 管理中继数据，Chunk Server 负责实际数据读写，通过 Client（客户机）对外提供 API（应用程序编程接口）。在集群扩展到 5K（5 000）规模后，迎来了新的挑战，主要可分为两个部分。首先是盘古 Master IOPS（每秒进行读写操作的字数）问题，因为更大的集群意味着更多文件和更多访问，上层应用对存储亿级文件和 10 亿级文件集群的 IOPS 是有显著区别的。同时更大规模的集群让快速发展的上

① 现华佗、神农和大禹合为天基。

层应用看到了更多可能性，导致更多业务上云，存储更多数据，也间接导致了对 IOPS 的更高需求。另外一个与规模相关的问题就是盘古 Master 冷启动速度，更多的文件和 Chunk（块）数导致更长的冷启动时间，影响集群可用性。

- 伏羲，“飞天”平台的分布式资源调度系统。在 5K 攻坚中，从设计到实现每一步都可能存在性能“陷阱”，原因主要在三个方面：规模放大效应，当节点数增大到数千个时，系统中原本不是瓶颈的与规模成正比的环节，其影响会被放大；木桶效应，未经优化的那一小部分很可能成为影响系统性能的致命瓶颈；长路径模块依赖，被依赖模块性能的不稳定性最终会影响某个请求处理的性能和稳定性。
- 天基，运维的模式随着 5K 的到来发生了很大的改变，在解决实际问题的过程中，可以针对各种异常情况，进行故障磁盘管理以及系统异常处理，产品工程师也可以通过它做流程和管理自动化的工作。同时，不必再做几分钟的快速人工修复，而是当故障设备积累到一定量后批量地做替换，大量地节省了人力成本。

“飞天”系统是一个规模很大的有机整体。规模很大带来的最大挑战在于这台“超级计算机”每天都可能发生故障——硬盘会坏、风扇会坏、内存会坏，“可能自己买一台笔记本电脑用了 5 年之后依旧完好无损，但是在成千上万台服务器组成的‘飞天’集群里面，硬件故障时时刻刻都会发生”。

经过三年的技术攻关，数次更新迭代，“飞天”终于建成，它支持比 MapReduce 更加灵活的数据驱动的多级流水线计算框架以及服务框架，而且在这个统一平台上实现了电子邮件、搜索、地图、弹性计算、数据处理等众多功能。这样的底层架构与亚马逊差别很大。亚马逊对外提供的每一个服务都会直接对应一个或者多个物理集群，比如 A 集群对应 S3，B 集群对应 ECS，它的功能和系统设计是垂直的。而阿里云所有的服务对应的都是同一个系统内核、同一套分布式文件系统。也就是说，无论对象存储、弹性计算，还是邮件、搜索等，都能共享同一个底层。除阿里云之外，世界上只有谷歌能够做到这一点。

“飞天”的诞生让我很为我们的团队感到自豪，它是中国第一个单个集群超过 5 000 台服务器的通用计算平台，而且软件都是我们自己写的，进入这个行业的门槛还是很高的。

云是“飞天”上的服务

王坚始终相信一个道理：云计算本身和电一样是没用的，只有造出了电冰箱、电视机，电才有价值。在他看来，阿里云就好比“国家电网”，而合作伙伴把自己的产品在“飞天”平台上形成一个个垂直解决方案，比如 ERP（企业资源计划）云、医疗云、政务云、教育云等。

“最后真正做好云计算的不是我们而是这些合作伙伴。当所有的企业拥抱了互联网，当所有的垂直行业拥抱了互联网，云计算的价值才会真正凸显。”王坚说。

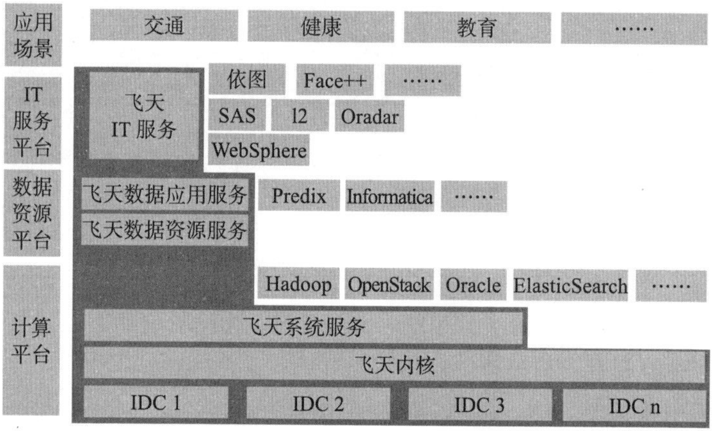

图 4–3 “飞天”服务架构图

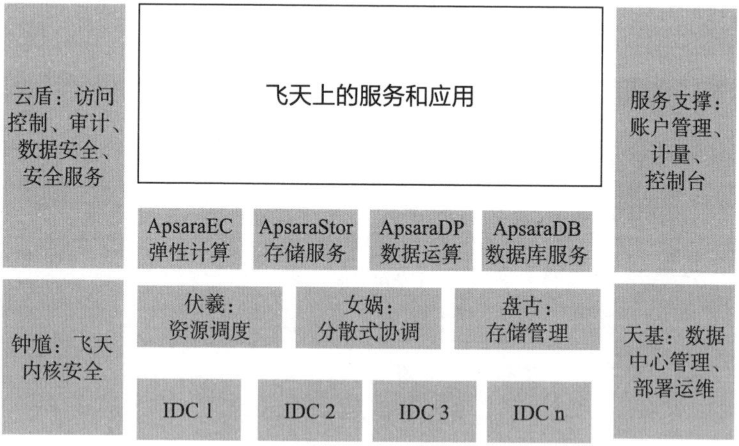

图 4–4 “飞天”核心架构图

“能不能永远不关门？”曾经有客户问王坚能不能承诺阿里云永远不关门。王坚当时笑答：“我保证你是我服务的最后一个客户。”虽是玩笑话，但客户的提问不但让王坚悟出“云计算是一门信用生意”的结论，更重要的是，阿里云团队从上到下开始体会到“服务”一词的真正内涵。

阿里云的客户开始时来自集团内部，2010年上半年为阿里金融、全网搜索、邮箱等提供技术支撑，“飞天”系统正式启用；2011年7月28日阿里云官网上线，正式对外提供服务，其售卖的第一个产品是弹性计算。

到今天，阿里云的客户已有数十万之多，“飞天”系统支撑过亿用户访问。客户名单里既包括联想、施耐德、创维、中国网络电视、DeNA（网络服务公司）这样的国内外大企业，也有虾米、唱吧、《周末画报》、ifanr（科技媒体）等移动互联网新锐公司，还有阿里集团内部的聚石塔（淘宝和天猫的开放平台）、冰火鸟（阿里集团的统一数据平台）、阿里金融等海量用户的应用。

这样成绩的取得并非一帆风顺，王坚及其团队这几年面对了太多来自内部和外部的质疑、批评。但在王坚看来，这些不同的声音“不是死锁的互动，不是你怪我不懂，他怪你技术不好”，阿里云与客户之间始终保持了良性的沟通。

王坚挂在嘴边的一句话是“客户教会了阿里云如何做服务”。据说运营团队非常害怕王坚抽查工单，他会不时从系统中拣出客户反馈的问题问你是如何解决的，这让下属们压力巨大。不但如此，王坚还每天上微博看客户的意见，某次一位阿里云的客户因为 3D（三维）电影《昆塔·盒子总动员》使用了阿里云渲染，因此发微博表示一定要去看电影支持阿里云，这让王坚深受感动。王坚说，正是客户的厚爱让阿里云成长。

从某种意义上说，阿里云是一名探索者，每一步的学费都是自己交的。王坚给自己画了一个巨大无比的饼，以致这 4 年时间他为吃到这张饼放弃了所有的休息，每天的会议从早晨 9 点一直排到深夜甚至凌晨。这一切背后的动力都源自他相信阿里云所做的事情是正确的。

有时候坚持是很难的，有时候放弃是很难的，进退维谷。但是具体到做“飞天”这件事，我觉得坚持是很难的。

客户也是神

我说了那么多云计算拥有巨大意义的话，其实还有后半句话要说：一旦云计算变成公共服务，云计算其实不重要，真正重要的是云应用。你可以想一想，夏天回到家，打开空调吹吹凉风，打开冰箱取出冰镇饮料，打开电视机找部科幻片看看，掏出手机刷一下朋友圈，你会真心感谢现代科技提供的设施，感谢空调、冰箱、电视机和手机改变了你的生活。可是，你永远不会感谢公共电网。这是正常且普遍的想法。

在尼古拉斯·卡尔（Nicholas Carr）的《大转换》（*The Big Switch*）一书中有如下描述：“你输入关键词后，由成百上千台电脑组成的谷歌公司数据网络即会在几十亿个网页组成的数据中搜索，选出与你关键词最为匹配的几千个网页，按相关程度排好序，并将结果通过互联网传到你电脑的屏幕上——这一切通常只需要零点几秒。谷歌公司每天要重复数十亿次这种令人惊叹的运算，而这种运算并不发生在你的个人电脑中，它也不可能发生在你的电脑中。事实上，它的发生地点离你很远，可能离你千百公里，也可能在地球的另一边，是哪个地方的电脑芯片处理了你的搜索需求呢？你不知道，而且也不在乎——正如你不知道，而且也不在乎是哪个电厂发出的电点亮了你的台灯。”

的确，电不是什么了不起的事情，洗衣机、电冰箱、电视机出现后，电才开始变得重要。电网和计算在线这两件事，都只是根部问题，上面会生出什么样的枝丫谁也不知道。

也许在你阅读我写下的这段文字的时候，房间里开着灯，虽然是晚上了，但是屋子里仍然很明亮。这意味着，对你来说，电的成本不在你的考虑范围内，不然你不会有半夜看书的行为。现在的云计算，就是让单位计算成本变得足够低，低到不在你的考虑范围，让你有看书的念头，有创造新东西的念头。

唱吧是一款在线唱歌的 App。它的公司很小，起初员工不过四五十人，却有 4 000 万用户在这款软件上唱歌。唱吧让 KTV 在线了，它摆脱了时间和空间的约束，做了一件很有影响力的事情。它也得依靠云计算，否则支撑不了那么多用户。

类似唱吧这样的案例很多，我会在后面的章节里专门讨论。它们都是云计算衍生出来的新枝丫，人们以前没有想到过。

云计算是最基础的服务，它搭建了一个平台，让创新和创业变得容易。云计算可以让传统企业变成互联网企业，让一个小企业可以与大企业竞争，让互联网企业变成移动互联网企业。

云计算让我们认识到企业不分大小，每个企业都可能做出非常独特的创新。新华社有一次来阿里云调研，我说中国的互联网企业或者说中国所有研究机构最羞愧的一件事，是我们实际上没有检索全球信息的能力。我觉得云计算做到一定程度，就应该做到当一个公司想做搜索引擎时，它只需要招最好的人、投入足够的精力，就可以利用云计算的能力去做，不再需要像谷歌那样重新搭建计算的基础设施。

云计算可以让你做以前不能做的规模，做以前不能做的事情。历史上有价值的变革，都源于对用户需求的准确把握，以及对用户心声的近距离聆听。而失败的变革，也往往是因为远离了用户。在线的价值，是在用户和决策者、服务者、提供者之间建立天然的沟通渠道。用户用鼠标和脚投票，成本低廉且效率极高的特点使得在线的价值必须牢牢依托用户本身。

云计算本来是没用的，只有碰到用户，才能体现出它的价值。

云计算的化学反应

过去看电影，只能晚上看，因为天黑了才能看清影像；另外，看电影还得冬天看，若是夏天，门一关，一堆人挤在电影院里面，会热坏的。

后来，纽约发生了一件事情——空调诞生了，它让看电影变成了一种享受。

1925年，威廉斯·开利（Williams Carrier）说服派拉蒙电影公司在纽约时代广场新建的里沃利大剧院安装空调系统，承诺为观众提供凉爽的空气。剧院开张时非常成功，人们纷纷涌向剧院，空调变得和电影本身一样吸引人，清凉感彻底征服了美国人。大部分美国人第一次享受空调就是在电影院里面。派拉蒙的总裁阿道夫·朱克（Adolph Zukor）特意从加州赶来，感受清凉的空气。人们突然发现，在夏天这个没地方去的季节，有一个叫作电影院的地方，又凉快又有电影可以看，十分了不起，于是扎堆涌过去。过去夏天没办法开业的电影院，一下子就成了夏季最大的娱乐场所。

这是电影院发展史上很重要的一个节点。你如果不了解这个细节，很难想象和电影八竿子打不着的空调，居然会成为电影黄金发展期最大的助力。5年内，开利为全美300多家影院安装了空调系统。

在中国的二三线城市里，曾流行过录像厅，空间很小，只简单放得下几张小板凳，主要播放一些港台片，年轻人很喜欢到那里去。如果你仔细观察，会发现那些录像厅的门口都会贴着4个字：“冷气开放”。和电影院一样，录像厅也是在夏天生意最好，这都归功于空调。

这个关于空调的故事很有趣，它说明两种东西的结合，可能产生化学反应，产生新的东西。云计算也是一样，作为化学反应的一部分，不断衍生、不断变化、不断创造新的东西。

相信云计算就一定要相信用户在你的平台上可以创造更好的东西，云计算只是一个基础保障。一家电力公司千万不要想着自己去做电冰箱，一家云计算机构也千万不要想着自己去做应用。

如果云计算服务提供商比利用云计算服务开展业务的公司挣得还多，那就走偏了。一个五星级的理发师用吹风机提供理发服务，一次可以赚几百元。那国家电网可以收多少钱？当然只是便宜的电费了，难道因为理发师用了电，国家电网就觉得服务费自己也得分吗？如果是这样的话，那这个产业就太糟糕了。等到有人做出了云计算上的“电冰箱”“电视机”“洗衣机”，并且一直创新下去，云计算才真正有意义。

所以我说，云计算有意义，但是不重要，重要的是“空调”，是“吹风机”。我坚信，在云计算时代，小公司可以做以前只有大公司才能做的事情。

第一，计算变成了社会资源。以前的电力是极其难得的稀缺资源，现在变成了社会资源。以前你有多少在线服务能力取决于你有多少计算能力，现在云计算把这个资源开放出来了。如今你可以利用大公司的计算资源，以小公司的创新能力提供更多的服务。

第二，过去用户获取成本非常高，而有了互联网之后，用户获取成本变得非常低，低到一夜之间可以让所有人都使用。这在离线世界是无法实现的。为什么移动互联网发展得这么快，就是因为在线可以更快接触到自己的用户，所有的创新都可以迅速产生价值。

今天，“飞天”为客户提供的服务涉及消费电子、公共卫生、能源管理、媒体、电子商务、电子政务、移动互联网等众多行业，服务着我们今天无法精确统计的无数用户。今天（不是未来）人们用手机、看电视、玩手游、浏览网站甚至买一盒药，都有可能用到了基于“飞天”的云服务。

云计算可以把一家传统公司变成一家互联网公司，这不仅会节省 IT 成本，更重要的是在云计算平台上，企业可以重新思考自己的业务问题。我非常佩服那些能够信任我们，把它们的业务放在我们的平台上面的企业。中国的企业如果不能互相支持，是没有未来的。今天敢于拥抱云计算的企业是值得敬仰的。云计算带给企业的创新能力和发展空间是不可想象的，是一场革命！

创新和在线一定是互相推动的，但它们都必须建立在技术发展的基础之上，我很幸运亲身经历过那一段激情燃烧的岁月。

“去 IOE”是计算替代了计算机

2013 年 8 月，《商业价值》刊登了几篇关于我的采访文章，主要谈的是云计算的实践和发展。我没想到“去 IOE”在 2013 年变成了行业里的一个热门词，而这个热度一直持续到了 2022 年，这个现象反映的正是计算逐步替代计算机这股不可逆转的浪潮。

“去IOE”的由来

在加入阿里后，带着技术基因和学者风范的王坚就在阿里巴巴集团提出了被称为“去 IOE”的想法，并开始把云计算的本质，植入阿里的 IT 基因。

这些工作将阿里的IT发展策略从依赖“商业软件”，发展到拥抱“开源软件”，最终演变为拥有强大的自主技术和云计算服务能力，更为2009年“阿里云计算有限公司”的成立埋下伏笔。2011年7月28日，阿里云自主研发的“飞天”云计算平台开始以公共云计算服务的方式对外提供云计算商业服务。

王坚的办公室有一面墙摆满了书,《丰乳肥臀》《乔布斯传》《分布式系统原理与范型》这三本被摆放在右侧第三排上。用这三本书来概括王坚似乎也很合适。工程心理学出身的王坚，用魔幻现实主义色彩带领着团队，所有的阿里云产品在内部均被冠以传统神话中神的名字：阿里云的核心技术引擎被命名为“飞天”，一位亲水的神仙；协同调度系统称为“女娲”；分布式文件系统叫作“盘古”……

从2008年11月加盟阿里集团开始，王坚在集团CTO和阿里云总裁这两个角色之间不断转换。办公室里整墙贴满YunOS的效果图，与团队在办公室旁的“钟馗道—争端解决室”开会到深夜已成常态，王坚有着产品经理敏感执着的特质。

在阿里集团CTO和阿里云总裁这两个角色之间转变，王坚面临很大的挑战，他必须为阿里寻找并发展关键的核心技术，从发展自有云计算技术到YunOS系统的开发，每一个选择都意味深长，但任何一场风波也可能使他置身谷底，在遭遇市场“抨击”后，王坚总能以更快的速度为阿里夯实技术基础，同时积累新的技术经验。

王坚说，他的大部分工作是集团 CTO，但他始终认为："我是非常幸运的，没有阿里云，阿里的技术就少了一个重要的成长环境。如果'飞天'这样的平台没有投入市场，不与客户碰撞，单纯的研发部门就无法开发出真正的好技术。同样，没有阿里的其他业务，很多云计算业务也做起不来，比如 CDN（内容分发网络）业务。"

在王坚眼里，云计算是一场革命，是一场用服务颠覆传统软硬件时代 IT 建设旧思维的革命。王坚这样概括"去 IOE"运动和阿里云之间的关系："去 IOE"彻底改变了阿里集团 IT 架构的基础，是阿里拥抱云计算，产出计算服务的基础。"去 IOE"的本质是分布化，让随处可以买到的商用电脑架构成为可能，是云计算能够落地的首要条件。

从"去 IOE"到拥抱开源技术，从整个集团的 IT 支持到阿里云的未来发展，这些都使王坚有了几分神秘的色彩。

"去IOE"的本质

IOE 是软件时代或是"买计算机"时代的产物。云计算时代，则是"买计算"的时代。

不同的人理解的"去 IOE"的原因是不一样的。王坚最怕将"去 IOE"的原因归结到两个极端去讨论：一是单纯变为企业成本问题，二是简单地变成一个是否可以利用国外产品和技术的问题。成本降低是"去 IOE"最先能够看到的，但最根本的原因是在互联网时代，不只是互联网企业，绝大部分企业对计算的需求难以通过 IOE 提供的技术来满足，IOE 约束了企业的长远发展；技术路径上依赖专用的硬设备比较危险，而随处可以买到的商用计算机的架构长远来讲对于阿里和大多数企业则是最安全的。对于成本，王坚说今天所有的开源技术只解决了软件使用成本的问题，而忽略了开源软件的升级和维护成本。

理论上只要计算能力够，IOE 就一定能去掉！但实际上“去 IOE”这件事有技术挑战和风险。对绝大多数企业来说，“去 IOE”不是简单改变软件和硬件本身，用新的软硬件取代旧的软硬件，而是用新方式取代旧方式，是用云计算彻底改变 IT 基础架构。

与此同时，王坚最初提出的“去 IOE”的想法，一天都没有停止过。甚至，阿里巴巴的“去 IOE”运动引发了大型企业 IT 底层建设的新思潮，也使 IBM、Oracle 等国外大型厂商在中国倍感转型压力。阿里云则成为阿里巴巴延伸向更多中小企业的重要 IT 触手。

“去IOE”的技术演进

阿里最早依赖商业软件，从拥有 20 多个节点的 Oracle RAC 数据库集群（当时是亚洲最大的），到成为开发使用开源软件 MySQL 最好的企业之一，连自己研发的关系型数据库 OceanBase 也已用在了不同的业务场景之中。从用 Oracle 处理数据，到用 Hadoop 集群（业内单个机群节点数最多的 Hadoop 机群），再到用自己“飞天”平台上的 ODPS（开放数据处理服务）。这样的演变路径也表明：商业软件、开源软件与自有技术永远是搭档，对不同企业来说，只是百分比的问题，对大型互联网企业来说，自有技术变得非常重要。阿里巴巴的许多自有技术，如“飞天”的核心平台通过云计算的方式开放给别人，所以云计算是适合许多企业的另一种方式。我相信在未来，对大多企业来讲，“云计算平台 + 自有技术 + 开源技术”会变得越来越重要。

阿里的技术发展从主要依靠商业软件到开源，再发展到更多的自有技术或是说云计算。

在很多场合，大家习惯性地把开放直接等同于开源，其实开源不是开放的唯一手段，在互联网时代，云计算是一种新的开放形式。在许多业务和应用场景下，与云计算相比，开源未必是最好的手段。开源软件还是软件，开源软件本身是软件时代的产物，仍然需要投入较大成本进行维护和升级。今天云计算的发展得益于开源软件的发展，然而同时云计算的出现对开源软件的应用也会有冲击，例如当云计算提供了关系型数据库服务时，你就要考虑是否还要购买或使用商业数据库软件或开源数据库软件。阿里云和 CODE. CSDN（开发服务平台）及开源中国等机构的合作，也是希望开源社区和技术能与云计算更好地融合，共同服务好使用者。

在互联网时代，运行在数据中心里的软件面临运营的挑战，复杂度很高。从使用软件（包括开源软件）到运行在数据中心里的软件是一次根本的变化，大部分企业还没有这种服务能力，社会的分工也不能要求每个企业都去做这种运营。云计算给了企业一个机会，企业不需要买软件，就可以享受最好的服务，同时拥有计算能力。这就是为什么在互联网时代，“云计算平台＋自有技术＋开源软件”会是一个基本格局，依靠收取许可和服务费的传统商业软件会越来越没有市场。

如何消除用户对云计算安全的忧虑？安全忧虑的本质是信任问题，唯一可以解决信任问题的方法是透明，透明真的是唯一的方法，我们需要一个透明的机制。今天阿里的很多客户是从亚马逊搬来的，同样也有客户因为不满意阿里的服务而搬到别处去了。云计算是有黏性的，但今天是一个开放竞争的环境，没有人有能力画地为牢。阿里云也提供相应的迁移工具，只是任何迁移都是有成本的。王坚认为这可以和信任问题一起讨论，需要大家的共同规范。

云计算是一场改革，给客户创造业务价值的意义，远远超过了成本本身。

“去 IOE”的商业实践

2012 年的“双 11”，阿里巴巴创造了 191 亿元的日交易额神话，尽管和 2015 年的 912 亿元相比实在算不了什么，但它对云计算有着特殊意义。阿里云计算平台处理了淘宝和天猫 20% 的订单，并且实现了流量剧增零故障、零订单遗漏。在云平台上，更有日订单数近60万的天猫商家，其交易量已经达到当时中国除淘宝以外其他B2C市场一天的订单量。在“双11”活动前，一些商家并不完全相信阿里云平台，它们仍然部署在自有的IT基础设施上。活动开始后，交易量暴涨，突然出现服务器能力不够时，阿里云立即协助商家在十几分钟内迅速迁移至阿里云计算平台，保证其交易顺利继续，有几家企业就是这样在零点时完成迁移的。

过去，交易从淘宝连接到卖家后台系统的过程中，如果卖家的IT基础设施薄弱，系统交换数据会由于网络不通等各种原因导致交易失败。“双11”时有一句话，“20%的交易量是在云上完成的”，这其实是说有20%的交易量其卖家的后台系统是部署在阿里云上的。以往买家买一个东西只需要点击购买，然后进行支付，这个动作会指向两条IT路径：一是连接支付宝，保证有钱可以完成支付；另一条则是进入卖家的ERP系统，卖家需要知道自己是否有库存，并减掉相应的货品数量。把卖家的ERP系统完全架设在云上，这件事的难度和意义比只解决网站流量扩充要大，因为从发票打印到发货都要使用这个系统，不同的ISV（独立软件开发商）也在其中起了关键作用，人们会从中体会到一个完整生态系统的价值。

> 卖家把ERP搬到云上，也证明了对云计算的信任，我们在2013年的目标是让70%~80%的交易在云上完成[①]，这不仅会为客户节约成本，更能帮助卖家提升赚钱的概率。这件事的本质反映了：云计算是一场改革，给客户创造业务价值的意

---

① 到2015年，已有90%以上的淘宝交易在云上完成。

义，远远超过了成本自身。

2013 年 5 月 17 日，阿里集团最后一台 IBM 小型机在支付宝下线。这是自 2009 年“去 IOE”战略透露以来，非常重要的一个节点。“去 IOE”指的是使 IT 部署摆脱掉对原有的 IBM 小型机、Oracle 数据库以及 EMC 存储的过度依赖。告别最后一台小型机，意味着整个阿里集团尽管还有一些 Oracle 数据库和 EMC 存储，但是 IBM 小型机已全部消失。7 月 10 日，淘宝重中之重的广告系统使用的 Oracle 数据库下线，这也是整个淘宝最后一个 Oracle 数据库。这两件事合在一起成为阿里巴巴技术发展过程中的一个重要里程碑。与此同时，“去 IOE”也引起 IT 界的热议和思考，技术重新选型蔚然成风。

“去IOE”是对未来的思考

在阿里巴巴“去 IOE”成功的大背景下，王坚认为：“去 IOE”存在一定的技术挑战，“去 IOE”不是简单改变软件和硬件本身，用另一种软硬件简单地取代已有的软硬件，而是用新的互联网技术和架构取代传统的 IT 技术和架构。阿里巴巴本身并不卖软件和硬件，但这种技术能力可以用云服务的方式提供给第三方使用，让云计算彻底改变传统 IT 的基础架构。

为什么阿里能够率先成功？王坚认为有三点重要原因：一是企业的战略决心足够强大，在这一点上没有巧可以取；二是能够坚持到底，愿意承担技术上、组织上的各种风险；三是最重要的，这件看起来不可能的事需要有使命感的人和团队去完成。

2008—2009 年，在做整个集团的预算时，王坚第一次提出了“去 IOE”这件事。每年，王坚都要负责拟定整个集团的技术预算，当看到阿里巴巴对计算需求呈指数级增长、与业务增长不成比例时，他就意识到如果没有技术的进步，一定会影响公司长远的发展。从“去 IOE”，也看得出阿里巴巴在技术上做出的战略投入，包括“飞天”云计算平台、数据库、YunOS 操作系统等。做预算不仅仅是钱的问题，而是考虑集团未来如何发展的问题，也是思考技术战略的机会。“去 IOE”不是一个人的决定，需要分析企业业务情况，看哪些业务适合尝试“去 IOE”。阿里比较幸运，当时淘宝的技术团队愿意创新，去尝试“去 IOE”这件事，最早承担这件事的技术和业务风险。“去 IOE”的过程也是技术发展的过程，比如以淘宝为基础形成了优秀的 MySQL 数据库团队，也建立了自行开发 OceanBase 数据库的团队。现在的团队成员来自各个事业部，多管齐下，这是一个极大的长期投入，不磨 5 年是磨不出来的。当支付宝最后一台 IBM 小型机下线时，整个技术团队是非常自豪的！①

我们考虑“去 IOE”时不应该仅出于对成本的考虑，成本只是最容易看得到的东西，最重要的是要满足企业未来长期发展的需要。互联网时代，每一家企业都必须拥抱互联网，传统

---

① 阿里云的 OceanBase 数据库服务于 2016 年 3 月上线试运营。

IT 架构的软硬件已经无法满足企业这方面的发展需求。阿里巴巴的成功经验表明原来依赖 IBM、Oracle 和 EMC 的系统是可以构建在一个更为合理的系统上的，这为大多数企业在云平台上搭建 IT 系统扫清了障碍，让它们可以彻底拥抱云计算，拥抱互联网。

如果对云计算带来的冲击认识足够，就会明白“去 IOE”不是一次技术的升级，而是一个时代的改变，云计算对传统的 IT 和开源软件都是有冲击的。这是行业的变化，不是一个技术策略的选择。正因为这是一次 IT 基础设施的变革，从硬件和软件底层着手“去 IOE”这件事情不该每个企业都做。王坚认为大部分企业都是没有可能和必要自己实现“去 IOE”。其实，要做“去 IOE”这件事情，是有技术挑战的，也受市场条件的约束，存在机会成本问题，当然也有总体人才资源的限制。所以帮助大多数传统企业用户解决“去 IOE”的最好途径是云计算，云计算提供的计算服务可以将 IOE 去掉，对企业来说这是一个能够实现长期发展的路径。

对传统企业来说，“去 IOE”的根本是在做一个选择——选择相信云计算是一种公共服务，就像企业信任国家电网供电一样。你选择 IBM 的机器，实际上是因为你觉得 IBM 的机器代表未来，这家企业是可以信任的。

计算的进化

大家经常忽视一个奇怪的现象，一方面我们都承认云计算是一种服务，但是更多的厂商会和你谈私有云，想把软件和硬件卖给你，这时候“云计算是服务”就不见了。为了成功卖出软硬件产品，唯一可以拿来说的事情就是安全问题。IOE本身是软件时代或者说“买计算机”时代的产物，而云计算时代，实际上是一个“买计算”的时代，不是“买计算机”的时代，所以“去IOE”应该通过服务的方式实现。“去IOE”不是用一种技术替代另一种技术，而是一个新时代的到来。这个过程中的挑战是，你在心理上是否接受云计算，而不只是在技术上是否接受。

阿里云计算平台与中国其他云计算平台的本质区别在于通用性。王坚说：“今天市场上的云计算平台，有的和企业自身业务结合得比较紧，有的仅是一个垂直平台，而阿里云是一个通用整合平台，我们开放的是计算能力，驾驭和把握这一平台需要很强的实力。”

云计算是一种公共服务，当计算变成一种服务能力时，对于企业而言“买计算机”的时代变成了“买计算”的时代。为什么计算会变成公共服务？我们可以从两个角度看：从用户角度看，今天你只要拥抱互联网你就要用云计算，如果你觉得互联网跟你没关系你可以不用；同时你又不想买服务器，因为只有服务器没有用，它需要整个互联网基础设施的支持才能发挥作用，这样的云计算才适合你。这是真正的变革，因为当云计算的计算能力变成一种公共服务时，它会超过以往任何计算技术对社会产生的影响。这就是云计算真正给社会带来的价值。

IT的这种变局背后的真正推手是互联网。这就是为什么王坚说“用云计算”的本质是“用互联网”，企业的IT和业务都离不开互联网，互联网的特质和冲击使传统企业IT无法应对。如果你的企业永远跟互联网没有关系，10年之后，你很难想象企业会是什么样子。云计算作为一种公共服务，它的前提是互联网无处不在。

从这个角度讲，阿里云的计算平台帮助各种类型的企业做了一次互联网转型，这些企业又带动它们的客户做了一次转型，云计算可以把一家传统公司变成一家互联网公司。这不只是给IT节省了一点儿成本，实际上做的是向互联网转型。在云计算的基础上你就可以重新思考你的一些业务问题，重新思考你的很多事情该怎么做了。

4年前，我们就在说数据分享平台，其实道理是这样的：如果没有云计算，今天的大数据概念是不存在的，云计算是今天所讲数据的基础，云计算给客户带来的真正的价值是与数据相关，而不只是为客户节省成本。今天你搬到云计算平台上是为了节省成本，未来让你尝到甜头的是你的数据通过云计算会产生更大的价值。

北京玩蟹科技有限公司的CEO叶凯曾在微博上列举了几次阿里云断电以及存储出现的问题，玩蟹科技从阿里云迁出这件事闹得沸沸扬扬。但经过这样的事情，王坚和叶凯成了非常好的朋友，王坚认为玩蟹事件的根本不是技术问题，而是阿里云不会做服务。

现在除了玩蟹的几款老游戏，其余都已经在阿里云上了，它发布的最新款游戏也部署在阿里云上。玩蟹这件事让阿里云更快地学会怎么做云计算服务。在王坚眼里，移动互联网和互联网是分不开的，但做移动互联网的人更容易意识到云计算的价值，像玩蟹的三个创始人，包括叶凯，他们天生相信云计算，认为只有云计算能够支撑公司的发展。怎样通过服务让使用者对你的云计算平台产生信任？叶凯对王坚说："我知道会出事故，更知道哪里会出事故，重要的是你的服务要好，出了事故可以在第一时间响应。我知道其实即便我自己维护也会出事故的。"真心敬仰这样的创业者，是他们奠定了云计算的基础。

用户的容忍度超出王坚的想象，王坚被叶凯说得很感动。通过交流，阿里云也能因此更好地为玩蟹提供服务。以前客户购买新的服务器，需要在阿里云网站上手工下单，现在玩蟹可以根据游戏行业的特点，通过API的形式实现服务的自动弹性可扩展，这样使用者不用提前几个小时准备，实现了真正意义上的云计算的弹性服务，这给企业带来的价值已经远远超出了节约的成本。这就是王坚一直强调的"从客户那里学云计算"，也就是学会如何做云计算的服务。

停一个小时服务会让一家公司死掉这种事情，讲起来很容易理解，但是要让阿里云的每一个员工都有体验是很难的，难度大大超出王坚的想象。王坚说今天就是要保证员工能够体验到这种感受，而不光是知道这个道理。人们在地面上时很难体验到飞机发动机出故障时的危险，但那和你自己坐在飞机上时的体验是完全不一样的。

王坚希望有一天阿里云这个平台不只是他们自己的骄傲，也是中国所有创业者和开发者的骄傲，当然王坚觉得持续保证技术上的竞争力也是很有挑战性的。因为站在他的角度，“飞天”平台是做了一个数据中心的操作系统，在中国，没有人在真正意义上做过这样一个技术平台，并把它变成一种商业，这是个巨大的挑战。“飞天”开放平台一直是阿里云的研发重点。同样，阿里云做“飞天”的挑战在于：一是在中国没有人有经验做这样的事情，也从来没有过这样一个商业化的计算平台；二是真正把云计算做成一种服务，是要想清楚的，如果不用新的服务模式，业务量的扩大也意味着人员的增加。而王坚的目标非常简单，不能增加人，要用互联网的方式为大家提供服务。王坚坚持阿里云不设销售人员，单从这个角度讲，阿里云怎么把云计算服务做好是个非常大的挑战。

如今唯一不存在挑战的地方就是市场，因为这个需求是刚性需求。如果云计算做不起来，那只有一个结论——技术人员无能。王坚说，阿里云运气的地方是他们犯了一些错误，但是至今还没有死在错误上。他们抓住了一个历史机遇，一个千载难逢的机会。你不可能等到下一次这样的时代到来，而阿里云在做的正是这个时代需要的。

云计算和大数据为整个产业带来了变革，我们要抓住这个技术跨越式发展的机会。

IOE 是软件时代或是“买计算机”时代的产物，而云计算时代是“买计算”的时代。“去 IOE”最好的解决方法是采用云计算，而不是买一台新的机器替代原有机器。这是一个行业的变化，而不是策略的选择，它的挑战在于你心里是否接受所谓的私有云的消失，从信任传统的软硬件厂商转为信任云计算是一种安全的服务。从本质上讲，“去 IOE”是一个企业从传统企业向互联网企业转型的标志。

2012 年“双 11”时，大约有 20% 的淘宝订单是在云上实现的。到了 2013 年“双 11”，在云上完成的淘宝交易量超过总量的 70%。

这不只是交易量的增加，它体现的是计算机正逐步被计算替代。

5

互联网的进化

物联网听起来像一个与互联网不同的网，

“万物互联”又把“网”给弄丢了。

正向着我们扑面而来的是“万物互联网”。

移动互联网催生在线时代

我觉得，移动互联网就是比传统互联网在线程度更高的互联网。

“移动”这个词其实很早就出现了，但那时讲的是便携性，本质还不是讲在线。我翻了一下手头的旧杂志，早在十几年前，就有一本名为“移动计算”的杂志。所以说，“移动”这个词很古老了。移动网络还有过一个称呼，叫作“无线互联网”。无线也只是一种技术，而且经常与移动混在一起，实际上，它们都被用来描述计算的便捷性，而不是在线的程度。

事实上，无线让移动装置成为更为有用的设备，让移动计算装置的时时在线成为可能。Wi-Fi 以及 3G、4G 和未来的 5G[①] 网络让我们有可能随时随地在线。从今天的角度看，十几年前的掌上电脑不过是一个不能打电话的手机，一个纯粹的移动装置，但更重要的是它不能联网，只能算得上一台比个人计算机小得多、慢得多的玩意儿。

免费的 Skype 没有打败固定电话，而付费的移动电话却战胜了固定电话，免费看来并不是关键。DVD（数字化视频光盘）打败了 VCD（影音光盘）成为国际流行制式。2008 年，蓝光光盘正式战胜 HD-DVD 成为储存标准。但是在蓝光光盘还没有在市场上彻底取代 DVD 时，在线视频出现了，它同时颠覆了 DVD 和蓝光光盘，如今网飞公司的风头远远超过了以蓝光标准打败微软的索尼。无论

---

① 3G 是指移动第三代通信系统，4G 是指移动第四代通信系统，5G 依此类推。

你的光盘容量变得多大，是否成为标准，你都不能代表未来，只有在线才是未来。

移动就是在线

2000 年 4 月，康柏公司推出了一款名为“iPAQ”的移动设备。该设备采用的是微软的 Windows CE 系统，配有彩色显示器和英特尔 StrongARM 微处理器，能够简单处理文档、制作表格、播放 PPT（演示文稿）。除了康柏生产的 PDA（掌上电脑），惠普、卡西欧、PALM 都推出过类似的产品。PDA 火爆的时候，人人都在讨论个人电脑危机，因为 PDA 的便携性，人们担心个人电脑将面临巨大冲击。然而，事实上后来没有发生革命性的事件，PDA 是雷声大雨点小，一阵风刮过就没人再去关注了。

PDA 没有打败个人电脑，倒是可移动的笔记本电脑替代了大部分个人电脑。如今，我们回过头来看会发现，真正的革命，并不是改变产品的大小。移动就像数字化一样，是变革的基础，那些无法移动的设备都谈不上在线。但是大家在关注移动时，必须清楚一点，只有移动设备在线后，真正的革命才会发生。有人说，因为移动设备的用户体验优于个人电脑，所以移动设备对于个人电脑的冲击大，其实这也是虚假的幻觉。真正起关键作用的是什么？

iPod touch（苹果公司的一款便携式移动产品）和 iPhone 的差别以及 iOS（苹果操作系统）和塞班的差别或许能告诉我们一点儿什么。

iPod touch 和 iPhone 除了通信以外，其他方面的体验几乎一模一样。可是iPhone火了，iPod touch却没有，因为iPod touch只能通过连接Wi-Fi实现在线，不能真正随时在线。打电话和上网不是天生就有如此紧密的联系。在通信产业的发展过程中，首先出现的是电话通信服务。模拟信号手机，比如“大哥大”，变成数字制式后，除了语音通信，还有了短信业务。短信业务是数据服务的最初形态，是第一代无线数据业务，也是最成功的数据业务。这种被限定在140个字节以内的短消息，如果按流量来计算，大概是单价最高的数据服务，可大家依然乐于使用，其普及速度和普及率都是惊人的。数据服务的下一步，就是上网了，2G网络的传输速度很慢，直到3G网络出现，才有了比较完整的上网体验。

过去的传统手机，行业习惯称其为功能手机，它比最基本的手机多了一些固定的功能，之后才有了智能手机。智能手机与功能手机的最大不同之处，在于它有了和个人电脑同等量级的操作系统，如塞班、Windows Mobile（微软开发的移动设备操作系统）和iOS等。除语音通话外，智能手机也有了过去只有PDA或个人电脑才会有的功能。传统的功能手机和苹果的智能手机之间，还隔了两个值得一提的公司，一个叫诺基亚，另一个叫微软。这两个公司以前也做智能手机，在个人电脑鼎盛的时代，它们一度是市场的绝对领跑者，但到了互联网时代，它们只能算得上“半吊子工程”。2014年，诺基亚被微软收购，时间才能证明它们能否真正做出一部完整的智能手机。

在我看来，塞班和iOS的最大区别在于能否够提供完整的在线体验，我是在iPhone的手机浏览器上第一次感受到了互联网体验。

手机操作系统一旦做到了在线就会带来绝佳的用户体验。苹果在做的事，不仅杀死了传统手机，还带来了一个新时代。2007年，乔布斯推出iPhone后，所有做功能手机的厂商都意识到自己没有未来了，只有做智能手机才有出路。iPhone不是第一部智能手机，但它是第一部把移动设备的使用体验做正确了的手机，它不仅拥有真正互联网般的浏览体验，随后还采用了3G技术。

今天，iPhone和iPad大行其道，却很少还会有人记得：1996年，芬兰的诺基亚发布了可以浏览互联网的诺基亚9000 Communicator；2001年，日本的NTT DOCOMO首次提供3G移动电话服务。

iPhone不但"革"了功能手机的命，iPhone上的游戏也同时"革"了传统游戏机的命，因为购买游戏卡带或光盘非常不像互联网思维的做法，在线获取才是王道，线下购买物理介质已不能满足使用者的广泛需求；iPhone也"革"了数码相机的命，因为大家拍照片不再只是为了放在家里留念，主要为了在线分享；iPhone还"革"了个人摄像机的命，相比静态图像，形态更丰富、带宽更高的视频社交更受欢迎，脸书和推特在2013年先后力推的短视频就是一个风向标，拍摄和分享手机微视频的应用也应运而生。

所以你完全可以设想一下，原来不在线的东西在线了会带来什么样的创新，以及这种创新会给所在行业带来什么样的革命。

这里所说的在线，不只是指上网。你的手机一定同时拥有3G/4G上网和Wi-Fi上网这两个功能。两者的区别在哪里？难道是Wi-Fi上网速度更快、资费更便宜？真正的重点在于，是3G/4G而不是Wi-Fi直接推动了移动互联网的普及。两者最大的区别在于，

3G/4G 上网只需要一张 SIM（用户身份识别模块）卡，你所有的认证在这一张卡上就能全部实现，这就是好的用户体验。通过 3G/4G 上网时，不需要一个显性的装置，也不需要一个连接到网络的显性动作；而通过 Wi-Fi 上网时，你肯定需要做出输入密码这样的显性动作。在互联网行业，流行这样一种说法：每多一个步骤，就会多损失一半的用户。也就是说，哪怕城市的每个角落都布满了 Wi-Fi 热点，只要你还是需要输入一堆密码才能通过 Wi-Fi 上网，那么你就会失去一大批用户，无法真正普及联网。

同样，3G/4G 的覆盖率也不是 Wi-Fi 可以比的，Wi-Fi 想要以现有的技术达到 3G/4G 的覆盖率，是很难的，因此才有了我在第一章讲的西藏那一幕。3G/4G 与智能手机的组合让在线体验与人联系得更加紧密，更加难以被感知，更容易成为社会行为的一部分。

2011 年，我曾经说过："什么是移动互联网？就是智能手机和 3G 网络，再加上我们今天还不知道的类似传统互联网那样的东西。"无论如何定义移动互联网，3G/4G 网络和智能手机都是最基本的两个物质条件。只是那个时候，3G/4G 网络还没普及，智能手机也没被大众接受。

如今，用手机上网也许比找个电源插座还简单。这就是在线的普及趋势。直到有了 3G，人们才第一次体验到永远在线的感觉。随时在线被谈论了很多年，现在终于成为现实了。

在线账号的背后意义

3G 只是个开始，4G、5G 等新技术的逐步改善，会让在线的速度更快，体验更流畅。3G 只是让手机的硬件在线了，而 iPhone 的普及则让在线的程度进一步加深。iPhone 初期最大的功劳是让用户可以在手机上浏览网页。在以前，这种体验很难实现。最初的 iPhone，其应用商店还不完善，没有那么多的 App。2007 年，iPhone 首发时，乔布斯并未提及应用商店。人们最常用 iPhone 做的，就是打开 Safari（苹果网络浏览器）浏览在线内容。慢慢地，在线内容被装入 App Store（苹果应用商店），一个在线分发软件的系统。在此之前，软件历史上从来没有过覆盖面这么广的在线分发系统。

过去有很多获得软件的方法，例如你可以从网上下载共享软件、免费软件等。微软之所以把这件事搞砸了，就是因为共享软件和免费软件都没有成为微软 Windows 系统的一部分，很可惜。记得 Windows 95 刚推出时，有一个域名为 www.windows95.com 的网站，它是第一个，也是当时最大的 Windows 95/NT 的软件分发网站，由史蒂夫·詹金斯（Steve Jenkins）于 1995 年创立，专门负责软件的下载和分发，但其收入来源主要是捐赠和支票，后来网站因为要覆盖微软的更多产品而改名为 winfiles.com。

winfiles.com 最终没有把自己变成一个在线的软件商店，尽管在 1998 年时，它已有了总量超过 2GB 的 Windows 95 和 Windows 98 应用。2GB 在当时算得上是天文数字，詹金斯还尝试通过 CD 分发软件。1999 年，CNET 科技信息网以 1.15 亿美元的价格收购了 winfiles.com。微软的 IE 浏览器打败了网景的浏览器，但它没有构建起自己的软件商店，提供方便的支付等在线服务。你知道过去在网站上下载软件的体验有多差吗？用户下载软件时会受到诸多限制，体验非常糟糕。实际上，在传统的软件生态中，软件只能通过互联网实现下载，并没有实现真正意义上的在线分发。尽管史蒂夫作为 IE 的产品经理也在微软工作过，但微软还是不知不觉地错过了 App Store，直到 2013 年 Windows 8 推出，微软才补上这一课。

通过商业的 CD 方式分发软件与你主动寻找软件下载是两件完全不同的事情。App Store 做的是软件分发，只有像批发商一样做分发时，才会产生商业模式，才会形成健康的循环。按照我自己的理解，App Store 第一次实现了软件的在线分发，以前微软是通过 OEM（原始设备制造商）使用光盘这种离线的模式进行软件分发。如今，在线分发的已经不是传统意义上的软件了。在我看来，大部分手机应用都是没有网址的网站。过去浏览网页的方式是打开一个 URL（统一资源定位器）地址，现在变成了打开一个 App，软件背后的逻辑其实就是一个完整的网站。

在线的软件和离线的软件有什么区别呢？

以前的 Office 和 Windows 是没有“运营”这个概念的，软件只要装上能用就行了。但是在线的软件，今天可能只装在几十台机器上，明天可能就是几百台，这就是为什么计算要变成一种服务。只有计算变成基础设施，在线的软件才会真正普及起来。软件被在线重新定义，在线的软件从此不再是原来的软件，这件事很有价值。什么叫半吊子的智能手机？就是那种没有提供好的、适应移动互联网的在线体验，没有好的在线应用体系，也没有好的用户体系的智能手机。当然，我的说法可能有点儿偏激，但是我要表达的重点是：任何一个软件实际上都在变成在线的软件。

和我在本书开头讲过的一样，手机QQ把在线状态栏隐藏起来，所以即时通信变得更加在线了，用户无须担心对方是否在线；App把URL隐藏起来了，所以网站变得越来越在线了，用户无须特意输入URL。

有一天，有位朋友和我说，他最近被三星手机烦死了："手机弹出来一个对话框，说是需要在线升级。关键是对话框中只有三个选项——一个小时后升级、两个小时后升级和三个小时后升级。我本来是不想升级的，可偏偏没有不升级的选项。最后，我接连点了两次三小时后升级的选项，泄气了，还是升级算了。"我没有问朋友使用的是哪一款手机，但这是系统在线带来的新挑战，这就是互联网时代手机操作系统的升级，与你曾经熟悉的微软和诺基亚手机的升级大不相同。

以前个人电脑操作系统的升级是不可能通过在线实现的，你一定要买一张光盘，一步步进行安装。这意味着，一个新系统的升级会导致很多用户流失，他们因为怕麻烦可以选择不升级。但是现在的手机软件升级在线了，这意味着什么呢？直接一点儿的说法是，它想推送什么东西就能直接推送过来；正式一点儿的说法是，它所有的运作都可以在线实现，没有光盘什么事。在线以前，这是不可能发生的事。

以前的诺基亚，一定要保证手机至臻完美，觉得不会出错、没问题了，才敢卖出去，可这样会错失创新的机会。而现在的手机行业呢，你可以大胆发布一款创新的产品，反正到了消费者手里还是可以在线升级，可以快速改进。这是行业的大变革，“老古董”学不会。否则诺基亚的高管也不会在 iPhone 刚推出时嘲讽乔布斯：“消费者不会买一部屏幕会摔碎的手机。”

轮到微软做 Windows Phone（微软手机）时，它的操作系统升级频次基本可以忽略不计。虽然已经有了手机应用的说法，但是它仍然在线得不彻底。在线和不在线，规则完全不一样。在线的互联网时代，不会因为一张光盘到不了用户手上，升级就出问题。只要用户同意，你就有办法将其传递给用户，这才是在线社会的做法。

在离线状态下，识别一个人很简单，每个人的外貌都不相同，你可以辨认得出来。但在线状态下，识别一个人时再也没有外貌、气味、衣服这些传统东西帮忙，你必须有一套账号体系以识别每一个用户。连传统的新闻门户网站也想尽办法在 App 上搭建自己的账号体系，自己搭建不起来就借用别人的。因为没有账号体系，新闻网站就无法根据使用者的兴趣爱好做内容筛选，网站的价值也会大打折扣。账号和密码不是天生就联系在一起的。微软推出 Windows Phone 时，根本没有账号的概念，只有一个密码的概念，而且这个密码只能帮你进入手机的操作界面而已。

真正的在线账号能够帮助你管理数据。苹果做了一个巨大的贡献——它的操作系统自诞生第一天起就带有账号。想要激活 iPhone，你就必须拥有苹果的账号，没有账号的话就得注册一个，否则根本用不了 iPhone 中最关键的 App Store。这其实是很革命性的思想。看到 Windows Phone 和 iPhone 之后，你就会明白一部手机的密码和一部手机的账号是完全不同的两件事。

再来看 Windows 10 的情况，当你进入 Windows 10 的操作界面时，系统会问你，要不要把这个机器的密码和你的在线账号变成同一个东西。从这样一个细节来看，你就知道账号是多么重要而又具有革命性的东西了。有了账号，再使它在线化，它就会产生价值。这是一切的基础。

以前流行过“手机上网”这一说法，但经我细细琢磨：“手机上网这种说法是错的，正确的说法是互联网上手机了。”这句话是什么意思？就是你找到那个 URL，输入后跳转过去，就可以找到想要的网站。现在，互联网已经发生了巨大的变革，没有 URL 了。如今，你可以随时随地享受 3G/4G 网络，你有了在线的软件，你有了在线的软件分发系统，你有了在线的系统，你有了在线的账号。手机其实是永远地与互联网连接起来了，你不必用手机登录网站，因为整个互联网已经连接到你的手机上了。

那些在线的内容，可以随时随地出现在你的手机上。不，不只是手机，应该说是你的在线设备上。对很多人来说，他们现在还无法相信一个没有手机的移动互联网，但这只是错觉，手机并没有那么不可替代。现在的移动互联网和手机正处在蜜月期，两者看上去似乎完全分不开。事实上，手表、电视、眼镜、汽车……非常多的东西都开始在线化，手机在线化的过程会在其他东西身上不断被复制。对真正成熟的互联网来说，手机只是诸多的在线设备之一。慢慢地，人类创造出来的每一个设备都会变成互联网的终端，不只是手机，手机只是开始的开始。

移动互联网带来的真正影响，是人们越来越多地沉浸于在线的世界。不只是个人电脑和手机，人类创造出来的每一个物体都会接入互联网，都将是在线的。

App 很好，Web 更好

苹果 2013 财年第三季度财报显示，App Store 上的应用数量达 90 万款。在此之前，苹果就曾宣布，App Store 总下载量超过 500 亿次。2013 年 5 月，Google Play（谷歌的应用商店）的下载数量也突破了 485 亿次，这还不包括数量众多的其他安卓应用商店的软件下载情况。

正如我在前面所说的，手机 App 颠覆了传统软件，它是这一时代的宠儿。但是，别看 App 现在很风靡，我隐约有种预感，手机 App 不一定是移动互联未来最好的形态，App 在移动互联网发展中的地位，可能无法与 Web 在互联网发展中的地位相提并论。

在使用 URL 时，你只要拿到了域名，符合当地政府制定的法律法规，就会拥有一个相对宽松的环境，因此互联网是一个非常开放平等的环境。而移动互联网时代的手机 App 并没有完全遵循互联网时代开放平等的规则，苹果的 iOS 和谷歌的安卓都在束缚着你，尽管你挣脱了 URL 的小小束缚，但又来了一个大管家管你，而且这个新的管家有自己的游戏规则，无时无刻不在管着你。我相信总有一天，你和管家会闹矛盾。我管这种状态叫“失去了枷锁，戴上了脚镣”。这个脚镣会衍生出一个全新的问题。Web 网址注册后，你很自由，但自由意味着风险很大，风险大又意味着收益可能更大，可以是 google.com，也可以是 facebook.com。Web 的经济规模是可以想象的，这也是互联网和万维网在过去给我们带来的无法比拟的机会。

App 就不一样了，苹果这个大管家让你的入门变得简单多了，它为你提供工具、用户，甚至还会帮你收钱分钱。我们现在并不知道一个 App 可以支撑的经济规模有多大，更不用说达到这种规模还要靠 iOS 或安卓的怜悯。但是，这个管家的边界在哪里呢？我也不知道，但我相信肯定有边界。

脸书要进入 App Store，它自己的支付系统就不允许使用了，只能用苹果的支付系统。讯飞语点是中国企业开发的一款语音软件，希望在 App Store 上线，结果被苹果拒绝了三次，理由是“功能和 Siri 太过相似”。经过接近一年的磨合，讯飞语点自我删除了语音拨号、语音发短信、语音设置提醒等多项功能后，才在 App Store 上线。360 手机卫士被下架也是由于同样的原因。虽然错在 360 手机卫士，它既然答应了苹果的要求，承诺不做苹果不允许的事，结果又违反了，肯定会惹得苹果不高兴。但是在本质上，这说明本来监管环境宽松的互联网如今变成了由几个企业制定“规则”的移动互联网。管家的管理水平，会决定整个移动互联网的发展水平。这是一件危险的事情。

我在 2011 年的全球移动互联网大会上做过一个演讲，主题是“App 很好，Web 更好”。我坚信 Web 会回来的，App 一定会越来越像 Web。类似苹果的 App Store 和谷歌的 Google Play 这样的分发市场，不一定会一直把持市场，因为平等才是创新的基石。

今天手机 App 上的创新，有点儿像在别人家的花园里种些小花。因为苹果和安卓已经圈建了一个花园，种些花花草草肯定是没有问题的，反正能够勉强活下去。但是要想在别人的花园里做些有生命力的东西，肯定是很有挑战性的。你的创新一旦惹到花园主人，他让你离开你就得离开，这是很难受的。你必须跑到大森林里去，在那里你才能做真正有生命力的东西。花园的确不是一个适宜的环境，虽然干净整洁，但它孕育生命的能力无法和亚马孙热带雨林相比。

想要在互联网上做出生态、做出大创新的话，我觉得还是得有点儿魄力。有段时间，大家说起生态，就讲这是一种施舍的心态。比如一个大公司动不动就说要做生态，很多情况下它做出来的都不是真正的生态，而是帝国。我觉得，只有每一个人都相信大家可以互相帮助，才能构成生态。例如，阿里云这样的公司要坚信云是小公司的命，是小公司必须依靠的东西，而小公司也要相信阿里云是值得依赖和信任的。这时，大家就不用天天喊着构建生态了，因为生态已经形成了，就像热带雨林。在这种生态下，大创新才会生长起来。有一位投资人曾这样说过："我感觉在 App 里面是长不出亚马孙森林的，但是互联网上可以长出亚马孙森林，Web 上也可以。"我觉得这话很有道理。我自己的判断是脸书是最后一家成功的传统互联网公司。但在移动互联网领域，我至今还没有看到一家真正成功的、真正把规模做起来的公司。

WhatsApp（瓦茨普）被脸书以 190 亿美元收购了，很可惜。目前从规模来看，一个手机 App 没有办法与一个 Web 相比，经济规模的天生差异是两者最大的区别。同样，App 的生态也无法和 Web 相比。我相信，App 应该而且必须会越来越靠近 Web，这才是在线的魅力。今天，App 是互联网的重要组成部分，其工作方式与 Web 非常相似，我更相信 App 和 Web 的在线融合就是大家传说中的 Web 3.0。

YunOS 是操作系统的在线梦

2015 年 12 月 10 日，我在北京 798 召开的 YunOS 新品发布会的主题演讲中，谈了自己的感想："2010 年左右我说要做一个操作系统时，绝大多数人以为那是天方夜谭，是堂吉诃德式的行为。今天，我们讨论 YunOS 会成为一个新的生态和创新平台，更多人相信这件事是可能的。"YunOS 于 2011 年首次推出，到 2015 年，根据赛诺市场研究公司公布的市场数据，安卓、iOS 和 YunOS 的市场份额分别为 81.36%、11% 和 7.1%。2016 年 3 月，来自国际数据公司的数据也显示，2015 年 Windows Phone 出货总量约为 3 100 万部，而 YunOS 手机的出货总量约为 3 300 万部。

操作系统是一个梦

在中国，想做移动操作系统的公司不少，许多比我们更有条件，如果找专业咨询公司来评估，我们远没有资格。但我们大胆而且认真努力，最终顽强地坚持并且真正占有市场份额的，只有我们。无他，因为我们对这件事富有热情和执着，因为我们相信它对社会有价值。一片沃土摆在大家面前，只有农民种出了庄稼。其他人不是看不到，而是不相信。当大家都在讨论操作系统是否应该国产时，我们选择相信操作系统的价值，于是我们做了。这值得所有人骄傲。从开始做的那天到现在，我们一直都想做一个操作系统，创造出和其他操作系统不一样的价值，这种想法从未改变，但关于怎么做、可能做成什么样，我们一直在摸索。

每一个时代，操作系统的内涵都是不一样的，操作系统的定义一直在发生变化。计算机教科书中对操作系统的定义就是管理CPU、储存和磁盘的计算机程序，描述非常简单，与网络、图形用户界面、浏览器以及数据没有直接的关系。

最早的时候，也就是 DOS（磁盘操作系统）和 Windows 3.0 时代，互联网还不是操作系统的一部分，连局域网络都不是操作系统的一部分。后来有了网卡，于是诞生了一家名为“Novell”的网络系统公司，它开发了名为“NetWare”的产品，专门做操作系统中的网络连接。Novell 独创的 IPX（互联网数据包交换）协议，使以本地服务器为中心的局域网络环境成为 NetWare 的核心竞争力，它辉煌一时，一直持续到 Windows 95 时代。

20 世纪 90 年代后期，互联网慢慢崛起，Novell 的相关产品没有跟上 TCP/IP（传输控制协议 / 互联网协议）的发展潮流，于是这家曾经辉煌一时的公司也消失了。网络终于变成了 Windows NT/2000 操作系统的一部分。不会再有公司靠着为操作系统做连接而上市了，那些做网络连接的公司注定没有未来，原因很简单——网络已经成为操作系统的一部分。

现在，大家已经默认网络是操作系统的一部分这一事实了，不带网络的操作系统，恐怕没有任何人可以接受了。

在个人计算机的发展史上，图形用户界面的出现绝对是一个重要的里程碑，其重要意义不只局限于用户体验的改进。

1984 年，乔布斯发布麦金塔电脑，这是一件了不起的事情。它和 1983 年苹果发布的 Lisa 工作站不一样，麦金塔电脑告诉大家，图形用户界面是个人电脑操作系统不可分割的一部分。乔布斯不是根据教科书上对操作系统的定义来改进系统的，而是从用户体验出发，重新定义了操作系统。第一代麦金塔电脑为了突出图形用户界面，其原装键盘连今天键盘上最常用的箭头键都没有，用户不得不用鼠标进行操作。图形用户界面从此变成操作系统的一部分。今天，我们已经无法设想一台没有图形用户界面的机器了，包括手机。

1995 年年中，万维网越来越受到大众关注，网景公司顺势迅速发展。20 世纪 90 年代中期，网景浏览器的市场占有率大约为 90%。而 1995 年，微软的 IE 1.0 作为 Windows 95 附加包中的一部分发行，IE 2.0 在三个月后发布，用户可以免费下载。随后的几年中发生了互联网发展史上著名的第一次浏览器大战，直到 1997 年微软发布 IE 4.0，并将其集成在 Windows 操作系统之中，浏览器终于变成操作系统的一部分。IE 4.0 改变了浏览器大战的走向，到 2006 年，网景浏览器的市场占有率降至不到 1%。有人说这是垄断，但是这个过程也告诉我们，上网体验已经成为操作系统的一部分。哪怕你不想用 IE，甚至痛恨微软的垄断排挤了网景，你也已经不会接受一个没有 IE 的 Windows 操作系统了。

操作系统与计算机相伴而生，而操作系统自诞生之日起就带有 Log（日志），这是系统中最重要的数据。早期的 Log 只被用于记录计算机上的分时操作，可以说 Log 记录最早是从保证系统正常运行发展起来的。操作系统天生与数据相关，只不过最开始数据的关注点是机器。

进入互联网时代，浏览器也有了 Log，因为人们的大部分行为都发生在浏览器上，所以那时的浏览器拦截了本属于操作系统的数据，由于互联网的缘故，更多的 Log 发生在了服务端。随着手机的出现，移动互联网时代来临，手机上越来越多的传感器搜集的数据全部汇总到操作系统中，操作系统也变得越来越重要。

早期，大部分人讲到移动操作系统时，意思是他需要一部随时能够打电话的手机。摩托罗拉手机的操作系统完全没有在线体验，也没有账号的概念，什么都没有，本质就是只能打电话的离线手机，最多装个浏览器让你上上网，但那也只是功能，谈不上体验。这就是摩托罗拉比不上苹果的地方。

为在线而生的操作系统

传统的手机操作系统和互联网时代的移动操作系统是完全不同的。那么，现在我们所说的 YunOS，或者称之为在线 OS，什么才是它的根本呢？早期，大家对 YunOS 的概念是有争议的。

在开始做 YunOS 之前，我被动地介入了阿里巴巴集团在做的淘宝手机项目。我跟同事有过很激烈的争论，他们关于淘宝手机的理念就是，手机上有个淘宝的桌面或者有个淘宝的客户端就叫淘宝手机了。

我听后实在觉得不对劲，做这么一个桌面有什么意义？我记得在北京的一次会议上，很多人都听到我跟别人大声地争论："什么叫淘宝手机，用淘宝账号的手机才是淘宝手机。"这句话当时是说给别人听的，实际上也是说给我自己听的。有了这句话之后，我就知道大方向不会再偏了。这绝对是我的转折点。我意识到账号和支付是 YunOS 最基本的组成部分，也是移动操作系统的组成部分，YunOS 就是从这里开始的。

我们刚开始做 YunOS 时，就决定做一个移动互联网的操作系统，而不是一个手机的操作系统。在线体验应该是整个系统的一部分，而在线体验最基本的就是账号。

这是我第一次明白 YunOS 这件事情。账号这东西，iPhone 有，谷歌也有，我不是跟着去学样，我是在慢慢认同账号不是一个简单的功能，而是非常关键的组成部分。

账号是用来干什么的？实际上它提供了一种在线的体验。谷歌有个产品叫作 GMS（谷歌移动服务）。区分一部安卓手机是行货还是水货，就看它有没有 Gmail（电子邮件应用）、有没有谷歌地图、有没有谷歌 +（社交应用）——没有，就是行货；有，就是水货。一部安卓手机进入美国或者欧洲的运营商网络之前，必须要有谷歌的认证。认证的核心标准就是，它的 GMS 好不好用。没有 GMS 认证是不允许入网的。安卓告诉大家，在线体验是操作系统的一部分，GMS 实质上和 IE 是一样的。很多中国用户因为用的是"阉割版”的安卓手机，就误以为 GMS 可以不作为操作系统的一部分，这影响了很多人对操作系统的认识，使人们以为每个手机厂商都可以搞一个应用商店。

如果习惯了使用一个不完整的操作系统，那么你想要的那种生态环境就永远无法建立。你永远是在做手机而不是做操作系统。经常有持反对意见的人跟我争论，说谷歌的 GMS 只是一个安卓安装包，所以它不是操作系统的一部分。这就是谷歌狡猾的地方，GMS 真正发行时，谷歌将它作为一个应用。所以我说，尽管 GMS 是一个安装包，但它还是操作系统的一部分。

什么叫安卓，什么叫 YunOS，什么叫 iOS，对系统来说，只要这个服务是自己的，账号是自己的，它就能脱颖而出。而打电话或者其他那些传统意义上的操作系统功能都不是核心。

我最开始做 YunOS 时，所有人都来问我：“它的 killer App（杀手级应用程序）是什么？”“killer App”是计算机领域的一个术语，它是一个应用程序，一个广泛使用但以前不存在的应用程序，要使用这个程序就必须购买支持这个程序运行的系统。浏览器和它与之通信的互联网服务器就是 20 世纪 90 年代 Windows 的 killer App。

我一直觉得这个问题不太对劲，但我也不知道该怎么回答。马云也问过我，我当时说不清楚。有一次和他人聊天时，对方无意中说的一句话使我茅塞顿开：“不要总想着 killer App，能把互联网搬到手机上去的就是 killer App。”这话非常有道理。如果说对我而言，关于阿里 YunOS 的整个思考过程中有两个关键点的话，那么和同事有关账号的争吵是一个关键点，上述有关 killer App 的对话就是另一个关键点。

今天大家经常讨论的三个手机操作系统都是美国的：苹果的iOS，谷歌的安卓，微软的Windows。人口数不过2亿的美国拥有这么多操作系统，这还没算上已经做死掉的那些系统。

做死掉又如何？我从来不觉得做死掉的事情不伟大。我最讨厌的事情是，仗还没有开始打，就举白旗了。今天的情况是，别人拿着冷兵器，你拿着热兵器，结果你连东南西北都没搞明白，就直接投降了。

中国已经有了世界级的移动互联网公司，也许是阿里巴巴，也许是其他公司。在这种条件下，居然没有一家公司拥有自行研发的移动互联网操作系统，我觉得这是不对的。这样会使中国在移动互联网时代大大落后。其中的逻辑，非常简单。

我们这个世界需要苹果和谷歌之外的另一个选择。我相信在手机、电视、汽车等都用了YunOS以后，YunOS时代才会拉开序幕。在不远的将来，开一辆装有YunOS的汽车一定会是一件普通得不能再普通的事情。

如果说一个移动App就是一个网站的话，它一定会以云为基础。阿里云之所以能够这么快发展，是因为做移动App的人越来越多，这些人从来没有想过做网站。对他们来说，以前做站长，要自己买服务器、租带宽去建网站，但是今天这些功夫都可以省下来了，因为云让互联网基础设施比以前更完善了。

四五年前，阿里云刚开始提供服务，YunOS也刚开始做，我常和人说："云计算和移动互联网是一个硬币的两面，谁也没有办法摆脱谁。”具体到阿里巴巴，YunOS 和阿里云就是这枚硬币的两面，彼此之间也是分不开的。

云计算直接推动了新的移动操作系统的发展。云计算让整个移动信息产业从以终端作为信息的交换中心，变成以云作为信息的交换中心。在移动互联网时代，任何一个没有云的终端都谈不上是智能终端。移动互联网的数据入口和信息安全是阿里巴巴这样一家公司不可回避的挑战，也是阿里巴巴发展 YunOS 的基础。

操作系统是永远的梦

2015 年，YunOS 完成了两件大事。第一件是这一年 YunOS 实现了 3 000 万的启动量。很多人没有想到，谷歌可能也没有想到。这曾是我们最初定下的目标，虽然晚了几年才实现。这不是对自己的安慰，而是告诉大家，我们对自己说过的话是认真的。第二件是将 YunOS 4.0 交付给了我们的电视合作伙伴，YunOS 4.0 的意义是让我们可以更快进入汽车等手机以外的新领域，这一点谷歌没有想到。2015年的努力表明，我们能做得更好，不是为了完成市场目标，而是出于对社会有所贡献的初衷。2015 年完成的这两件事同样表明，依靠市场垄断阻止创新只会让垄断者失望，谷歌应该也懂得这一点。

但我们最大的成就，其实与数字无关。无论是 3 000 万的使用量，还是 YunOS 4.0，我们都只是想告诉大家，我们还站在这里，这就足够了。我们还站在这里，正在慢慢改变这个行业。这途中经历了好几场硬仗——完成野蛮的市场占有；把它的商业未来告诉合作者，建立一种全新的商业模式；同时，完成技术攻坚。

每一仗都是不折不扣的正面战争，“海陆空”都要守住，没有任何一个阵地可以逃避，不管你有多累。这非常难，比绝大多数人想象的都难，但我们做到了。对此，我由衷地觉得整个团队了不起。有同事说 YunOS 就是他的信仰，我很庆幸有这样一支带着浓浓的理想主义色彩的团队。无论是意气风发的“新人”，还是始建之初就加入的“老人”，各种特别的组合，因为同一个梦想，跌跌撞撞也踏踏实实地走到今天，太不容易了。感谢所有的同行者、参与者，感谢离开的人，更感谢留下的人。

YunOS 的各种争议反映了大家对互联网时代操作系统的不同认识，以及对技术发展的不同判断，对这样一个困难的问题来说这很自然。但这些争议的核心是大家对手机操作系统的定位是不一样的，就像在麦金塔电脑出现以前，大家不觉得图形用户界面是操作系统的一部分；在 Windows 95 出现以前，大家不觉得浏览器是操作系统的一部分。在互联网时代，如何让服务体系和在线体验变成操作系统的一部分是一个巨大的挑战，有争议也不奇怪。我们的定位非常简单，在中国的互联网公司之中，连一家拥有自主的移动互联网操作系统的公司都没有，这是不现实的，或者说，这样一来我们在移动互联网时代会大大落后。

很多年前大家热谈移动互联网，但到底什么是移动互联网、到底什么对未来重要、什么对一家公司重要，其实没有人想得清楚。对绝大多数人来说，是做 App；对电信运营商来说，是搞 3G；对手机厂商来说，就是做智能手机。

这个世界不缺手机厂商，也不缺一个成功的企业，但它需要有技术的公司带来一些意想不到的改变。真正改变手机的不是手机本身，同样重要的还有手机上运行的操作系统。

角度不同，看法不同。对我而言，站在这个位置看公司，我认为操作系统才是最核心的东西。

我相信这东西应该好好做，至于具体怎么做，需要探索。可大多数人还是低估了这个过程。我不知道自己是不是也低估了，我只能说，我在这件事上思量得最久。而这件事如果不酝酿那么长时间，也不可能坚持那么久。这不是投入或成本考量，而是你想得越清楚，越觉得可以做。同样，花的时间越多，停下来也可能越快。如果一件事不能很快停下，或是不能坚持，说明你用来思考的时间还不够。正是因为有足够长的时间思考，坚持才不会盲目。

做一件事时，大部分人都会评估其难度。很多人都说做操作系统很难，可如果因为难就不做了，那说明这件事本身就不够重要。既然想做，就该假设它天生就是难的。这不需要讨论。我们当初有些同事离开，并不是因为他们对这件事的投入不够，甚至也不是因为这件事难，他们可以 24 小时工作，而是因为他们真的看不到希望。这不能怪他们。比如 YunOS 4.0，尽管两三年前我们就开始做了，尽管我自己认为我们做得晚了点儿，但从现实的角度讲，这已经是我们可以做出的最好的东西了。

YunOS 的商业模式到底是什么样的，四五年前我们就讨论过，其实跟当初设想的一样。这不是高瞻远瞩或先见之明，而是多年的积累。

做阿里 YunOS，我招来的非议，比我这一辈子挨的骂还多，但我不后悔。

假定小米是每一家手机公司存在的理由，YunOS 就没有价值。表面上大家做的都与手机有关，但本质上我们相信的是不同的东西。2011 年年初，YunOS 还是阿里云的一部分，许多员工跑来跟我说，小米努力实现的东西也应该是我们努力的方向。当时大多数同事都很茫然。更不幸的是，之后的两三年里，小米发展得特别好。可一旦你假定小米成为每一家手机公司存在的理由，那么 YunOS 就会失去社会和产业价值。这不是公司间的竞争问题，而是价值取向问题。我们的目标是撬动一个新的互联网时代，要的是产业的变化，而不是简单的市场占有率。这是两个完全不同的概念和追求。今天小米遇到的挑战，只有小米自己知道。

当大多数人忽视了类似华强北的那些中小企业时，更多人觉得这些小企业只会山寨，只有我们相信它们是产业变革的力量。大多数人都认为华强北的这些公司会死掉，原因是“小米”们发展起来了。而我认为，这种观点只在一个前提下才是对的——没有 YunOS 的出现。YunOS 的出现意味着一个巨大的变量的叠加，可以改变这一事实。

万物互联网上的新物种

我从开始做云计算起，就一直在认真思考 YunOS 和数据之间的关系。非常幸运，我的工作本身能给我机会把云计算、YunOS 和大数据放在一起思考。

O2O（线上对线下）这个词，是随着团购网站的兴起而进入人们视野的。

2008 年，美国出现了一家名叫高朋（Groupon）的网站，这个网站专门提供服务性、地域性的折扣产品。高朋不是一个纯粹的电子商务网站，它是电子商务、互联网广告及线下模式的结合体。团购的风潮席卷了全球互联网企业，最高峰时，仅中国就有不下 1 000 家团购网站，几乎每个三线城市都有一家独立的团购网站。作为鼻祖的高朋被《福布斯》杂志称为“历史上增长最快的公司”。人们发现，原来除了搜索、游戏、门户网站这些传统的互联网玩法，O2O 也有神奇的魅力。

到了 2016 年，大家慢慢明白令无数资本疯狂了很多年的 O2O，只是互联网发展路上的一朵小浪花。但是，这朵小浪花给我带来的思考是在线和离线的界限正变得越来越模糊，模糊到了不是 O2O 的问题，而是变成 O_2，原来的两个世界被融合了。我在逛全球最大的家用电器和电子产品零售公司百思买的门店时，看到一个人在那里挑东西，大概找到了自己心仪的产品，他停下来，掏出手机，直接在百思买的网站下了单。这个场景很重要，这个顾客不是回到家再去下单，而是在现场直接下单了，这是移动电商购物，还是线下购物？

假如我在路上遇见你，我和你打招呼，正好两个人都没带名片，于是我们掏出手机扫描彼此的微信二维码，互相添加微信好友，这是一次移动社交，还是一次普通的线下见面？

在中国，偶尔会出现地域性的停电。当某区域的电力供应不足时，国家电网必须限制当地的电力供应，否则会影响整个地区的电力供应。常用的方法是拉闸限电，这是一种非常粗暴且直接的方式，直接把你家和你家所在小区的电停掉。在与国家电网进行的一次讨论中，大家觉得可以改变这种限电的做法。假定每一台空调都在线，那么就不需要拉闸限电，只要把那台空调设定的温度下调一点儿，就能达到限电的效果了，而房间温度只会发生轻微改变，房间里的人基本体会不到。

对于波音 747 飞机的舷窗，乘客可以根据自己的喜好手动关闭遮光板，这是一个完全离线的产品。而最新的波音 787 飞机不是这样设计的，它的舷窗依靠调整玻璃的颜色来实现关窗的效果。和历史上的任何火车相比，高铁都比它们更加在线。开到哪里了，速度怎么样，这个铁皮大家伙的各种状态都在线，随时都能看到。

杭州的公交车上装有 GPS，你在月台等车时，月台的电子显示器上会显示类似“K10 800 米”的字样，这是表示 K10 公交车距离这个月台还有 800 米。虽然数据不会改变你的等车时间，但至少你站在烈日下等车时不会那么焦虑了。

这一切都说明，互联网的发展，让以前看上去不可能在线的东西变得可能在线了。有的人称这些场景为万物互联，也有很多人把它叫作物联网，我更愿意称它为万物互联网。未来的社会不会再有纯粹离线的东西了，这就是万物互联网。

很多你连想都没想过会在线的东西，都有可能在线。每个牛奶盒子都可以装有一个 RFID（无线射频识别）芯片。你买牛奶时，只需要扫一扫，就可以知道这盒牛奶产自哪里、出产时间、食用的方法等。智能冰箱可以根据牛奶盒计算你每周消耗的牛奶量以及剩余的牛奶量，到一定时间会给你发个提醒：该买牛奶了。如果这还不够，当你把牛奶盒扔进垃圾箱时，RFID 也能被感应到，也就是说，连垃圾都可以在线了。

让我们再回到之前提到的那个空调的故事上，只要你转换成真正的在线思考模式，你就不会再去考虑远程遥控空调。你要想办法做到的事情，应该是让空调彻底在线，它会根据你的位置以及当地气候的变化，利用算法实时地调节房间的温度和湿度。

微软曾经推出过一个飞行模拟游戏，叫作《微软模拟飞行》。你只要把这个软件装在电脑上，就可以模拟真实的飞行场景。2001 年 9 月 11 日上午，恐怖分子劫持 4 架民航客机撞击了美国纽约的世界贸易中心和华盛顿的五角大楼，史称“9 · 11”事件。“9 · 11”事件发生后，这个游戏遭到了批评。有报道认为，恐怖分子就是以这个游戏作为演练工具，模拟撞击大楼的，其逼真度可以想象。批评归批评，十几年后的今天，飞行员在用这个游戏模拟飞机在纽约机场降落时，不仅画面逼真，还可以获得气象网站上的数据，根据纽约实时的风速和雨情来飞行，天气的数据也悄悄融入进来。

生活的边界进一步模糊了，这是另类的虚拟现实。

互联网汽车

2008 年，接入互联网的物品数量已经超过了接入互联网的人的数量。互联网会有更多的新成员，汽车就是一个不可忽视的新成员。

2014 年 7 月，阿里与上汽集团签署合作协议，为的就是迎接一位新成员的到来——互联网汽车。这不是一辆接入互联网的汽车，这是一辆跑在互联网上的汽车，在互联网上驱动这辆汽车的引擎就是 YunOS Auto 操作系统。操作系统从此变成了汽车的一部分。互联网汽车这一新成员的加入意义是巨大的，它是互联网在经历移动互联网之后进入万物互联网的标志。

它不同于流行的车联网，把手机更好地装进汽车里不是互联网汽车的目标。互联网汽车的首要目标是让汽车摆脱手机的控制，手机不应该成为汽车和互联网之间的障碍。它也不同于大家常说的万物互联，互联网汽车明确以互联网为核心。这是一个万物互联网的时代，少了一个网字，会相差千里，有“网”和没有“网”是有本质差别的。

而互联网汽车之所以被称为互联网汽车，对车来讲不是多了一个连接，也不是多了一个功能，它表明人类历史上最重要的一个基础设施——互联网，从此变成了车的基础设施。这是百年以来，除道路之外，汽车的第二个基础设施。从此，互联网汽车永远具有在线的特征，跑在道路上的同时，也跑在互联网信息高速路上，其形态和内容将发生本质的变化。这种本质的变化源自操作系统驱动的计算引擎。过去，汽车主要消耗的是人类最重要的自然资源，比如石油；而当汽车有了计算引擎，汽车不但变得智能，甚至越开越智能，就像人越活越聪明一样，而需要提供给计算引擎的就是数据，包括互联网汽车自身产生的数据。有了计算引擎的汽车，能够更好地利用数据改善用户体验，进一步改进汽车的设计，甚至利用数据提升交通基础设施的能力。互联网汽车体现了数据的价值。

在和上汽集团签订合作协议后的两年，2016 年 7 月 6 日，上汽集团发布内嵌 YunOS 的 SUV 汽车 RX5，有纯电动、混合动力和传统动力三种。不可思议的是，在随后的一年，RX5 变成了一款畅销车。更不可思议的是，我看到了一篇题为《四维的王坚和三维的阿里互联网汽车》的文章。①

> 任何一个和未来有点儿关系的工作者，都可能是一个哲学家。不管你是一个高深的天体物理研究者，还是一个穿着很 low（档次低）的高级码农。他们对未知的敬畏让现世变得有意思起来。
>
> 2016 年 7 月 6 日，阿里和上汽合作的互联网汽车正式发布。搭载 YunOS 智能操作系统的全球首款可量产互联网汽车（OS’Car）荣威 RX5 亮相。售价区间为 9.98 万 ~18.68 万元。
>
> 拥挤热烈的现场，阿里巴巴 CTO 王坚第一个走上舞台，他是这个项目阿里方的负责人。他要阐述一个观点：互联网汽车将开启一个万物互联网的时代。
>
> “我想，当全世界都在跑的汽车同时被连到了互联网这个基础设施上时，就真正地表明了一个新时代的开始，也就是万物互联网的开始。”
>
> 照例，他穿了一件衬衫，有点儿褶皱，露出里面套着的 T

① 文章作者为张友红，发表于《商业人物》。

恤圆领。这是他的习惯穿法，T 恤配衬衫，资深码农标配服饰。

通俗理解，双方合作的这款互联网汽车：阿里开发了一个 YunOS 系统，理论上，这个系统可以装载在任何款型的汽车上，让汽车实现语音支配下的智能功能。譬如，自动开门、自动开空调、自动播放车主喜欢的音乐、自动智能导航等。除了没有自动驾驶，阿里的这个 YunOS 系统几乎实现了当下各大公司热衷研究的互联网汽车所呈现的所有智能需求。

在这件事情上，让王坚兴奋的有两点。一个是，“当所有人都在谈论创新的未来时，有一家公司叫上汽，有一家公司叫阿里巴巴，就像两个完全不一样的物种，而且距离不知道多远的路程，可能要奔走几个光年才能握手的两个物种走在了一起”。

这意味着打破和重生，以及带着痛和兴奋的各种可能。两年后，可能的情况落地了，“在汽车这个领域，可能有的人花了两年时间刚刚把 PPT 做完，我觉得我们了不起的地方在于，我们不但把车做完了，而且用户在下个月就能买到这辆车”。

另一个兴奋点是这件事本身，王坚认为，个人电脑、手机和汽车都是同样伟大的互联网终端。“过去的 5 年，其实大家都只关注另一个互联网的成员，是什么？是手机。上汽跟阿里在这儿做这件事情，为互联网带来了一个新的成员，而这个成员的价值和意义大过今天的手机，大过大家都觉得已经有点儿过时的个人电脑。”

他认为，移动互联网领域至今没有出现一家算得上伟大的公司，汽车公司或许会是。这是他期待的。

在王坚脑子里，他已经构建了一个大家伙。这个大家伙不用安装各色 App，就能实现一个大 Pad（平板电脑）能够实现的各种智能功能。这是一个可以对话的，有生命感的东西。这个大家伙充分生存的世界，是个很酷的世界。

这个世界的终极体验会是什么？

王坚解释：“互联网不但有个人电脑和手机，而且多了一个在地上到处跑的新成员，那就是汽车，车不只跑在路上，还跑在另外一条高速公路上，它叫互联网。一切都是在线的，万物互联网。汽车和互联网之间不需要手机，当所有人努力让手机更好地服务汽车时，我们的目标是让人进了车就不再需要手机。这使得我们有机会重新想一想未来的互联网是什么样的。”

未来是什么？互联网汽车是什么？2016 年 7 月 5 日，在杭州云栖小镇，不懂技术的马云重新阐述了这个定义和目标：“过去的二三十年，人变成了机器，我们希望未来的二三十年能够把机器变成人，让机器加入智慧，让汽车变得更加智能。汽车一定会成为人最重要的合作伙伴。”

两年前，懂技术的王坚要去具体实现这个定义。想不明白的时候，王坚就看一张图，一张据王坚说是哈勃望远镜拍下来的星云图：一团泛着绿色极光一般色彩，不规则、神秘、变幻莫测的云团。

“当你看到这张图的时候，这张图是在数十亿光年以前就生成的，等这张图在地球上能被看见的时候，那个星球还在不在，其实我们是不知道的。”

我试图解读他这句话的结论：不知道什么样子是正常的，未知才是世界存在的本质。

阿里互联网汽车研发的两年里，王坚一定看了很多很多次这张星云图。

我问王坚：“两年前，刚开始设想这个事情的时候，你脑子里有什么？”

“你要相信，任何事情都是稀里糊涂开始的，我跟你说想清楚是假的。唯一能做的事是去承担风险，就是去做，没做出来之前，我也不知道是什么样子。”

“有能确定的吗？”

“唯一确定的就是，这会是一场变革。变革是什么，我还是不知道。”

涉及技术、未来的话题，很多人包括我在内，可能都不能完全听懂王坚在说什么。

一场演讲，一场群访，几个小时接触下来，王坚回答任何一个问题时，都在试图向记者构建自己认为的那个有关未来的世界，它是四维的，甚至多维的，但是必须要用三维的表述尽量让它离得不那么远。

他讲话，习惯站起来，双手插着口袋，歪着头，羞涩地笑，露出一排牙齿。

当他回答一个问题时，他要先自问自答很多问题，然后再回答你的问题。但是，在连通四维的未来和三维的对话时，他总觉得欠那么一些流畅。觉得你可能听不懂或者已经误读的时候，他会低头盯着地板几秒钟，然后开始打比方。于是，自我过渡一下。

譬如："关于价钱。怎么说呢？譬如，一个伙房里的大妈都愿意花钱买一个 iPhone。你觉得是价钱的问题吗？"

每打完一个比方，他就带一句，"我不知道我说清楚了没有"。语气降低，这不是在询问，而是告诉你希望你能理解到一点儿。

他相信人眼看不见的那个世界，各种看上去硬邦邦的数据和一直在繁殖的数据密集地重新排列组合着，表现出来就是这个肉体世界的不断变化和一个个时代的不断开启。

我确信，真的并不是所有人都完全理解了王坚所期待和构建的那个世界里的语境。在昨天的群访结束时，一位记者凑上去，递上一本书，很认真地问："王博士，你是学心理学的吗？"

在阿里，或许最信任王坚的就是马云，一个同样想法很"未来"的人。

2007 年开始，马云举办过几届"网商大会"，马云对此相当重视，每次都出席。这一平台被视为阿里巴巴希望引进技术人才的重要入口，王坚就是从这个入口走进阿里巴巴的。

马云对他足够信任，在阿里巴巴宣布王坚正式加盟的新闻稿中有这样一句描述，"王坚博士将帮助阿里巴巴集团建立世界级的技术团队"。

王坚进来，负责阿里云，当时的阿里没有几个人真正懂云是什么。这种情况下，王坚的话对很多人而言一定也是天马行空、站在云里的。

而他又那么善于“绕逻辑”，听不懂很正常。不过，马云足够信任他，马云曾对王坚说：“是个孩子就要生下来。也许刚出生很丑，漂亮是需要培养的。”

在马云眼里，一切充满未知和创新的东西都是具有诱惑力的，这完全符合王坚脑子里那个世界的语境：一切都是未知，只有未知是知道的因子。

关于王坚的过去，实际内容并不多。数据显示，王坚，1962 年出生，毕业于浙大心理系，博士学位，曾发表过多篇学术论文，撰写了《人机交互和多通道用户界面》，这是中国在该领域的第一本专著。他还发明了数字墨水，后应用在了微软 Tablet PC 中。

王坚一定是一个高强度的工作狂。过去，我采访过不止一个阿里的人，偶尔提到王坚，对方会带着“畏”感的语气对我说：“你知道的，王博士的工作节奏，那是出了名的。”我猜测，这是敬畏的“畏”，也是畏惧的“畏”。

如今，王坚和他的阿里团队以及上汽共同合作推出的这款互联网汽车充满了“牛气”的诠释：“荣威 RX5 第一个实现了‘车载系统软件和新功能的升级迭代’‘高清地图精准导航’‘行车和用车产生的互联网应用和服务’三大免费，除了上述基础服务和基本流量外，首年海量赠送流量，次年还有优惠政策，真正让用户‘买得起、用得爽’。这款全球首款可量产互联网汽车采用荣威全新一代‘律动’设计语言，动力技术领先同级两代，百公里加速比同级快两秒以上，百公里油耗比同级少两升，百公里刹车距离比同级短两米以上。”

不过，我相信，阿里在互联网汽车上的野心远不止合作一款汽车。王坚在采访中多次被问到这个问题，他笑起来，腼腆地回答：“很多可能，不知道。”

阿里和上汽合作的互联网汽车到底会有怎样的市场？到底会带来一个怎样的开始？就如王坚的答案，一切在没有结果的时候都不知道。

但是，已经确定的是，阿里和上汽合作的这款荣威 RX5 互联网汽车，是第一款下个月就可以买到的互联网汽车，不是 PPT，也不是概念车，它完全不依赖手机，也没有任何 App。

对王坚而言，他所期待的世界的一个变量，开始了。

群访结束时，我忘记上前临时问了他一个什么技术问题，只记得他的答案：“做什么事情，傲慢的心态是要放下的，任何傲慢都会阻碍你的认识和创新。”这样的回答，让我想到《三体 III：死神永生》里说的：“无知和弱小不是生存的障碍，傲慢才是。”

所有制造业都在生产互联网终端

传统的互联网公司，要放下以为自己就代表了互联网的傲慢心态，迎接互联网新物种的到来，这是互联网进化所必须经历的，对传统互联网的冲击也是巨大的。

过去，谈到互联网时，大家都将改变的原因简单归结为互联网时代的到来，却没有认真思考个人电脑为此奠定的基础。大家在讲移动互联网时，关注点只有移动互联网，从来没有认真想过手机为移动互联网的发展奠定的基础。

汽车对于互联网发展的作用在历史上将会与个人电脑和手机一样，没有个人电脑，就不会有以 Web 为核心的传统互联网；没有手机，也不会有今天的移动互联网。汽车会在万物互联网时代起着相同的作用，它对人的影响、对产业的影响将远远超过任何其他设备。

在传统互联网时代，大家对浏览器的关注超过个人电脑本身，互联网离制造业很远或许有它的道理。但在万物互联网时代，互联网与制造业之间没有紧密的联系，对设备的忽视所导致的结果可能是致命的。传统产业与互联网产业之间的关系，在万物互联网时代将被重新定义，万物互联网存在巨大的机遇。这种机遇的结果，一定是万物互联网时代将不再区分互联网和传统产业。

我一直以为，是中小企业帮助我们活下去的。我们要学会理解别人对我们的帮助，而不是整天沉醉于我们帮助别人的傲慢。我们如果认为以后没有必要继续接受这样的帮助，以为自己很了不起，那就无法继续发展。这是谈到客户价值时大家不能真正理解的根本原因。我们应该记住这些人，保持感恩的心。我感恩天语，也感恩宏碁，尽管我们的合作没有继续，但对我而言，与它们的合作是巨大的财富。

曾经有同事大谈对这个行业的看法，听起来很像咨询公司的报告。我说你还不能理解这个行业，除非你做到两件事：一是收到的名片比我多；二是用过的登机牌比我多。有些东西，你没见过足够多的人不足以做出判断，很多事都不是在家里可以想出来的，一定要走出去。研究竞争对手简单，拿到名片却很难。过了几年，有同事说他拿过的名片和用过的登机牌都比我多了，我就知道有希望了。我们曾经见了一大堆看起来不靠谱的人，甚至像骗子那样的，与他们在宾馆里谈到深更半夜。但就是这些人，让我们这些不曾经历的人明白了以前无法理解的东西，帮助我们一点点靠近目标。

我的办公室书架上挂了一块 Xbox 360（微软公司研发的电视游戏机）的主板。早一代的 Xbox 是平放的，为了追求时尚，这一代把设备的体积缩小，开始竖直摆放，然后出现了散热问题：因为温度高，焊锡变软，芯片会往下垂，机器上的红灯不停地闪。就因为这么一件事，微软赔了 10 亿美元。所以大家不要小看硬件，别觉得简单，横的能搞定，竖的你不一定能搞定。像苹果那样，又做手机，又做操作系统，当然好。我们不是不想做苹果，是没有能力。不是所有有道理的事都可以做，只有道理是没用的。我们的同事很多时候觉得有道理的就是能做对的东西，可是有道理不等于一定行。

就像很多人如今根本没有能力想明白操作系统究竟是什么一样，我也没有能力预测 4 个月以后什么样的手机能卖出去、能卖多少部。找准自己的定位是公司的核心竞争力。

我们曾经是最没条件做操作系统的，但今天已经成了最有可能成功的那一个。但对别人来讲，这个坡不知道要爬多久。慢慢地，大手机公司的处境会比较艰难，而中小厂商可以相对容易地爬上它们的坡。人不容易看到自己的短处，更难的是看到自己的长处。一切都需要一步步走过来。

2017 年 6 月 10 日，YunOS 6.0 在上海 YunOS 开发者大会上发布，这是一个里程碑，是 YunOS 的最后一个主要版本，也第一个完全用 Web 架构完成的系统。后来，YunOS 放弃了手机市场，创新从来就不是一件容易的事。

做好硬件很难，要让硬件变得在线，则是难上加难。

6

追寻
在线凌云梦

让计算成为人类的能力，让数据变成世界的财富。今天更多人

成了计算和数据的探索者和追梦者，阿里云也是其中之一。

计算的在线之梦

在线世界有了新的价值体系，也发生了许多意想不到的事。大和小之间的差别没有了，制造企业和互联网企业之间的差别没有了，传统互联网企业和移动互联网企业之间的差别也没有了，许多事物之间的界限都在变得越来越模糊，甚至消失。

说到云计算，大家或者觉得云里雾里，或者认为那是一件离日常生活很远的事，然而云计算就在普通人的身边。

2013 年年初，我收到了一封信，来自安康铁路机务段的一位铁路工人，名叫吴磊，信中列举了阿里云服务中存在的很多问题。这是我人生中第一次知道陕西有安康这个地方。2013 年 10 月，为表感谢，我特地邀请吴磊来杭州参加阿里云开发者大会。

吴磊的妈妈平时喜欢看法制节目，比较担心阿里云是一家传销公司，怕儿子被骗，百般阻挠，不让他来。吴磊虽然背着家里出来，但也担心陷入传销骗局，几次拒绝了热心的阿里云员工接站的建议，选择搭乘计程车前往大会现场——因为方便逃跑。我特别好奇一个铁路工人怎么会想到利用云计算，又如何利用云计算？见到吴磊后，我激动地说，有机会一定要去安康看看。尽管吴磊反复催促我，但工作实在太忙，所以一直没能成行，直到最后他告诉我说："王博士，你要再不来安康，我的麻烦就大了。"到了安康我才知道，吴磊的家人、同事和主管都不相信一个研究云计算的人会跑到大山里，根本没人相信他的话。如果我不去安康，他和我的合影也可能成了他骗人的证据。

这样的故事听上去让人哭笑不得，但到了安康，我不得不对吴磊肃然起敬。吴磊所在的铁路机务段，位于秦岭大巴山深处，负责上千千米的铁道养护工作，养路工人一年到头都在外面作业，以保证铁路安全。高中没有毕业的吴磊利用云计算，把紧急文件和通知及时传达给工作在千里铁路上的工人们，包括车次改变和安全通知等重要事项，以确保行车安全。一旦某个地段出现塌方等险情，铁路工人就能够通过手机拍照，快速将信息回传至阿里云服务器，让不同路段的负责人都能第一时间查看。原本无法逾越的空间和时间障碍，就这样被云计算轻松地化解。

吴磊在秦岭大山下30多千米长的隧道里向我展示他工作的那一刻，我真正感受到了什么是云计算，云计算和铁路安全是在安康的崇山峻岭里被联结在一起的。

更让我印象深刻的是，在巴山小站，我看到一个小男孩和一个小女孩共同拿着一部手机，在小站的一角里蹭网，这是附近唯一能连上Wi-Fi的地方。那一幕对我内心的震撼，无法用言语形容，这就是互联网版的凿壁借光，这一缕光对于这些还没走出大山的孩子而言是了解世界的窗户，也把他们的梦想和世界连在了一起。我想，云计算就是要服务好更多这样的普通人，成就每一个人的中国梦。

我也非常感谢阿里云的用户，特别是很多没有见过面的用户，是这些人在云和互联网方面的创造力不断触动我，也让我思考，不断发现和理解发生在身边的许多事。没有阿里云，我也就没有和这些人相识的机会。互联网的出现改变了吴磊，也改变了我，让更多人成了追梦者，阿里云也是追梦者之一。

2011 年下半年，当时还在 CSDN 工作的刘江多次采访阿里云，写下了他自己对阿里云的印象——阿里云一直在追随计算在线之梦。

> 相比阿里巴巴旗下人人皆知的淘宝、支付宝等子公司，组建于 2009 年 9 月 10 日的阿里云要低调得多。也许因为恰逢阿里巴巴集团成立 10 周年，庆典的宣传太过火爆，外界很多人当时要么压根儿没留意到这个新公司的诞生，要么就将它与阿里软件混为一谈了。
>
> 此后，除了 2009 年年底大批招聘技术人员见诸报道之外，阿里云似乎一度从人们的视野中消失。即使是在云计算已经成为业界焦点、如火如荼的 2010 年，也未见阿里云有较大动作。原定于 2010 年年底的发布迟至 2011 年上半年将尽仍然不见动静。而在此前后，阿里云庞大的布局曝光——分布式计算系统、分布式数据库、手机操作系统、浏览器、输入法、搜索、地图、邮件、翻译……引起技术圈内的激烈争论，豪华团队、投资巨大、研发受阻、前途未卜等有关阿里云的传言也越来越多。更有阿里前员工甚至直斥阿里云“不靠谱、纯忽悠”。
>
> 2011 年 7 月，联手天语推出的阿里云手机迅速成为媒体焦点，总体上外界的评价是毁誉参半。在 10 月 24 日召开的开发者大会上，弹性计算平台、开放数据处理服务、App 开发平台、云应用平台、开放存储服务和内容传递网络（CDN）、开放结

构化数据服务等全线产品首次全面发布。

但围绕着阿里云的疑问仍然不绝于耳。一个电子商务公司为什么要同时做云计算和移动操作系统？为什么一开始就做这么全面的布局？在中国，在这个市场里如何靠云计算赢利？三年时间里阿里云荟萃的众多技术精英到底做了些什么？带着这些问题，12 月 28 日，我专门飞到杭州，对话阿里云掌门人王坚。

被同事习惯地称为“博士”的王坚，是一位颇具传奇色彩的技术领袖。这位 1962 年出生的杭州本地人个子很高，学者气十足，说话思维敏捷，声音洪亮。小时候成绩并不出众的他，长大后却成为博学广识而有独特思维模式的怪才。

阿里云的平台之梦

位于杭州文二路西湖国际科技大厦的阿里云公司办公场所面积很大，充满活力，满眼都是朝气蓬勃的技术人员。据介绍，目前公司已经有 1 200 人，其中八九成都是工程师，包括中国第一个国际大学生程序设计竞赛冠军队成员林晨曦在内的一批技术骨干，分别负责基础平台、基础服务、云计算业务、云手机这 4 块，公司没有销售。

世界范围内，云计算的领导性厂商，技术上是谷歌，而业务上则是亚马逊。亚马逊网络服务目前已经渐渐成为主流，不仅是众多创业公司的首选，也是网飞、DropBox（免费网络文件同步服务提供商）、Zynga（社交游戏公司）等行业新贵崛起的幕后英雄，已经实现数亿美元的营业收入而且潜力巨大。而在中国，对应的市场基本上仍是一片空白。在平台征战的时代，这块业务是众人瞩目的制高点，其重要性不言而喻。

阿里巴巴是中国与亚马逊最接近，甚至在电子商务方面布局更全面的公司，它的资源实力毋庸置疑，而外界不大了解的是，其技术能力在业界也是领先的。因此，阿里投身做云计算，逐鹿平台之战，并不奇怪，但阿里的雄心仍然令我吃惊。王坚介绍，从战略上来说，他们想做的事情实际上可以解读为“亚马逊＋谷歌”，并有所超越。亚马逊最重要的贡献是真正实现了计算的效用化，而谷歌真正从技术上把计算的规模做上去了。这两点阿里云都要做，即用谷歌模式的技术来做亚马逊模式的运营，而且同时还在慢慢努力做一件事情——数据，要为人人提供全网规模的数据与计算。也就是说，如果你今天愿意，你就可以做一个全网规模的搜索引擎，计算和数据不再是你的约束。

阿里云对自己使命的表述方式颇有点儿与众不同——打造以数据为中心的先进云计算服务平台。在对话中王坚不无自豪地表示，三年前成立公司的这个初衷，现在一个字都不用改。他们当初对云计算的理解和判断基本上仍然是成立的。

为什么这么强调数据？王坚认为，数据将成为对国家和企业来说至关重要的战略性资源。而且，近年来发生了一个革命性变化——数据都是在线搜集完成的，从不在线到在线，数据真正具有了战略价值。可以与他的说法相互印证的是，在全球范围内，“大数据”也成为业界热词，有国外观察者称数据将成为新时代的石油。

另一个要素——计算能力，也是国家和企业的绝对核心竞争力。谷歌是一个很好的例子，它实际上把原本公共的数据变成独有的，然后在此基础上创造了一个巨大的企业。这相当于6 000米海底下的石油，理论上是大家的，但别人都没有能力开采，只有谷歌有这项技术能挖掘其中的价值。而阿里云的愿景是做中国拥有最大计算能力（而不是服务器最多）的公司。

阿里云的业务模式有两种：一种是数据中心、技术和运营都由阿里云负责；一种是数据中心和服务器是客户的，阿里云负责技术和运营，与客户分享收入。后一种模式已经有好几家公司在尝试，王坚预计后一种可能利润更高。

超越Hadoop

王坚在对话中多次强调，阿里云战略中最与众不同之处，就是坚持追求拥有自己的具有竞争力的核心技术。而且，经过三年艰难的技术攻关，数次推倒重来，阿里云终于跨过这个技术门槛，依靠自己的技术力量做成了“飞天”这个非常扎实的通用大规模分布式计算系统，除了 MapReduce 之外，它还支持最广泛的各种程序设计模型。而且，阿里云技术人员在这个统一平台上实现了电子邮件、搜索、地图、弹性计算、数据处理等众多功能，也就是说，邮件和搜索底层是一样的，除他们外，在世界上只有谷歌能够做到这一点。

说到这里，王坚有些激动："这其中有很多具体的技术难题，有的非常难，比如调度那一块，就让开发团队吃了不少苦头。你不做到那个层次，根本不会知道其中的奥秘。一开始很多人都不相信我们能够做出来。但我们成功做出来了，对此我完全有理由感到自豪。"

我们都知道，中国公司很少会选择冒很大风险自己从事这种底层的自主研发，当时这一决策是怎么做出的呢？难道不怕最后搞砸了无法交代？

王坚回答说，做平台必须面对正面战场，这是绕不过去的，打游击战没有用，无法结束战争。幸运的是，团队的内外部环境非常好：集团对此有足够的耐心和支持，马云本人是铁杆的支持者，集团财务官也说过钱不是问题，加上有一批铁杆员工，还有铁杆用户的支持。他直言："有这么幸福的环境，如果还做不成的话，只能说是我们这帮人无能。"处于核心的"飞天"系统研发成功之后，阿里云终于一扫之前的阴霾，各种上层产品源源不断地发布出来。

我又提出一个早已准备好的问题：为什么不直接用 Hadoop 呢？

王坚说："大家都会觉得，直接用 Hadoop 不是更好更快吗？Hadoop 当然在离线大数据处理上很有价值，但它无法解决我们公司公共云计算服务的问题，因为我们目前上线的云服务，已远远超出 Hadoop 的能力，这和公司的定位是有关系的。今天'飞天'已经很好地支持了阿里云的各类业务，其中也包括大数据处理。从这个意义上讲，‘飞天’实际上已经超越了Hadoop。”

他还补充说：“现在号称做云计算的公司很多，实际上其中的技术门槛是非常高的，很少有公司具备这样的实力。一些企业搞100台服务器就声称要做网盘、云存储，还有所谓的私有云，把一个企业解决方案放大就说是云计算，说实话，这些真不能算。此外，通用的云系统比垂直、专用的要难做得多，虽然单看某个具体的应用效率时后者可能还是会有优势，但整个平台的规模效益一上来，结果就完全不同了。”

有了坚实的底层技术做支撑，阿里云就有信心在规模效益和成本上取得竞争优势。王坚举了一个最让他感到自豪的实验案例，在一个由1 500台机器组成的数据处理集群上，处理数据的同时，还可以溜进去几个作业，完成动画渲染，实际上相当于渲染是免费的。

拨开迷雾

问：阿里云本来应该是专注于平台的，为什么会想到去做云手机？之后的路线图是怎样的？

王坚坦言，这一年的确同时在打两个正面战场，很辛苦，但移动终端也是一个绕不过去的正面战场，靠做应用无法解决所有问题。这个决策主要是从阿里巴巴集团战略的角度出发，不能失去这么大的一个机遇。内部各公司中阿里云最有条件做这一块。而且，战略上，移动互联网和云计算是不可分的，如果你的云计算只是在传统互联网上成功的话，其实还不能算成功。云计算生根不是在移动互联网上，但开花结果会在移动互联网上。下一步基本上每两三个月就会有一个新的版本，2012年1月推出了手机YunOS 2012版，这一版在用户体验上有了很大的改善。同时，阿里云已经开始在谈第二个手机厂商，天语也会推出更多的型号，支持高端和低端，还有平板。但最重要的，是把互联网运营的思想带到手机上去。现在路子已经趟出来了，就是三个系统：终端操作系统、云系统，还有运营手机的系统，比如应用商店之类。

问：你预计阿里云几年后能够像亚马逊那样成为赢利部门？

王坚确认，从集团角度阿里云会持续投入，一年10亿元，基本要做10年。但阿里云有可能在12~24个月以内实现赢利。现在公司可以不再增加一个人，收入却不断稳定增加。“我的第一个目标，是阿里云为集团外部提供服务所需的计算资源，要超过集团内部，这个目标的实现是可以预见的。而第二个目标，是我们的计算规模能够与亚马逊相提并论，我相信一定不会花10年的时间。”

阿里云的战略方向是正确的，自主研发核心系统的勇气也令人敬佩。从CSDN最近与阿里云平台的合作来看，产品值得信赖。阿里云公司杭州办公区的前台有一副对联，相信给所有访客都留下了深刻印象：梦想永在凌云意意气风发，代码成就万事基积沙镇海。让我们祝福阿里云。

我自己也被在线改变了，不然我可能还在学校做教授。几年之后，我终于找到一个机会和刘江说："当别人还不相信阿里云时，是你坚定地相信了阿里云。"梦想能否实现不重要，心里永远有梦想才能每天幸福。然而很多时候，实现梦想是"悲剧生活"的开始，因为你需要付出成倍的辛劳。

但互联网的火种已经留在了心中，只要心中留着火种，它就有点亮的一天。下面是一些用户的故事，在这里讲述，不代表他们成功，重要的是他们的开拓和进取精神，他们是云计算的天使，留着火种就有希望。

传统和创新同行，大和小同台

2013 年 9 月 26 日，天弘基金"上云"成功。天弘基金不仅成为金融行业第一家完成核心结算系统基于云计算"去 IOE"的公司，更将清算时间由原来的 8 小时缩短到现在的半小时，交易并发峰值从每秒 500 笔扩容到每秒 5 000 笔，当日交易数从每日最高 1 000 万笔扩容到 3 亿笔，支持的有效用户数扩大到 1 亿。之前，天弘基金只是一家不知名的货币基金公司，然而根据"互联网女皇"玛丽·米克尔（Mary Meeker）2014 年的报告，它已成为全球三大货币基金公司之一。

"余额宝"上云

近几年，各路精英吹响了对互联网金融行业进军的号角，一时之间，互联网金融热潮涌动，无数专家对其进行了多元角度的深入剖析，但汹涌的背后是鲜为人知的技术实战。

从传统封闭的 IOE 格局迁移到更加动态扩展、成本更经济的云平台上，要跨越的障碍实在不少。即使在云计算的发源地美国，囿于安全性、合法性和风险等方面的挑战，金融业虽然与 AWS 接触频频，但还没有走出实质性的那一步。习惯有标杆可以模仿的我们，是继续等待，还是走出一条新路？

“传统的理财产品，总是瞄准创造价值最高的 20% 的人群，而互联网的长尾效应，则让余额宝有可能覆盖剩余的 80% 的人群，这类人群在传统的金融体系中不是主流人群，也很难获得很好的服务，甚至是没有理财观念的‘小白’客户。互联网金融大大降低了门槛，充分体现了互联网的速度，互联网让天弘基金创造了‘蚂蚁搬家’的规模效应——3 000 万名客户人均 3 000 多元的投入，创造了 1 000 亿元的中国基金史上最庞大的基金。”余额宝推出之初的三个月，后台系统部署在天弘基金原有的数据中心。2014 年 7 月，天弘基金开始筹备参加“双 11”大促，从可预期的交易规模来看，几乎可以确定现有的技术后台无法支撑“双 11”的交易量。天弘基金做了一个大胆的决策，抛弃传统的“服务器 + 数据库 + 存储”的架构，将全部后台系统迁移到阿里云上。

CSDN 曾针对余额宝的云实践，专访了天弘基金创新支持部总经理樊振华等人。

“最初余额宝与互联网的尝试，在整个基金行业也是第一次，完全是摸着石头过河。为了稳妥，我们在一期的时候采用传统的IOE架构，总投资400多万元。但是没有想到数据量和交易量的增长幅度如此大，远超平台承受能力，以至到了余额宝二期时，如果还采用IOE的模式，初步估算至少需要再投入5 000万元。再加上后期人力和周期服务，要三个月完成目标，这将是不可承受之重。”

没有先例，是否需要继续等待下去？没有先例，是否要继续投入上千万元用于扩充和升级？没有先例，是不是可以等等看，期待国外会有案例给以启迪和复制？可市场会给大家等待的时间吗？“余额宝迁移到云平台上，已经成为我们自发的需求。当然，我们也没有其他选择。”樊振华说。

尽管国际上金融行业也还没有采用公有云平台的先例，这不仅是单纯的技术障碍，还是意识、理解、勇气和监管要求等复杂交织的结果，但市场逼着我们向前，所以决策并没有大家想象的那么复杂。

事实证明，“没有选择的选择，到后来发现却是最好的选择”，樊振华笑着对CSDN的记者说。

要将曾经根植在IOE上的软件迁移到阿里云上，开发、调整、优化必不可少。但时间如此紧张（最多就三个月），那么，一开始，打造合作多方的信任关系自然至关重要。

“余额宝本身拥有极强的互联网属性，数据量大、业务量大、响应速度要求高。时间这么紧，天弘、金证和阿里云、支付宝简单沟通后立即投入启动工作。也因为时间太紧，所以我们也没有调研的时间，更没有可调研的成功案例。可以说，基于多方的信任，资源共享和无所畏惧，是我们走到一起的根本原因。”樊振华如此表示。

去 IOE，硬件相对容易些，最难的是与应用密切相关的数据库，是去 Oracle 数据库。

迁移到云上之后，“在预测环节，即时并发数要求为 3 000TPS（每秒可以开 3 000 户），但测试结果是可以达到 5 000TPS，极限容量可以到 12 000TPS”。“如果经过系统调优，以过去的工作经验来看，在现有的设备和硬件网络环境下，性能翻一番应该是正常的。”

除此之外，樊振华对安全也很满意：“在测试中，阿里云提供的数据库服务主备切换，速度非常快。再加上我们化整为零的策略，全部热插入硬盘，使得数据的安全性得到了很大的保障。直到现在，都没有出现过任何问题。坦白说，在基础平台安全方面，阿里云已经比较成熟了，尤其是在应对高流量、大数据量冲击的时候，要比很多中小基金自己的系统稳定和安全很多。”

据悉，每进行一次系统迁移的演练需要 36 个小时，反复演练多次，确保万无一失，才在 9 月正式做了切换。

从 IOE 向云上迁移，余额宝的项目团队做出了非凡的努力。

“真正去了 IOE，我们发现这没有想象中复杂。”这几乎是每位组员的感受。一直很低调的余额宝，在技术上更加低调，老老实实做事。据悉，二期时，整个团队都是封闭的，“我们做什么外面基本都不知道”。

小公司，有作为

虎嗅网是一家成立于2012年5月的新兴科技媒体，这只“老虎”向来以观点犀利著称，屡屡挑战原有的商业认知，其遭遇的网络攻击不知道是否与这些有关。

2013年2月底发生的一场网络对抗，是虎嗅面临攻击的一个典型事件。虎嗅网刊发的文章《实录：2月27、28日，虎嗅经历了这么一场服务器反击战》是这样写的。

> 2月27日18时整，虎嗅收到4个监控平台的各种监控报警，提示异常。
>
> 1. tcp连接数升速异常。
>
> 2. cpu使用率飙升。
>
> 3. http响应时间过长。
>
> 4. 带宽利用率异常。
>
> 5. 数据库压力升高。
>
> 虎嗅随即对服务器做了相应调整，但攻击流量过大，已经超过了我们的总带宽。
>
> 实际上，虎嗅前段时间已经遭遇了很多莫名的扫描和密码破解。看上去，伏击者准备已久了。
>
> 18:05，根据阿里云的流量清洗规则，“云盾”被触发，阿

里云对攻击虎嗅的流量进行清洗，我们接到各种恢复提示，看起来一切正常了，虎嗅的流量只剩下被攻击时的 1%~3%，攻击者的流量基本稳定在虎嗅带宽 10 倍多点儿的流量上。

19:50，攻击者开始加压。攻击流量飙升到阿里云“云盾”清洗上限（免费清洗上限），服务器瞬间倒地。

在阿里云同学的帮助下，21 点左右，虎嗅开始恢复正常。而同时，攻击者再次加压。

虎嗅网跟阿里云“云盾”接受了第二次考验，最高流量一度达到虎嗅网总带宽的接近 40 倍，但在阿里云的服务支持下，始终未对虎嗅网造成致命打击。

随后攻击者改变了攻击方式，虎嗅再次倒地。这时，远在杭州的阿里云团队协助虎嗅网使用了阿里的负载均衡（SLB）。虎嗅网再次站了起来。攻击失效后，流量渐渐退去。

第二天白天，虎嗅再次遭受各种形式的打击，但每次一遭受短暂的影响，我们的云服务商阿里云就及时提供帮助。外部攻击始终没有对虎嗅造成太大的影响。

借着这次虎嗅保卫战，我们感受到的是，云时代的攻击和防护方式与传统服务器托管时代有着鲜明的对比。

几年前网站遇到外部攻击，如果是小量攻击，就提高自己的抗攻击能力，从性能和过滤方面着手；如果量级比较大，只能联系机房加大带宽、联系防火墙厂商提供更强大的过滤设备、增加物理服务器数量；攻击再猛烈一些，只能举白旗投降。

传统服务器托管时代，因为办公场所与托管机房之间有物理距离，所以整个过程折腾下来，至少需要6小时。

而在云时代，反击时间已经大大缩短：小攻击自动被过滤；云服务商们的弹性计算也可以提供无缝的性能抵御临时攻击，响应速度、资源匹配都更快更灵活，这使得网络攻击在未来可能再也形不成恶意力量。

如果我们把云的这种防护技术看作互联网基础设施的基本特性之一，那么技术赋权的确正在改变着一切。

新疆有一个维吾尔族的音乐网站，该网站专门搜集分享新疆的民族和原创音乐。创始人艾尔肯既是一名音乐爱好者，也是一名业余程序员。他在北京念了大学，毕业后返回新疆。回去后他发现新疆的音乐失传现象很严重，很多民族音乐都不在了，而且没有一个地方能把这些音乐留存下来。之后艾尔肯自己建了一个小网站，在阿里云上买了两台服务器，然后四处搜集老艺人的音乐，陆续放在这个网站上。网站逐渐做起来之后，很多新疆音乐人还专门来找他合作。

在线，不是简简单单帮你省点钱，而是突破行业原有的束缚。在线第一时间带来的就是产品的简便和发展的迅速，创造一个完全不一样的、更加方便快捷的新服务，在线让创新更有效率。

计算成为创新的能力

很多年前，我在洛杉矶的棕榈滩参加过一个小型聚会。在聚会上，比尔·盖茨邀请了《星球大战》的导演乔治·卢卡斯（George Lucas）作为嘉宾访谈，卢卡斯说的一句话让我印象深刻：他在谈到自己拍摄《星球大战》的经历时，感慨地说如果让他再做一遍，他绝对不会再尝试用新技术去做新片子，那实在太痛苦了。我当时的想法是，如果真的有机会，我一定要尝尝用一项新技术做一件自己没做过的事情的滋味。

2016年1月，我去了美国拉斯维加斯，参加国际消费类电子产品展览会。在海尔的展台前，我停下了脚步，吸引我的不是曲面超薄、8K OLED（有机发光二极管）电视、激光电视或裸眼3D，而是在一台展示机上播放的一部名为《昆塔》的动画片，当时它让我备感亲切。

时间回到2013年7月，3D动画电影《昆塔》在全球上映。这部电影讲述了一个名叫“菠菜”的孩子追随昆塔（传说中的一个英雄的名字）成为英雄的故事。

《昆塔》是中国第一部原创3D动画片，其中所有渲染都是在阿里云上完成的，那段时间有关于此的新闻铺天盖地。所以我在2016年的展览会上看到这部片子，就觉得有穿越之感了。

《昆塔》首次使用了大规模云计算进行后期渲染，而渲染是一部3D动画电影最终实现画面呈现的关键步骤。每一帧图片的渲染耗时，根据模型复杂程度不同，差异很大——模型越复杂，渲染时间越长。有人做过这样的计算：按照渲染一帧（一层）的平均耗时为2小时，2K~4K的分辨率，片长160分钟，每分钟9 000帧图片（60秒 ×30帧 ×5层）计算，整部影片的渲染时间长达288万小时，相当于一台普通服务器需要工作 328 年，而 3D 影片的渲染耗时则需在这个数字上乘以 2。

好莱坞动画大片《疯狂原始人》卷金无数，这部影片的出品方梦工厂 CEO 杰弗瑞 · 卡森伯格（Jeffrey Katzenberg）说："《疯狂原始人》的制作前后共花了 8 年时间，前 6 年都在构思故事，仅 3D 模型的渲染就耗时超过 8 000 万小时。"卡森伯格的话很有代表性，道出了传统渲染模式的瓶颈。

以电影《阿凡达》为例，它动用了位于新西兰的数字特效公司维塔数字（Weta Digital）的 4 000 台服务器。在 2008 年，这样的规模可以在世界超级计算机 500 强的排名中位列第 193~197 名。

《昆塔》的导演李炼也碰到了同样的问题。"其实要做 10 分钟的高质量动画电影，中国早就能做到，但是要做片长 90 分钟的片子，却几乎没有人试过。做这件事之前，我都没有意识到这件事有这么艰难。在做剧中一个反派角色'机器蜥蜴王'时，等这个角色构建完成后，我们发现我们工作室里的几百台计算机根本没有办法完成，无法在视效上成功渲染，同时保持它的画面质感和质量。"

李炼原先在广告业做了 20 多年，他把挣来的钱全都用来制作《昆塔》。三年时间，李炼整个团队只做动画，但是计算能力成了拦路虎："你要 3D 的动画片栩栩如生，就需要模型做得复杂起来，越复杂越好，这样做起来才够精细。可是精细以后，这对渲染能力的要求就很高。"

李炼原本已经准备放弃复杂的做法，只用最简单的那套方案，丑是丑了点儿，至少做得出来，若是采用精细的方法，实在太难。

幸运的是，李炼碰到了云渲染。

2011 年 7 月，在由 1 500 台服务器组成的“飞天”集群上，用了将近 40 分钟的时间，云渲染完成了第一集专业动画片的渲染任务，共 6 654 帧的立体动画，分辨率为 3 076×1 080。这是当时亚洲规模最大的渲染集群，也是当时世界上最大的运行在通用云计算平台上的渲染系统。使用云计算进行渲染，可以将一个或者多个渲染任务分割成若干部分，在计算机集群中的各个节点同时进行，以此类推，耗时大大缩短。

这就是《昆塔》整体渲染工作只历时三个多月，相比以往动画制作方自己购买服务器、自建“渲染农场”的方式，整体速度提升两年半以上的根本原因。如何保质保量地保证《昆塔》的工期，是一个挑战，也是云渲染技术面临的挑战：因为每天所能调动的机器数量不一样，所以我们要动态地调节制作方的需求。做渲染好比“蛮干”，片方做好前期的创意和建模，特效负责方需要快速及时地将模型渲染出来，保证他们在进度之内看到样片，并适时地进行调整和修改。说到底，云渲染的技术特点是几十倍、成百倍地节约时间。

负责《阿凡达》特效设计的著名公司维塔数字，当时雇用了超过 900 人的团队为这部电影工作。为了渲染《阿凡达》后期制作的 24 万帧画面，维塔数字动用了占地 10 000 平方英尺（约 929 平方米）的服务器群，它所使用的 4 000 台服务器，共有 35 000 个处理器核心，104TB 的内存。

相比之下，《昆塔》制作最高峰时动用了阿里云 6 100 余台服务器，用到了 15 万个处理器核心和 400TB 的内存，累计计算时间超过 1 000 万个小时，通过 Web 方式自助提交任务。面对这样大的工作量，如果没有云渲染的技术协助，《昆塔》成片难度极大。

大型的动画企业虽然有自己的“渲染农场”，但仍无法满足对计算资源日益增长的巨大需求。必须以足够低的成本向创意生产者提供足够多的资源，这样才能真正帮助他们将创意转换成商业价值。云渲染在短时间内提供超大量、高效率的计算能力，三个月内完成了博采（《昆塔》出品方）自有“渲染农场”原本需要 40 个月才能完成的渲染任务，时间效率提升了 13.3 倍。相比使用云渲染，在相同的时间成本上（三个月内完成），自建“渲染农场”需要一次性投入至少 2 800 万元购买硬件，而且硬件成本还存在回收困难、维护麻烦的问题。简单地说，使用云渲染使全片投入成本节省了 91.07%。后来浙江大学的一位学生花了 200 元，利用云渲染制作出了一部 5 分钟的动画短片，最后还借着这个作品拿到了校方颁发的优秀毕业设计奖。这些例子都说明，越来越多的中小型创意者今后可以获得大公司才拥有的计算资源，仅仅凭借自己的创意就能生存和发展。低成本，正是云渲染技术的优势所在。对中国民间很多的中小型创意生产者尤其个人而言，他们缺的不是创意、想法和故事，他们缺的是硬件投入和技术支持。

可以想见，他们的作品如果只用一台计算机来做渲染，一个简单的作业就需要十天半个月才能完成，时间和精力都耗费不起。云渲染技术能够以足够低的价格和按需生产的方式助力作品的完成。作为公共服务的云计算，为有创造欲望的人提供了最好的弹药去实现梦想，同时也在挑战人们的创造力。

《昆塔》就是一个机会，用导演李炼的话讲，是两个疯子碰在一起完成了一件不可能的事，结果就是《昆塔》成功上映了。我认为，云计算可以解放创作者的生产力。

对艺术家来说，最重要的一件事，是有了创意之后马上就可以看到作品并进行修改，经过的时间越多，失去的修改机会也就越多。云计算提供的巨大能力，看起来是用很短的时间把一件需要更多时间的事做完，结果是让艺术家有更多的时间和机会修改作品，更加精益求精。毕竟，人是被时间束缚的，好比打字这事，打字的速度加快一点儿，做别的事情的时间也就多一点儿。说白了，就是计算能力在间接地生产创造力。

《昆塔》的整个制作周期是三年，包括所有的创意和修改，假如没有云计算，光是渲染就要花费整整三年，那这件事就变得没法做了。从这个意义上讲，计算能力不仅是快和慢的问题，更是有和无的问题。计算变成了一种新的能力，一种核心竞争力。

看看《昆塔》的经历你就知道，一家小公司真的可以做成一家大公司才能做成的事，而云计算为这种勇气提供了羽翼。借用《昆塔》的主题曲来说：不可能是不可能的事。

2016 年，有朋友告诉我，李炼还在为《昆塔 2》工作。

数据是新的自然资源，正在成为世界新财富

公证是一件重要而历史悠久的事情，远在古代奴隶制的罗马共和国末期，就有一种专门从事代书职业的人——被人们称为“达比

伦”（Tabelliones）的代书人。他们具备法律知识，熟练地用拉丁文代拟各种法律文书，作为一种专业人员领取规定的报酬。这种代书人制度被认为是现代公证制度的起源。

电子证据成为法定证据

中国的公证制度自 20 世纪 80 年代恢复以来，截至 2013 年，公证机构的数量已达 3 000 多家，比 1980 年增长了 5 倍；公证从业人员两万多人，增长了 15 倍；年办证量 1 000 多万件，增长了 110 多倍。公证制度在经历了 30 多年的高速增长后，一不留意进入了互联网时代。在中国，人民法院审理案件时对证据的最基本要求是：相对固定，没有被篡改，能在法庭上直观呈现并能卷宗归档。

但进入在线社会，电话、即时通信软件上的聊天记录、服务器代码……各种非文书类的公证需求层出不穷。与传统文书相比，以互联网时代的电子数据做公证，会碰到完全不同于以往的困难。这不只是数量的问题，更重要的是规则发生了巨大的变化。在法律上，人们还没有办法确认这些电子数据的真实性、完整性。当你将网络上的电子订单、电子邮件、QQ 或 MSN 等交流内容下载并打印出来，当成证据交到法院时，它们却得不到法院的认可。

而传统的离线方式很复杂。例如到公证处，当着公证人员的面用磁带录下通话。但这种做法显然效率太低了，取证、调用、保存，都有各自的成本。这里提到的成本指的不是耗费的金钱成本，而是指能否被大规模使用的成本。

安存科技想利用云计算改变这个现状，电话录音的公证是一个起点。安存科技的产品“安存”不仅记录通话内容和通话时长，还记录主叫号码、被叫号码，以及精确到秒的通话开始时间和通话结束时间。重要的是，对于你想要录音的电话，你可以拨打 951335+对方电话号码，录音内容会保存在阿里云提供的云存储上，不需要随身携带，也不会丢失，不受时空限制，只要有互联网的地方就可以收听、下载以及举证应用。这是对当时双方的交流场景最为真实和完整的记录，系统后台直接与公证处对接，公证处可以依法、便捷地出具录音保全公证书，使该录音更加具有法律效力。

2011 年 11 月，安存电子 951335 电话语音平台正式上线。

2012 年 5 月，杭州媒体报道了自 951335 电话语录语音保全系统上线以来，杭州西湖公证处收到第一份公证申请，经过全面审查后，第二天公证处就出具了电话语录证据保全公证书。

2013 年 1 月 1 日正式实施的《中华人民共和国民事诉讼法》第 63 条已经明确地将电子数据列为单一证据类别，电子数据证据成为法定证据。互联网催生了一个人称“电子证据”的新兴行业。

在互联网如此普及的今天，网民和消费者的界限正在消弭，企业的疆界变得模糊，数据成为核心的资产，并将深刻影响企业的业务模式，甚至重构其文化和组织。公证是一个古老而没有激情的传统行业，似乎变不出什么花样来，但是在线的出现让公证行业重新焕发了生机。

在线数据成为新信用

公证如此，金融也如此。阿里金融的网站上关于阿里金融的介绍是这样的：阿里金融通过互联网数据化运营模式，为小微企业、个人创业者提供可持续性的、普惠制的电子商务金融服务，向这些无法在传统金融渠道获得贷款的弱势群体提供“金额小、期限短、随借随还”的纯信用小额贷款服务。

从 2009 年 10 月的第一天起，阿里金融开始使用阿里云的云计算平台处理淘宝和支付宝数据，随后根据数据模型的不断优化，逐渐推出订单贷款、淘宝信用贷款等产品。阿里金融也极为重视云计算技术，当时阿里云也是公司的新业务，两个新业务一起发展，需要极大的勇气。从某种意义上讲，阿里金融和阿里云计算互为依赖、共同发展，而且都小有成绩，堪称大公司内部创新的典范。

阿里小贷与传统银行的小额贷款不一样，它不需要抵押物，是纯信用贷款。利用大数据挖掘，不需要太多的人工审核。目前已经做到了 3 分钟提交贷款申请，1 秒批准，0 人工干预。

信用从哪里来？从数据中来。阿里金融是大数据时代的产物，数据是它的基础，也是核心所在。以数据和网络为核心，阿里金融开发的新型微贷技术，成为解决小微企业融资的关键所在。在线贷款，使得信息更加透明。阿里金融的不良贷款率为 1.02%，而中国整个银行业的小微企业的不良贷款率为 5.5%~6%。

依靠数据，而不是依赖担保或者抵押，这是阿里金融最大的特色。这种做法不仅大幅降低了小微企业的融资门槛，也让小微企业在电商平台上积累的数据能够以信用价值的方式呈现。

可是这些数据并不属于某家公司，它们是每个人的新财富，是每个用户自己创造的，是在一个不在线的世界里得不到的财富。今天，你打开支付宝钱包就可以看到自己的芝麻信用得分。如果芝麻信用得分超过 700，你可以利用它申请新加坡签证；如果芝麻信用得分到了 750，你还可以凭此申请申根签证，无须提供存款证明。

数据也可以让你的信用更有尊严，它比信用卡更能体现你的信用。离线状态下的这一切，有点儿像中国温州的民间金融模式。温州的民间钱庄也需要数据。数据怎么搜集呢？很有意思，也很本土化：钱庄会花 10 元钱雇一个老太太，这个老太太的工作是搬个凳子坐在工厂门口，数一数今天工厂有多少人上下班，有多少货车进出——通过这些数据，钱庄可以判断工厂的运营状态是好是坏，然后决定贷多少款给那个厂的老板。在这个土办法中，一样有数据，一样有数据分析。这虽然另类，但也算是符合大数据的模式。只可惜，这个故事发生在离线世界。

过去所说的信用额度，是根据人们离线世界的资产，例如房子、抵押物、汽车等算出来的。也就是说，你的信用额度取决于你的离线数据。离线数据很容易造假，例如修改过的报表、虚假的证明等，总之办法有很多，因为大家都知道会被用到的数据就那么几类。

现代大型银行面临的最大的挑战是什么？就是在评价你的信用时，有太多的离线数据需要处理，这可不是雇 100 个老太太拿着板凳去数数就够了的。银行的评价过程很复杂、很漫长，而且成本很高。不同的是，阿里金融全程在线，这是一次飞跃。一旦在线，它就会产生一堆自己也不知道有用没用的数据，这时你再想造假就变得极其困难了。这时候的信用额度来自你的在线数据，它通过一个不断调整的模型计算，就可以得出你的信用额度了。

而从有目的到无目的，也是一个巨大的改变。当你有目的地去获得数据时，你拿回那些数据的用途一定会有局限。因为你设想的目的会束缚你对数据用途的想象。阿里金融进行数据沉淀，并没有明确的目的，仅仅是正常地把在线行为的数据沉淀下来。所以，这种无目的的数据获取，有很多的想象空间。

金融在线后，整个操作成本也降低了，而成本的降低，使得原来只有少数人才能享用的东西，如今变成了大众都可以享用的东西。在这种环境下，不再是只有贷款 10 万元时才有人搭理你，你只借一两千元，甚至一元钱也可以。只要保证单位计算成本足够低，小额贷款不至于亏钱，系统就可以正常运转。

同时，你还要有足够的计算能力，得出结果的速度必须足够快。如果在线评价的过程和线下一样要拖上一两个月，每次的接待能力也只够应对 10 位顾客，这样的在线金融肯定会失败。

阿里金融成立之初，我说阿里金融就好像在造直升机，而不是在造飞机。在专业书籍上，没有人称直升机为直升飞机，因为直升机不是飞机。飞机的飞行原理其实很简单，它的空气动力学靠两翼发挥作用，气流吹过机翼上下表面，而且要同时从机翼前端到达后端，所以从上缘经过的气流速度就要比经过下缘的快。飞机比拼的是什么，看谁飞得高、飞得快、飞得远，这是飞机的特性。而直升机的特性是旋翼，主要靠主旋翼与旋翼角度的控制部分，它的空气动力学原理与飞机不同。直升机之间比的是谁离树梢更近，谁更隐蔽。直升机和飞机是两种不同的东西。世界各国的直升机都不在空军的建制内，而在陆军。虽然直升机和飞机这两种东西看上去一样，都能在大气层中飞行，但是此飞机非彼飞机。

同样，阿里金融的贷款与传统银行的贷款也是不一样的，此贷款非彼贷款。不是所有能飞的东西都叫飞机。看待一个在线社会中的新产物时，不要局限在技术角度，而要看它的社会价值。曾经有人写了一封感谢信，他说通过阿里金融获得一元钱的贷款，这是他从来没想到过的事情。说不定这个人是世界上获得最小额度贷款的人了。不管是不是，至少这一元钱对他来说，已经不是借笔钱那么简单了，它体现了对个人的尊重。在过去的商业环境下，这件事不可能发生；而在在线的社会环境下，这种事会不断发生。

数据创造城市新生活

城市的在线同样会为我们带来惊喜。杭州是一座非常美丽的城市，2016 年 9 月 5 日，G20 峰会在杭州召开，使得这座城市更为大家熟知，我就在这里生活和工作。城市本身是人类的一个了不起的发明，但如今世界上几乎每个城市都遭受着交通拥堵问题的困扰，杭州也不例外。

听多了智慧城市，也听多了交通拥堵，可我始终不明白为什么智慧城市也无法解决交通问题。带着这个疑问，我查阅了相关数据。杭州大概有八九千辆公交车，500 多条线路，7 000 多个车站，每天运送大概 390 万人次。如此规模的交通运输需求，不规划肯定不行，而且单靠传统方法也不行，如果没有足够的数据，任何规划都显得有些苍白。

杭州市有超过 300 万辆汽车，人均保有量全国第一。当这上百万辆汽车驶出家门时，城市的管理当局并不知道这些车从哪里出发，将到哪里去，所以无法对道路（空间）和交通信号（时间）等资源进行有效优化是可以理解的。很多时候，你会发现在很多路口，交警的指挥与红绿灯的设置是不一致的，原因就在于行车数据一直都没有沉淀下来。

智慧城市的建设，让我们城市中早就有了足够多的摄像头，这些摄像头每天可以为我们搜集数不清的数据，可是为什么这么多的数据却没能帮助解决交通拥堵问题呢？原因就在于我们的城市缺少一个整合数据的大脑。就像人的大脑一样，城市也应该有自己的大脑，时时刻刻了解城市状况，指导城市的运转。而且不只杭州，可以这么说，缺少大脑几乎是中国所有城市的共同问题。在 2016 年的一次大会上，我调侃说，世界上最遥远的距离不是南极到北极的距离，而是摄像头和红绿灯之间的距离。它们都在一根杆子上，但是从来就没有通过数据被连接过。后来，没想到这个“距离说”被广泛流传。

2016 年 4 月，我向杭州市提出建设“城市大脑”，建立了政府、企业与非营利机构多方协同的联合创新机制，在杭州首次进行了城市大脑的探索和实践，有超过 13 家企业参与这样一个探索项目。城市大脑会帮助打通数据的经脉和筋脉，让过去沉淀淤积在一起的数据互通起来，让城市的“眼”（摄像头）和“手”（交通指挥）的动作协调起来。这不仅是一个城市的梦想，也是杭州十几家企业的梦想，政府和企业一起认认真真坐在一起，用数据的思想解决复杂的城市问题，我很自豪自己是其中的一分子。当一个城市把企业的数据、社会公共服务的数据和政府的数据汇集为一个大脑，当这个数据大脑可以用人工智能的方法让机器“看”那些交警指挥中心没有机会看完的视频，我们就会找到一种更好地认识这个城市、理解这个城市的方法。城市大脑可以让我们彻底摆脱盲人摸象和雾里看花式的数据使用方法，数据通过城市大脑成为城市的财富。

过去一直以来，城市交通策略依赖的数据都是机动车保有量，而城市大脑第一次提出，用机动车即时在途量来衡量城市的交通状况。借助数据建模和计算能力，城市大脑给了我们一个意外的数字：每一时刻，只有约 10% 的车在路上。例如，在一个机动车保有量为 300 万的城市，每天高峰时段有 30 万辆左右的车在路上，而非高峰时段只有 20 万辆车。而解决 30 万辆车的问题与解决 300 万辆车的问题所需的物理资源是非常不一样的，这为我们解决一些难题提供了完全不同的思路。以南昌市城市大脑建设为例，在分析了在途量的基础上，南昌市将“交通不限行”作为城市大脑首个重要应用场景建设。南昌市于 2020 年取消了自 2009 年开始实施的交通尾号限行，实现了“车辆不限号，交通不拥堵”的双重效益。2021 年 1 月 23 日，南昌市第十五届人大常委会第三十六次会议审议通过了《南昌市人民政府关于报请审议授予王坚院士“南昌市荣誉市民”称号的议案》，我非常自豪因为城市大脑成为南昌市的荣誉市民。

我相信，城市大脑的建设代表了杭州的城市管理理念，杭州要为中国和世界探索用云计算和大数据解决城市发展问题的方法。当我和一位在交通领域工作了几十年的专家谈起，能否通过数据的使用最终让杭州取消单双号限行时，这位专家的回答让我终生难忘，他说：“这是一个非常高尚的目标，世界上还没有一个城市采取了限行措施后再取消。”这位专家的回答让我意识到，任何不能取消限行的交通方案都是没有诚意的。这不仅是梦想，也是前所未有的探索。我也非常期待 G20 峰会结束后的试验结果，在我看来那是一次伟大实践的开始。

城市大脑不仅属于中国，更是全世界每一座城市的公共产品。为此，我特别组织发起了“城市大脑全球开放研究计划”，城市大脑并非仅仅为了解决一个城市的问题，也是为了世界城市的发展，这是我们对世界做出的贡献，是杭州献给世界的礼物。我应邀在 2017 年 12 月的全国规划年会上做了主题演讲，设想城市大脑如何为每一座城市节约当前使用资源的 90%，这意味着我们只要 10% 的水、10% 的土地和 10% 的电就能维持我们目前城市的运转。这是一个关于城市可持续发展的梦想。未来是令人激动的，数据将会惠及百姓生活的方方面面，从教育到健康。

交通优化迈出的一小步，不仅是城市发展的一大步，更是体现数据社会价值的一个里程碑。

7

从门洛公园到云栖小镇

云栖小镇不是“镇”，就像中关村不是“村”。小镇是一个符号，就像始建于 50 年前的硅谷和 100 年前爱迪生所在的门洛公园。

硅谷的魅力在于，地图上没有一个地方叫硅谷，但谈到创新和未来，硅谷是一个绕不开的代名词。如果要问硅谷最有代表性的学校，大家一定会说到斯坦福；如果要问最具代表性的公司，大家的回答可能各不相同。

2017 年 2 月，我前往位于帕洛阿尔托的惠普公司，第一次进了戴维·帕卡德（Dave Packard）和比尔·休利特（Bill Hewlett）的办公室，第一次见到了因为不关门政策而在门边地板上留下的太阳印记。今天，办公室不关门和开放交流已成为硅谷文化的一部分。大家熟悉的车库文化也始于惠普，那里被认为是硅谷的诞生地。惠普于 1939 年在车库中诞生，第一个产品是声频振荡器，它的诞生比威廉·肖克利（William Shockley）带着晶体管技术来到加州的时间早了十几年，而硅谷这个名字的出现和资本的涌入更是晚，在 20 世纪 70 年代才出现。我离开时，曾经和帕卡德一起工作的同事送了我一本帕卡德写的书《惠普之道》(*HP Way*)，读完后我最大的感受就是硅谷是硅在文化熔炉中的结晶。

硅谷中的人和事，鼓舞了世界上的许多年轻人。不过，在快速发展的今天，在世界的大多数地方，人们都希望把自己所在的地方称为某某谷，但从未有超越出现，硅谷成了他们创新的天花板。这让我想到，在硅谷出现以前，美国东部是创新和资本的天堂，更有新泽西州的门洛公园，它也曾是美国早期创新的中心。但美国的东部从来不是西部硅谷的天花板，尽管麻省理工学院和哈佛大学还是继续留在东部。

门洛公园，照亮全世界

在今天的地图上，“Menlo Park”通常翻译为门洛帕克，它是美国和加州居民受教育程度最高的城市之一，有 70% 以上的居民受过大学以上的教育。但在美国的新泽西州，也有一个门洛公园，尽管不太为人熟知，但那里的一个发明点亮了全世界。

一提到电，大家就会想到爱迪生，大家想起爱迪生是因为他改进了白炽灯。爱迪生是一个发明家，更是一个创业者，他的创业资金全部来自 J. P. 摩根。爱迪生当时做了一件很了不起的事情——推动城市用电。他不仅改进了白炽灯，研制出发电机，更实现了电力的大范围传输。爱迪生在纽约的华尔街第一次把电变成公共服务，电成为人们生活中不可缺少的基础设施。

正是在有了电之后，我们才有了更多发明，有了灯泡、吹风机、电冰箱。这就是公共服务与基础设施对创新的推动作用。

爱迪生确实为人类发展做出了贡献，改进了白炽灯，并让电成为基础设施，但他也犯了很多创业者会犯的错，其中一个错误就是与特斯拉的“电流之战”，他于是从创新者变成了阻碍创新的代表。从这个角度来看，我们今天的互联网公司很可能变成未来发展的阻力。为什么？

大家知道爱迪生发明的是直流电，但限于当时的技术，直流电存在一个最大的问题——传输的距离有限，只有 3 千米左右。爱迪生的第一个发电厂建在纽约的华尔街附近。所以，基本上按照他的布局，每 3 千米就要盖一个发电厂，这是一个非常大的问题。当时爱迪生已经把自己的公司开成了跨国公司，灯泡已经卖到全世界。特斯拉因为太敬仰爱迪生，坐船到纽约，想去爱迪生的实验室工作，那时爱迪生的公司与今天的脸书和谷歌一样，是当时最先进生产力的代表，年轻人都愿意去那里工作。特斯拉向爱迪生建议不做直流电，改做交流电，我在前文也讲过这个故事。后来特斯拉与爱迪生分道扬镳。特斯拉离开爱迪生的实验室，自己建立了一个实验室，发明了三样东西：交流发电机、交流电的传输和交流电动机。那时的美国东部就是这样一个充满创新的地方。

当时起始于美国东部的创新远不止这些，美国最早把铁路修到每个村庄时，并没有考虑到日后这会对国家发展产生巨大的影响，只是为了方便出行，就跟我们早期架设互联网只是为了上网其实是差不多的。等到铁路修到四通八达时，人们就开始思考，我们还可以用铁路干什么？美孚石油（标准石油）公司创始人洛克菲勒预见到，铁路将来最重要的功能是运送石油，于是他去跟铁路公司谈判，结果是洛克菲勒出钱控制了主要的石油运输线路。

后来铁路公司发现，运营铁路挣的钱远远不如买卖石油挣的钱多，这与如今运营商觉得光缆铺得这么辛苦却不挣钱，而互联网公司却挣了那么多钱有点儿像。但洛克菲勒最了不起的地方是他的创新。当时，炼油厂是汇集高新技术的地方，也是管道最多的地方，当各大铁路公司提出要提高运输费时，洛克菲勒就想石油为什么不能用管道来运输，所以由管道运输石油最早就是由洛克菲勒想出来的。事物的发展不是孤立的，电的普及使爱迪生受益，却害苦了洛克菲勒，因为人们不再需要用油点灯。但福特生产出的内燃机使石油成为工业发展的动力，洛克菲勒就又东山再起了。世界的发展就是这么奇妙。

19 世纪末 20 世纪初发生在美国东部的一些事，塑造了一个时代。当世界发展到今天，互联网又在塑造一个新的时代，正在酝酿一个不但比门洛公园更令人激动，而且比后来的硅谷跨越更大的变化。

云栖初心，为了创新者而创

就像门洛公园最初只是纽约城外的小乡村一样，云栖小镇之前也只是杭州城外一个不太为人熟知却坚信云计算（但快要烂尾）的工业园区。

2013 年 1 月，阿里云和华通合作，在杭州转塘云计算园区建成了第一个数据中心。在落成仪式上，我产生了一种莫名其妙的感觉，当着所有人的面脱口而出："大家见证了一个历史。"我可以想象当时大家听后可能感觉一头雾水。刘江在 2012 年年底对我的采访，或许可以为这句话做个小批注。

> 2011 年年底，我走访了阿里云计算公司在杭州的总部，与掌门人王坚博士及其核心团队成员有较长时间的对话，第一次近距离接触阿里云。那时，阿里云在移动操作系统和云计算平台两大正面战场双线作战，布局宏大，但成绩还没太见到，来

自内外的质疑颇多。我在随后写出的《追寻凌云梦》一文最后总结说："阿里云的战略方向是正确的，自主研发核心系统的勇气也令人敬佩。"

但当时我也看到，阿里云在技术和业务两方面面临的困难都不小，王坚及其团队承受着巨大压力，所谓前途光明，道路曲折。事实上，按王坚自己的话说，从 2008 年 10 月开始写阿里云平台的第一行代码，他们就走上了不归路，创始的几十人历经几次架构大改，已经"死"了几批，坚持下来的已经不到 10 个。进入 2012 年，全球范围内谷歌、苹果、脸书和亚马逊几大巨头之间从硬件到软件、从移动到云计算平台、从应用开发者到数字媒体内容发行等整个生态环境的全面竞争成为 IT 行业的主旋律，中国各大互联网企业和 IT 厂商在各大入口、搜索、云计算、开放平台、电子商务、支付等领域的明争暗战也此起彼伏。这些都从某种意义上说明，像阿里这样规模的平台企业，面对多个方向的正面战争其实在所难免。

2012 年，互联网公司做手机成为热潮，阿里云被媒体关注的焦点也始终是 YunOS 这个手机操作系统。与天语的合作与分手，与海尔的合作，直到 9 月与宏碁的合作因来自谷歌的压力而搁浅。不久，YunOS 从阿里云公司独立，合作的手机厂商中也开始出现比较草根的北斗小辣椒和原来主要面向海外的乐丰这样的品牌。

而媒体聚光灯外，阿里的云计算业务进展顺利，无论按规模还是产品线来说，阿里云都已经成为中国的行业领导者。在2012年11月9日的阿里云开发者大会上，我与王坚博士再次对话。他透露已经有数万个网站、应用和游戏建在阿里云之上，阿里云支撑着过亿用户的访问。

阿里云的领先，其实从某种意义上，也反映出中国云计算的尴尬现状。我们知道，全球范围内云计算平台最成功的案例是亚马逊的AWS，主要通过公共IaaS（基础设施即服务）的建设与运营，逐步向PaaS（平台即服务）扩展，已经建立起繁荣的生态系统，为美国移动和互联网领域近年来一大批新兴创业公司的崛起提供了坚实的基础设施，起到了至关重要的作用。

而在国内，云计算表面上热火朝天，中国电子学会与CSDN合办的标志性活动“第四届中国云计算大会”已经将2012年称为“中国云计算实践元年”，但除了政府支持下的“数据中心建设热”之外，真正像阿里这样坚决投入通用公共云计算的，其实屈指可数。

对此，王坚在访谈中透露，阿里最初准备成立云计算公司时，他其实很想将公司名称定为“通用计算公司”。与通用电气实现了电气化一样，阿里云从第一天起要做的就是通用计算。而大部分公司还是低估了通用云计算的技术和提供有竞争力的商业服务的难度。在某些垂直领域做，门槛可能会降低，但由此出发做成一个大规模通用云计算服务平台的可能性则会越来越小。这也是阿里云要自己顶着巨大的风险，不是从现成的开源技术出发，而是选择从零开始自己开发一整套代码，想把谷歌和亚马逊在架构上的优势结合起来的原因所在。今天能够真正提供全面云计算服务的公司不是在增多，而是在减少，用户的多样性抬高了云计算的门槛。

王坚这样解释阿里云跟其他开放平台不一样的地方：“阿里云唯一的业务就是云计算。云计算有两种，一种是集成在其他业务上的，另一种是不集成在其他业务上的。阿里云是不集成在任何业务上的，只是单纯的云计算。为什么呢？因为云计算只要着眼于业务，就一定永远是业务的附属品，而使用者唯一需要的就是计算能力。因为不集成在任何业务上，所以用户可以在上面开展任何业务，它是一个真正的开放平台。什么叫开放？这个问题我想了很久，开放就是要让小公司能做大公司才能做的事情，同时也要让大公司能做小公司的事情。这才是我们努力的方向。”

阿里与其他平台为何会有这样的区别？王坚认为是公司的基因使然。在他看来，阿里与生俱来就是一家打抱不平的公司，专为“小而美”的个人和中小企业等相对弱者提供平台，让他们发挥自己的创造性，开创各种业务，帮助他们发展壮大。

阿里云也是一样。在 2012 年的阿里云开发者大会上，王坚的演讲稿只有一页，题目是“开发者 · 飞天 · YunOS · 开发者”。演讲的第一句话是：“在我眼里没有领导，也没有嘉宾，只有一个人，就是开发者。”在解释为什么阿里云要在开发者社区投入这么多资源，举行阿里云开发者大赛、阿里云开发者大会，并推出开发者认证计划时，王坚的回答是："因为阿里云就是为开发者而生的。"他更愿意将"developer"翻译为开发商，开发商之于阿里云，正如当年网商之于阿里和淘宝。将硬件和软件开发商连接起来，这是阿里做 YunOS 手机操作系统的目的。阿里云的任务是提供技术和资源支撑，让一个人也可以做之前大公司才能做的事情。而云计算环境也能促使一家传统大公司的业务流程与组织结构发生变革，获得互联网和中小企业的灵活性与效率。"如果没有福特生产线，电是没有价值的。"王坚喜欢将云计算带来的变革与电气化相提并论。电气化改变了诸多行业乃至整个社会的面貌。阿里集团习惯用对整个社会的贡献和影响有多大来评估业务，赢利则是副产品。

2012：不平静的一年

外界可能并不知道的是，这一年阿里云过得并非一帆风顺。这也是中国云计算实践的缩影。阿里云的第一个云计算服务——云服务器上线，曾令许多得风气之先的中小开发公司兴奋不已。之前它们后端的选择，要么是本地 IDC 服务器托管，运维的压力巨大，要么是国外的云服务，又不得不忍受网络的龟速。

然而，真正用上云服务器之后，早期用户却发现阿里云平台虽然网络非常出色，但服务并不稳定，故障率偏高，偶尔还会发生数据损失，I/O 性能较差更是被诟病最多的地方。在这些问题随着平台不断改善都逐渐得到了解决之后，王坚却发现了一个更大的问题：服务意识。

阿里云之前的精力主要放在技术研发上，只是在做软件，让平台运行起来。对外提供服务之后，这种思路仍然没有转变过来，加之经验不足，出现了不少服务质量问题。

有一次，王坚听说阿里云的一家做团队协作 SaaS（软件即服务）的小客户 TeamCola（彩程设计）因为不满服务质量而选择了离开，询问之后却发现公司里居然没有人知道此事。原来是阿里云的工作人员仅仅由于 TeamCola 的某个域名没有完成备案，未通知客户就停止了云服务器访问。“即使最官僚、最传统的 IDC 在停止服务之前都会打个电话告知一下，” TeamCola 的创始人沈学良后来回忆说，“这样的服务意识，彻底摧毁了我们的信心。” 王坚为此大发雷霆，并在公司内部做了一次大整顿。他对同事们说：“我们如果成为一家傲慢的公司，也就离死亡不远了。”

同时在公司内部，阿里云在流程上提高了平台组件的产品化程度，更方便使用者自助服务。它将运维责任明确拆分出去，开发人员交付产品后，就由运维来维护，两者是背靠背的关系，以提升对外服务质量。此外，它增加了产品经理的人数，强调他们与客户的直接沟通。

这次整顿以及后续相应的新产品与服务，包括服务器监控、在线自助备案和故障热线电话的上线，使阿里云在服务质量方面有了显著的改善。据我观察，在新浪微博上，阿里云的几个官方微博，尤其是阿里云客户满意中心，对客户抱怨的反应速度和服务态度是所有云计算公司里最好的。许多阿里云的员工也非常活跃，几乎每条有关阿里云的微博下面都有阿里云方面的响应。

这种改善也得到了客户的认可。2012 年 8 月，TeamCola 再次将应用迁回阿里云。沈学良在采访中表示："事实证明，这个决定是正确的。到目前为止，阿里云的正常运行时间一直是 100%，我们将把所有的服务都部署到阿里云，也就是把公司的未来放到阿里云的平台之上。"我采访的另一位用户，虽然对阿里云有很大抱怨，但对其服务态度仍然予以肯定。

另外，阿里云没有采用传统 IDC 的人工销售模式，仅依靠自助服务，业务也实现了快速增长，这被王坚认为是 2012 年另一个重要的收获。由技术布道师，而不是对技术和产品不那么了解的市场营销人员，针对用户进行产品宣传推广，解答技术问题，起到了很好的效果。

"客户教会了我们非常多的东西，甚至改变了我的世界观。"王坚认为，2012 年的业务发展、客户增加使阿里云获益良多。"是开发者、客户真正在教我们怎么做云计算。"这也是他高度重视开发者大会和社区建设的原因。

来自内部的争议

接触过王坚的人都能感觉到，他的想法富有前瞻性和战略高度。一个明显的例子就是，阿里云早在2009年成立时，就以“打造以数据为中心的先进云计算服务平台”为使命，而那时候大数据在中国还远没有成为热门话题。

在阿里内部，能充分理解王坚想法的人并不多。在知乎上的“王坚是一个怎样的人”问题下面，有不止一个阿里员工表示经常听不懂王坚的话。在采访过程中，我还得知，即使在公司高层，除了马云和战略学教授出身的阿里总参谋长曾鸣外，也有很多人无法完全跟上王坚的思路，经常需要曾鸣进一步阐述。

而作为通用计算平台，阿里云曾经最为人质疑的地方是阿里集团内部并没有部门使用其提供的服务。这实际上是在说，它没有较大的有说服力的内部应用案例。在阿里集团内部，阿里云和其他业务部门的研发团队之间的确长期存在技术路线之争。其中原因并不难理解。

将集团内部现有的已经垂直优化的核心业务系统，迁移到阿里云这个相对还不那么成熟，而且技术体系不易兼容的平台，无论从技术本身还是相关技术人员的感情与利益来说，这都存在巨大的挑战和冲突。这种冲突与对王坚本人以及阿里云本身的业务发展情况的评价混合在一起，在阿里内部曾经引起了激烈的争论甚至直言不讳的批评。

2012年8月，王坚被任命为阿里巴巴集团CTO兼任阿里云总裁，在云计算业务之外，同时全面负责规划、制定和实施集团技术发展战略。马云曾在内部论坛上发文《我心目中的王坚博士》，表示对王坚的支持："王坚的长处不是很多人能懂的……如果阿里巴巴10年前就有他，公司今天的技术可能会很不一样。"这一任命实际上决定了阿里云将在集团各业务部门未来的技术研发方向上发挥更重要的作用。

未来的机遇与挑战

阿里云面临的挑战也显而易见。中国特殊的监管环境和网络环境都是挑战。而作为一个新兴行业的开拓者，他们要解决众多前人没有遇到的问题。阿里集团内部各业务线的技术与阿里云的整合能否顺利进行，也值得关注。如果在某一核心业务迁移到阿里云的过程中出现严重失误，这对阿里云的发展来说将是巨大挫折。

宏观来看，云计算行业本身的商业模式，在中国这样的环境下还不是特别明确。即使是看上去红红火火的亚马逊云计算平台，在迅速发展超过10年之后，业界分析其在2012年的营业收入也不过20亿美元，利润也不高。相比之下，苹果可能用少得多的资源支撑iTunes和iCloud（苹果公司提供的云服务），营业收入和利润都要高得多。这种机会成本的诱惑对阿里云能否坚持目前的战略，持续投入，改善产品和服务，可能是更严峻的隐性挑战。

全球范围内，亚马逊云计算对整个新兴产业的发展来说无疑举足轻重。对中国来说，阿里云的成败也有类似的分量。让我们祝福阿里云。

正是在这样的背景下，阿里云对创新创业者的责任也变得无可推卸。为了拉近与创业者的距离，2013 年我们和园区管委会达成了一个共同的目标——让杭州转塘云计算园区成为创业创新第一基地，并在园区里“自不量力”地竖起了牌子。

工业园一词可能是从“park”（公园）翻译过来的，大家对它的认知就是一个简单的产出 GDP 的地方。但世界更需要一个创新创业的地方，所以后来我把这个园区称为云栖小镇，希望这里成为一个适宜创新的地方。那时浙江省还没有开始小镇建设，于是云栖小镇对我来讲也就有了特殊的意义。

云栖大会，为了无法计算的价值

2013 年，感到会议中心或宾馆的建筑形态已对思考产生了无形的限制，会议中心也不能帮助沉淀文化和精神，我决定把阿里云开发者大会（云栖大会的前身）从杭州城里的宾馆会议室搬到云栖小镇的露天广场。感谢杭州的好天气，也感谢所有来参加云栖大会的开发者，是他们共同成就了一个先有大会、后盖会议中心的奇迹。2013 年 8 月，“飞天”第一个 5 000 台机器的集群部署在云栖小镇的数据中心，云栖大会从此有了特殊含义，云栖大会的英文翻译也从最初的 Computing Conference（计算大会），改成了现在的 Apsara Conference（飞天大会）。云栖小镇联盟也诞生于这个时候，曾有 CSDN 的记者记录下了它的背景。

2013 年，云计算产业规模估值高达 1 100 亿元；2015 年，预计中国云计算产业链规模将达 7 500 亿 ~1 万亿元。基于云计算的由点到面的创新应用已经渗透到各个领域，金融、交通、电力、制造、运营商等产业纷纷触网寻求新技术突破；网络游戏、移动互联、物联网与智慧城市的建设如火如荼；从最小的手机应用到关乎国计民生的大型解决方案，技术与管理的人才争夺战早已打响，云计算商用化实践已经落地并加速突破。

10 月 24—25 日，中国云计算的领军企业阿里云以“云计算的蝴蝶效应”为主题，在阿里云创业创新基地举办了声势浩大的“2013 阿里云开发者大会”。大会云集了全国乃至海外 5 000 多个与云计算息息相关的头脑，分别聚焦移动互联网应用、游戏、金融、开发者服务、YunOS 等 5 场论坛，为技术开发者和云计算相关企业搭建了一个技术交流和创意碰撞的大舞台，并为所有的行业关注者提供深入了解最新云计算应用落地的重要机会。

开发者大赛决赛之后，10 月 24 日晚间，阿里云携手 30 家云计算产业联盟的代表企业宣布成立云计算生态联盟——“云栖小镇”。在云栖小镇发起人首次会议上，联盟首届主席、阿里巴巴 CTO 王坚表示：“一路走来，阿里云的发展离不开所有朋友的支持。今年，阿里集团需要处理的数据已经超越云梯集群所能承受的最大范围，自 2013 年 8 月开始，历时 4 个月，我们攻克无数技术难关，成功完成云梯 1 空间优化与跨机房集群扩展，以及云梯 2 单集群规模从 1 500 台升级到 5 000 台，同时实现跨集群扩展的目标。在技术上，5K 项目的成功使我们可以真正比肩谷歌与脸书。我们还将 5K 的计算能力开放给第三方用户使用，比如华大基因。”

王坚博士表示：“联盟希望能够携手更多云计算企业在更深层次上推动产业变革，在以云计算为基础的创业创新基地中，每一个开发者都能与大公司站在同一起跑线上，他们拥有和大公司一样的能力，可以做他们想做的创新。同时，让传统企业也有了和互联网企业一样去创新的能力。”

你如果有机会来到云栖小镇，可以在路边的石头上找到联盟成员企业的名字。感谢这些企业当年为云计算发展所做的历史性贡献，没有大家的共同努力，云计算走不到今天。

时间回到 2013 年 5 月，下面也是 CSDN 的报道。

随着云计算的飞速发展，越来越多的技术与非技术问题也随之暴露。虽然其中“最受伤”的莫过于云服务使用者，然而面对着千夫所指，服务提供商通常也是有苦难言。AWS 还远，GCE（谷歌提供的云服务）在墙外，且看本土云事件——《大掌门》vs 阿里云。

这两周，中国云计算的圈子一直聚焦一件事情：因技术与服务问题，4 月 27 日《大掌门》开发商玩蟹科技 CEO 叶凯在微博上炮轰阿里云，跟帖吐槽者不少，围观者亦多，博客园的翔实日记类记录也被迅速挖了出来，甚至阿里云迁移方案也出现了数种。对此，阿里云第一时间在微博回复叶凯，希望私下沟通，但未获得有效回复，之后保持“沉默”。直到阿里云总裁王坚来到北京，5 月 6 日与叶凯见面达成和解，表示会“进一步深度合作”。这个事件看似不大，但在中国云计算高速成长的关键点上，意义非同一般。虽然这类事件在美国的云计算市场屡见不鲜，但这次是在中国，就在我们的圈子中。

前因

叶凯：吐槽故障与服务。

在美国云计算应用高潮迭起的示范下，创业企业对云计算平台的认知度和使用度达到了新层次，暴露的问题也更多。而相对平静的国内云计算，正处在快速发展阶段，虽然有零星信息，比如《又是备案惹的祸？盛大云主机停机 4 天数据删除引开发者热议》，但还不具有足够的代表性。直到阿里云近日在微博开展的“我与阿里云的故事”主题活动引出了叶凯，问题才开始浮出水面。

事件回放：4 月 27 日 11:04 @ 叶凯 Kevin：我们在阿里云上用了 20 多台。半年时间，出现过 1 次所有机器全部断电，2 次多台硬盘突然只读，3 次硬盘 I/O 突然变满（给的解释是同台物理机上的其他虚拟机和我们抢资源），1 次客服不通知直接重启。10 次以上运维不回应，电话从没在 5 分钟内接通过。已准备陆续迁出所有机器。

叶凯的愤怒溢于言表。随后，又有多位业内应用云计算平台的用户提出类似问题：“他们只是让我们改架构来适应他们的缺陷，但我们的服务在其他云和 IDC 上运营正常。我们当然一直在优化自己的架构，主要是我们部署在其他的云平台和 IDC 上的物理机都跑得好好的，但他们从来不正视自己的缺陷，不说要解决自己的问题，只是推卸责任，产品和服务都跟不上，态度还不好，这个比较要命。而且故障出现的频次太高。收购万网后，人也比较乱。过来的人也不知道是谁，也不清楚自己负责哪一块。感觉他们并不重视这块业务的发展。”

如果叶凯所说的话体现了问题的集中爆发，那么博客园的日志记录就更为连续和写实。

发酵

博客园：用日志记录的问题与方案。

博客园能代表云计算应用中颇具潜力的一类用户——网站。而自从他们迁移到阿里云平台后，每一次出现的问题都被其 CEO 杜勇以博客日记的方式记录了下来。其中 Request.UserHostAddress 记录 IP 地址问题、images.cnblogs.com 响应速度慢的问题、数据库写入超时的问题及解决方案，以及为什么 memcached 会堵车等经验，对其他云用户而言，很有参考价值。

CSDN：看到你们的系列文章，大家很有感触。你们感觉最痛苦的问题是什么？

杜勇：云服务器磁盘I/O不稳定。我们开始用的是云服务器跑数据库，当磁盘I/O稳定时，跑得很好；后来磁盘I/O问题引起了几次数据库服务器故障，而我们的搜索产品到现在还被云服务器磁盘I/O问题困扰。

CSDN：是什么原因造成问题频频发生？

杜勇：对用户的实际应用场景考虑不周，比如未对用户占用的资源进行有效隔离，对系统的稳定性重视不够。

CSDN：你们是否遇到过服务质量差（运维不回应、电话不通）等问题？你对阿里云的服务如何看？

杜勇：我们没有遇到过没有回应的情况，目前最值得肯定的就是阿里云的服务，通过阿里云的服务，我们感觉到的是他们在努力解决问题，不是敷衍了事。

CSDN：从托管到使用云平台，博客园最突出的感受是什么？

杜勇：拥有了可以随时扩展计算能力的自由，想加服务器就加服务器，想减服务器就减服务器，这种感觉很美妙。

CSDN：如果有机会与阿里云的王坚面对面沟通，你会问什么？对阿里云的建议是什么？

杜勇：我会问阿里云的虚拟化技术在业内究竟处于什么样的水准？对阿里云的建议是稳定大于一切，因为云上成千上万的网站服务着成万上亿的用户；把产品做好，阿里云网站在用户体验上真的很糟糕。

CSDN：AWS、Heroku 也经常出问题，我们跟国外的区别是什么？你对整个云生态系统怎么看？对国内建设云生态系统的建议是什么？

杜勇：只要出问题影响到用户，国内外没区别，只能说明技术不成熟；为什么发电厂出故障不能发电，我们却可以正常用电？我对云生态系统的理解不深，我只是觉得云服务商是关键角色。只要云服务商每天上班第一件事就是想着要像电网、自来水公司那样不出半点儿问题，就是云计算开始普及的时刻。

CSDN：有网友建议从阿里云迁出？你们是否有计划迁出？

杜勇：我们只会根据自己的实际使用体验进行评估。我们没有从阿里云迁出，是因为相信阿里云能解决我们遇到的问题。我们也不希望迁出，我想任何一位云平台用户的迁出都不是计划出来的，而是被逼出来的。

云计算，用还是不用？

迁移，是继续迁往云，还是回归 IDC 托管？

随着云计算服务的普及，这样的问题屡见不鲜。但无论是国内还是国外，大家给出的解决方案似乎只有一种：迁移。尽管目前确实有相当多的企业走的是“混合云”的路线，但是一旦尝到快速部署与灵活资源分配的云计算的“甜头”，愿意再次回归者寥寥无几。

事实上，云计算平台的稳定性和服务能力一直饱受争议，无论是在美国还是在中国。比如，频道近期曾报道数篇此类文章。

1.《2012 年 6 月 14 日亚马逊云服务故障分析》

2.《亚马逊、谷歌、苹果云宕机背后的故事》

3.《风暴击倒亚马逊数据中心，舆论一边倒？》

4.《AWS 东部地区再次发生宕，Netflix 等网站受影响》

5.《响应高达 6 秒，用户揭露 Heroku 私自修改路由造成高支出》

解决

王坚：我将成为最大的客户经理，敦促提升服务质量。

圈子都在观望阿里云的态度和解决办法：私下悄悄解决，满足相关要求，还是置之不理，等着时间冲淡评论，抑或其他？5 月 7 日，记者专访刚刚在 2013 年全球移动互联网大会上演讲完的阿里云总裁王坚。情理之中的是，（5 月 6 日经过数小时长谈）双方已经和解，阿里云会为玩蟹科技提供更多服务；出人意料的是，阿里云将支持《大掌门》开发针对游戏行业的技术和服务（如同网飞、Instagram 等一样的角色），王坚将成为叶凯的客户经理，敦促团队提升服务质量。

CSDN：相信您已经知道玩蟹事件了，是否已经解决？

王坚：昨天（5 月 6 日）我和叶凯还有他们的 CTO 坐在一起聊天，从下午一直聊到晚上，聊了四五个小时。我能很清楚地感觉到，这是我们不会做服务的问题。做好服务是我们的职责，我们需要构建起生态系统，并通过合作伙伴的引入，提供针对不同行业使用者的服务。我对叶凯说，第一，要将他的系统在我们这儿恢复起来，成本先算我们的，等运行稳定后再考虑后续问题；第二，我们一起在游戏行业做深、做好，我们愿意给他们投资；第三，针对手游服务优化，继续深入合作。他都很愿意。未来，玩蟹会像我们的合作伙伴云络一样，帮助客户使用阿里云计算服务。

CSDN：问题主要集中在两点，技术与服务，尤其是服务，为什么会出现这些不该发生的问题？

王坚：叶凯和我说，他们半个月之前就针对问题做了反馈，但是有人信誓旦旦地说回去就解决，结果没了下文，也没有客户经理跟进。后来又有人说谈赔偿问题，结果又是不了了之。他最生气的，不是谁对谁错的问题，而是做事不地道。当时听到这些，我的眼泪都要掉下来了。因为如果换位思考，我可能也会这么生气。看到叶凯微博的第一时间，我给负责客户服务的同事打了电话，就问了他一个问题：“你是不是觉得这样的客户不讲道理？”他说：“是。”当时我就知道出问题了。因为在他心中已经做了界定，这个问题已经并非最初的问题。我没有继续问下去，而是5月3日在机场的时候给叶凯打了电话，说到北京想和他见一面。

CSDN：这算危机公关吗？

王坚：还真不算。在机场给叶凯打电话时，我就是说到时候来看看他，道个歉，没什么别的意思。所以我下了飞机直接到他们公司见了叶凯和他们的 CTO，但他们讲的话让我无地自容。为什么会无地自容？他们说，对我很敬仰，这让我有点儿不好意思。而且他们不要赔偿方案，只是让阿里云重视一下。但是问题实实在在就在那里，就是我们的服务没有做好，连续出了故障。这对我而言是非常好的机会（深入了解一线的信息）。我最应该反省的是，为什么之前根本不知道这些事情，而是后来通过微博才知道。

CSDN：这与当年 TeamCola 投诉服务的事件如出一辙。那时您提出在“流程上提高平台组件的产品化程度，更好地实现自助服务，并明确拆分运维，使开发交付和运营维护形成背对背的关系”。这次，又准备如何来做？

王坚：以前我认为员工在服务方面做得是比较好的。但是这个案例让我知道，还有很多方面需要做得更好。今年最大的一件事就是将工单处理透明化，让客户可以看到工单处理流程，把握进度。现在我就在做这个系统。只有透明化，客户才能更加放心。对媒体，我们也要透明，只有透明才能让人真正看到事情的全方面，了解进展，解决问题。

CSDN：对类似游戏公司这样具有典型意义的行业用户，阿里云是否会自己设计更为优化的方案、产品、服务？这是否与阿里云所倡导的通用平台理念一致？

王坚：是一致的。很多人都误解了这一点。阿里云做的是通用平台，其上会有很多方案，而针对行业的深层服务应该是合作伙伴的空间。我们不会做行业，在一些行业方面也远不如体系内的企业认识深刻。比如叶凯他们，手机游戏和网页游戏他们都做，经验丰富，所以更适合行业服务的角色。我们这次就会在这方面进行实践。而随着他们对大数据的需求的出现，也许这样的合作还将更深入。这也是我一直强调的，从客户身上学习云计算。这并非冠冕堂皇的口号，而是实实在在的心得，它已经成为阿里云血液的一部分。

我最痛苦的有两件事：一是阿里云能够开出工资，如果有一天开不出工资了，那我相信员工会改变得很快，包括我自己，这样服务意识的塑造会非常快；二是客户汹涌而来，想没有客户都做不到。这和一般企业找资金发工资，找客户维持运转完全相反。所以，最具挑战的就是在快速发展中实现服务提升。叶凯这件事教育了我，在公司内部我们会一个个地追加这样的案例。这也是我为什么在每个场合都要强调“客户教给我们很多事情”。

建议

20年与9年，生态系统的构建需要时间。

“今树以前因，报以后果。”(《南齐书》) 翻开云计算的历史，从2004年AWS出现，到现在，仅仅过去了9年的时间。而在建造平台、研发技术之外，打造生态系统已经成为如今云计算服务提出的最响亮的口号。但企业端商业系统的形成并不同于iOS或安卓。在国内的传统信息系统搭建过程中，以企业用户为核心，咨询顾问、SI/ISV、硬件 / 软件供货商、运营商（众多 SP）还有其他特定服务提供者的闭环系统已经存在和发展了 20 多年（以 1994 年会计电算化为标注点）。而现在，开放的（公有）云计算生态系统除了云服务提供商之外，哪一环节都不完整。即使是 AWS，在全力冲进利润最为丰厚的商业企业市场时，它也需要不断补充技术产品、拉入大的行业合作伙伴、提升服务水平并使之更为细致。在这个时间点上，阿里云代表的中国云计算服务提供商所面对的有“危”也有“机”，透明、开放、协作、共赢的云生态系统也许以此为契机，呼之欲出。

经过了这些风雨，彩虹终于出现——2013 年有 4 000 多人到云栖小镇参加大会。开发者大会实际上见证了云计算的发展过程，很幸运我是这个过程的一部分。今天想来，我们为这个行业付出的代价是值得的，我也非常自豪，有幸成为这些事件的当事人，尽管过程是痛苦的。我不禁想起阿里云在 2009 年第一次召开开发者大会时，只来了 400 多人，但这些人是当时中国云计算的先锋。

2014 年，我让阿里云的同事把杜勇的 100 多篇博客印成了一本书，取名为《进步集》，我跟同事讲这就是阿里云的《圣经》。2014 年 10 月，第五次阿里云开发者大会又在云栖小镇召开，大约有 8 000 人参加大会。有记者记录下了我在谈到为什么大家相聚云栖小镇时说的三句话。

We are human beings. 首先我们都是人，不论你从新疆、安康，还是从欧洲、美洲过来，因为有了互联网和云，大家变得一样，不分彼此。

We live on the internet. 我们生活在互联网上，不受生活在杭州、北京、西藏等物理空间的限制，这是我们的共同点。

We love cloud. 更重要的是我们都非常热爱云计算，大家都在云上做事情，比许多专家更明白云计算是什么。

这是大家相聚云栖小镇的原因。我还记得，2014 年我们邀请了 Face++ 公司的 CEO 印奇和时任贵州省经济和信息化委员会常务副主任马宁宇在大会上发言。那时，人工智能远没有今天这样受到热捧，但这也没有影响 Face++ 在今天成为一家在人工智能领域领先的公司。马宁宇在会上分享了“云上贵州”的计划和设想，以及与我们合作的初步结果，那时的贵州还没有贵阳国际大数据产业博览会，但这并没有影响“云上贵州”今天成为贵州的一张名片。在会上，我们可以感觉到贵州下决心在全国率先开放政府数据目录、开放部分数据资源、引导省内外数据上云，感觉到贵州政府部门正在以前所未有的态度和决心拥抱着互联网。这正是云栖小镇助力产业发展的初心。

2015 年，杜勇和博客园入驻云栖小镇，他们是一个十几个人的团队，却运营着一个拥有超过百万名程序员的在线社区。当年 10 月，在浙江省的支持下，阿里云开发者大会正式以云栖大会名义召开，有 22 000 人参加了大会，其中 80% 是“80 后”，最年轻的一个参会者只有16岁。这22 000人大多来自中国的32个省、市、自治区，包括最偏远的西藏和新疆，当然也有来自世界各地的朋友。人们在杭州、深圳和北京等城市的机场都能看到这样一句话："计算，为了无法计算的价值。"

2016年，云栖大会参加者人数超过4万，有近500万人通过互联网观看了直播。从云栖小镇开始，杭州成为一个将中国带上云的城市。我想在不远的将来，杭州也会成为一个用计算改变全世界的城市。

云栖小镇，创新与计算同行

举办马拉松比赛已经成为中国都市的一个新现象，这和当下中国的现象级创业潮的"凑热闹"程度似乎有几分接近。2015年11月，舟山国际马拉松比赛在舟山群岛举行，这是中国第一个以"科技酷跑"为主题的科技马拉松。举办舟山国际马拉松比赛是我的建议，而且我帮助组织了第一次比赛。我上一次去舟山群岛时，发现当地的PM2.5值每天都在10左右，于是惊呼："为什么不在这样的环境中跑步？为什么非要到每天PM2.5值都有500多的地方跑？"在舟山国际马拉松比赛开幕之前，钛媒体的记者对我进行了一次专访。

王坚为"云栖小镇跑进舟山群岛"琢磨了一个16字的标语："云栖小镇，非诚勿扰；舟山群岛，不见不散。"云栖小镇是阿里云和杭州西湖区共同打造的一个以云生态为主导的创业创新小镇，已经聚集了众多互联网创业者。这16个字想要表达的意思其实是，让真正热爱马拉松的人去适宜的地方跑步，让诚心谋求创业的人去合适的环境里释放想象力。

王坚认为，对真正的创客而言，北京慢慢变成了一个“凑热闹”的地方，已经做不到“非诚勿扰”。云计算产业的发展为基于互联网的创业提供了更低的技术成本，也让创业摆脱了地域因素的限制。创客人群会形成新的聚集，这是产业聚集的前奏，也意味着会有一个比北京、上海、广州、深圳更适合创业、创新的经济区慢慢形成。上个月两万人参加云栖大会，到这次带领云栖小镇联盟跑进舟山，王坚就是希望大家能把创业、创新的目光投放到拥挤的“北上广”之外。

中国的车库在哪里

我们老是说北京空气不好，不适合跑马拉松，可是没有人讲去什么地方跑比较好。我想说什么呢？我们一直讲“北上广”的创业环境，其实环境很重要，因为它意味着对人的压力和对人的想象力的影响，它实际上不只是一个空气标准问题，更关乎一个人的视野。有一个人在做出租办公室，他在办公室里给我讲了半天，结果说这个项目的创新点是出租的办公室PM2.5值全部达标。如果我们创新的亮点基于此，那实际上就是没有创新。

在车库里创业跟在北京的写字楼里创业会是同一种感觉

吗？我去看过很多在北京的早期创业公司，它们就是从一个写字楼搬到另外一个写字楼，这些创业者没有“车库创业”的那种归属感。所以我说要在舟山群岛规划出一个地方能够让创客有归属感。

互联网精神主张分散分享，而不是集中，我们大家把物理的东西跟虚拟的东西搞混了，虚拟带来的结果是在哪里和距离都不重要，但物理的存在感依然是重要的。对创业者来说，存在感不见得非要在北京才有。

云计算产业的拐点到来

过去外国媒体描述中国的发展时会说：“中国用掉了全世界 1/3 的钢材、1/2 的水……”再过 10 年甚至 20 年，外国媒体再看中国的发展时，它们可能就会讲中国消耗了全世界多少计算能力，这是中国真正变化的地方。

云时代的产业中心转移

回顾美国的经济中心演变过程，你会发现美国的那些大企业最早都是在宾夕法尼亚州做起来的，后来迁移到东部纽约一带，无线电兴起以后，这些企业就往西部转移了，然后到硅谷真正扎下根。这个西迁的过程是不以人的意志为转移的。

随着云计算的兴起，现在美国云计算的“首都”在西雅图，AWS 和微软两大云计算厂商的总部都在西雅图，谷歌的云计算部门在西雅图，阿里云也在西雅图设置了研发机构。

这个变迁是自然而然形成的，不是政府想打造就打造得起来的，经济中心和创新中心的转移是不以人的意志为转移的。今天的中国创业热发展到最后，一定会出现这么一个地方。

就我们已经创造的基础设施的情况看，创业者如果做互联网生意，完全可以在“北上广”以外的地方，创业企业最难的是找人，地理位置其实不重要。如果有一个地方能够营造环境，人的聚集可以通过两种方式实现：一是在线社区聚集，二是物理上聚集。未来20年，中国会出现一个地方，它的作用与过去30年北京、深圳这些城市是一样的。

在基于互联网创业创新的时代，虽然没有地域限制，产品在哪里诞生的都不要紧，但是物理存在感还是一个很重要的东西，我们需要给创业者一个记忆的归属地。这次云栖小镇联盟也是要借马拉松这次活动，把未来能够为创新贡献更多价值的人跟舟山群岛的心理距离拉近。

后来记者把采访的标题写成：从云栖小镇到舟山马拉松，看中国经济中心的迁移。同期，刘江也用自己的方式记录下了他观察到的东西。

云的国际风云

亚马逊云计算对整个新兴产业的发展来说无疑举足轻重，

而在中国，阿里云的成败也有类似的分量。2013—2014 年，阿里云几乎一直主导着云计算方面的业界话题。

2011 年和 2012 年，我先后两次对话阿里云的负责人王坚博士，并在《凌云》杂志发表了《追寻凌云梦》和《阿里云观察》两篇文章，记录了阿里云和王坚本人不同发展阶段的酸甜苦辣。在后一篇文章的结尾，我这样写道："全球范围内，亚马逊云计算对整个新兴产业的发展来说无疑举足轻重。对中国来说，阿里云的成败也有类似的分量。"

我没有想到的是，此后一年多，国内外的云计算形势很快就发生了较大变化。

最引人注目的故事是，亚马逊在 2013 年 3 月获得美国中情局 6 亿美元的大单，强力攻入企业级市场的核心地带——政府。更富戏剧性的是，IBM 为此不惜把中情局告上法庭，仍然未能挽回局面。

总体格局上，微软和谷歌先后放弃只做 PaaS 的战略，开始在 IaaS 市场发力，引发一系列连锁反应。2012 年 6 月 6 日，微软首次公开自己的 IaaS 服务时，还用混合云的名义来遮掩。而同月谷歌在 I/O 大会上发布 IaaS 平台 GCE 时则高调多了，剑锋毫不客气地直指 AWS。等两家 IaaS 正式上线开放服务，已经到了差不多一年后的 2013 年 4 月和 5 月。总体上，它们比亚马逊晚了 5 年以上。去年 8 月高德纳的数据估计，AWS 的计算容量是后面 14 家竞争对手总和的 5 倍。

但是，两大巨头毕竟实力雄厚（技术实力毋庸置疑，又握有数以百亿美元计的资金），只要公司顶层下了决心（解决了我所说的“一把手工程”问题），无论产品还是市场上都会追得很猛。2014年1月，谷歌负责基础设施的高级副总裁乌尔斯·霍尔泽（Urs Hölzle）给全公司发出了一份令人震惊的备忘录，表示自己的团队将对公司内部包括搜索和Gmail这样的“客户”减少关注，将大部分精力转向公司以外的新客户，大力打造公共云计算。2014年2月，原来负责云业务的萨提亚·纳德拉（Satya Nadella）成为微软新任CEO，他很自然地将云定为公司的两大核心战略之一，Azure（微软基于云计算的操作系统）无论在产品还是市场的推广力度上陡然加大。

巨头竞争最大的利器是在固定资产上大把投钱（每年投入数十亿美元），然后展开刀光剑影的价格战。2014年3月，谷歌首先发起一轮大规模的降价，各项服务降幅达32%~85%，亚马逊第二天马上跟进，微软的降价通知也不过再等了几天，但后两家的降幅比谷歌都要小一些。价格战的直接结果是“神仙打架，百姓遭殃”，RackSpace这样的独立云厂商首先撑不下去了：他们拒绝跟进降价，继而在一片收购和私有化传闻中，股价在几个月内跌去一半，不得不在2015年5月宣布退出纯IaaS市场，主推绑定服务的托管云。即使是亚马逊也开始感到吃力，第二季度的财报发布时，他们的CFO公开承认价格战影响公司的财务表现，股价也应声而落。

到7月，一些国外的分析机构和媒体已经在讨论：如果把

SaaS 加进来，到年底微软的云业务收入会不会超过亚马逊？

形势现在很清楚了，在美国，公共云计算市场已经成为巨头的角斗场所。只有既有资源又有技术实力的公司才能继续生存。亚马逊虽然一开始战略选择正确，选对了从 IaaS 开始，成为长期的领跑者，至今仍然有较大优势，但谷歌和微软一旦发力，这场长途征战，鹿死谁手，就很难预料。三巨头之外，还有哪些公司能拿到所剩无几的船票？苹果、IBM、Facebook、Oracle、英特尔、思科、EMC/威睿……候选人的名单很长，胜出的概率却很小了。

云的中国风云

国内的情况怎么样呢？从某些方面看，与前几年的美国亚马逊一马当先，微软和谷歌还在犹豫，但 AWS 之上的云生态方兴未艾的确非常类似。中国市场上，阿里云的行业领导地位已经基本确立，腾讯云虽然也有比较完整的产品线，但对外似乎并不急于发力，百度云更是战略方向一直都没有定下来，电信运营商和其他较大的 IT 公司也同样心不在焉。

在《阿里云观察》一文中，我曾经说过："阿里云在国内目前没有真正的对手，2013 年将继续享受较长时间的机遇窗口。"事实上，阿里云的确很好地抓住了这个机遇，打了好几个漂亮仗，几乎一直主导着云计算方面的业界话题。

另外，业界也从中得知，2013 年阿里云计算等互联网基础设施收入超过 1 亿美元。虽然量级与美国仍有差距，但这也打破了云计算的泡沫之论。近百万的用户数量，更是令人鼓舞。而对阿里云而言，这一年中最重要的突破和转折点，却是不太为外界注意的“飞天”5K项目的成功。

“飞天”是阿里云的核心系统，它本来的设计目的就是将成千上万台服务器组成一台超级计算机，对外提供通用计算服务。早在2012年年初，王坚就表示，“从战略上来说，他们（阿里云）想做的事情实际上可以解读为‘亚马逊+谷歌’，并有所超越”。将单一集群做到数千乃至更高，技术上是国家和企业竞争力的标志。阿里云必须攻克这道难关。只不过，2009年才起步的“飞天”，一直没有机会冲击这一目标。

2013年，机会来了。一季度做预算时，大家发现，处理阿里集团内部数据的两套系统——基于Hadoop的云梯1和基于“飞天”的ODPS（云梯2）随着单集群规模不断扩大，面临5 000集群规模和跨机房的门槛。如果分别继续投入、重复建设，开发和维护成本很高，浪费巨大，必须舍弃一个。怎么办？

当时技术团队内部的争论非常厉害，甚至当着马云的面也毫不掩饰。Hadoop作为大数据的标志性开源项目，本身更加成熟，在技术人员心目中地位很高，感情很深，而且Hadoop集群的规模本身更大。但是可控性、安全性的问题可能更会在长期成为过不去的坎儿。“飞天”5K项目因此启动，一方面ODPS向5K规模升级，另一方面Hadoop不再发展，处理负荷向ODPS迁移。

“飞天”核心研发团队历经4个月的艰苦努力，对盘古、伏羲等组件进行了深入优化，并开发了自动故障处理模块华佗。到2013年8月15日，这个任务胜利完成，新的基于“飞天”5K的ODPS生产集群规模达到5 000，而且实现了跨机房，并经受了整机房断电的严苛考验。平台计算100TB排序只需30分钟，远超雅虎！阿里成为世界上屈指可数的具备这一能力的公司之一，也是第一个对外提供这种能力的公司。多年来，中国在前沿性的关键技术上少有地站到了世界领奖台上。

从各方面看，“飞天”5K都是阿里云乃至阿里巴巴历史上重要的里程碑。到今天，支付宝的所有数据处理、淘宝的数据仓库、阿里小贷的贷款业务等越来越多的集团关键应用，都已经由ODPS和“飞天”5K支撑。据刘振飞透露，阿里云终于借此在集团内部证明了自己。在此之后，阿里内部关于做不做云计算、到底用Hadoop还是用ODPS，甚至王坚和阿里云靠谱不靠谱的争论都结束了。“飞天”5K项目为此画上了一个休止符。此后，阿里云作为集团的统一技术平台，已经成为上上下下的共识。最近，几千台的HBase集群也在向OTS上迁移。

2013年10月召开的阿里云开发者大会上，在会场附近的绿地上我和其他云栖小镇联盟的成员一起见证了“飞天”5K纪念碑的揭幕仪式，王坚非常动情地张罗着众多还在阿里云或者已经离开的同事们，一起与刻着大家名字的纪念碑合影。我知道，这个纪念碑其实主要是王坚自己与小伙伴们这几年在云计算核心技术自主研发上筚路蓝缕的阶段性总结，他的云计算之路还没有结束。此后，由于有了更多强有力的帮手，他得以从具体业务抽身，更多地将精力转到云计算和大数据战略思考、客户沟通与布道上，在更大的范围内发挥自己的影响。

事实上，王坚一直认为，阿里自己的业务用不用阿里云，对阿里云而言并不是最重要的事情。阿里云要成为全社会的通用计算平台，这个难度无论在技术上还是服务上，都比支撑阿里内部要大得多。只不过阿里云如果做得好，阿里内部也会用，这是一个附带的成果。

这一年来，他与各种类型的客户交流，感触很深。他说，无论是政府、金融行业还是中小企业，它们一旦转到云计算，所能释放出来的创新能力远远超出他的想象，经常令他心潮澎湃。而客户对云计算的态度在很大程度上已经转变，越来越多的人对云计算是乐于接受的。反过来，云平台的挑战也越来越大。这么多客户要用，你的能力够不够，你接不接得住？就拿铁道部网站的问题来说，其实不完全是政府相关部门的问题，更多的是围绕铁道部的那些企业的问题。很多事情解决不好，中国的企业不能老是赖政府，企业自己也有责任。云计算企业要尽快提升自己的能力，否则很多客户会不得不去做一些不正确的事情，比如采用非常传统的技术架构或大规模地自建数据中心。“最怕的事情是，5年后专家们不断呼吁要扶持国产云计算。”王坚说自己经常有时不我待的紧迫感。

在这个时代，“互联网 + 数据”取代了“计算机 + 软件”，云计算是将更多行业乃至全社会数据化的平台和前提，它的价值不只在于平台本身的赢利，更在于作为基础设施将数据的价值释放出来。这个意义要大得多。最近的几次谈话中，王坚列举了非常多让自己感动和惊讶的云计算用户案例。“用户用阿里云在做的事情，才是阿里云的价值所在。”他举例说，美国电力科学研究院的数据表明，一部 iPad 如果每天完全充电一次，一年所耗费的电费只有 1.5 美元，而用户拿它去干的事情则不知道会多么伟大。从很多方面来看，中国的云计算发展有可能超越美国。由于阿里等互联网公司积极向各行业渗透，具有比美国同行更大的影响力，加上本土许多公司的 IT 系统并不成熟，全社会又具有改革惯性，完全有可能直接跨越一个阶段，基于云计算平台构建新的核心 IT 系统。这既是阿里云及其同行的机遇，也是重重的责任。

2014 年 8 月，朋友转了一篇在朋友圈中看到的短文给我。读后我感触很深，我都没有意识到自己做的一些事情让身边发生了这些变化。

生活在杭州，因为久处其中，天堂的美似乎也变得习以为常了。这时候，需要善于细细体验，或者换个角度，比如从空中一定距离内观赏，西子湖宛如一颗明珠镶嵌在绿色的大地上，而且随季节的变化而变幻，看了真让人陶醉遐想。

杭州的美丽、隽永不是一成不变的，信息网络技术的发展，正在孕育催生新的产业和城市生态，那是流淌着的美。

杭州人都知道云栖这个地名，那是离九溪不远的一个风景点，叫云栖竹径。我记得十多年前的秋天，从梅灵隧道旁侧上山，游十里琅珰，一路远眺青山秀水，近观龙井茶园、琼台楼阁、山里人家，仿佛天上人间。从云栖下山，竹径通幽，凉风习习，满心欢悦。如果没有记错的话，弘一法师就是在附近寺院出的家，长亭外，古道边。

可我有所不知的是，近几年，西湖边又有一个“云栖小镇”崭露头角。此云栖非彼云栖，它位于距云栖竹径不出 10 华里（约 5 千米）的转塘，不远处还有中国美院象山校区，附近正在抓紧筹建的还有浙江音乐学院。上周四随同省长实地考察云栖小镇，真叫人出乎意料，更信“纸上得来终觉浅，绝知此事要躬行”的哲理。

云栖小镇，既非地名学上的地理概念，也非行政区域上的镇域概念，而是目前时兴的云计算产业的栖息园区。经过一年一度的阿里云计算开发者大会，僻静的山谷正在悄然演绎一场可能会震惊中外的“绿色革命”。据介绍，这里已经成为一个汇聚行业领袖、技术专家、企业高管、互联网开发者的平台，他们将在这里共同探讨互联网、云计算领域的技术和应用。

从 2010 年开始，每年秋天连续举办的开发者大会，都预设开发者大赛优秀作品点评会、开发者大会以及弹性计算专场、大规模存储专场、云网络专场、大规模计算专场、大数据专场共五大专场，邀请来自互联网、云计算、电信运营商、消费电子、移动终端等领域的业界领袖、技术专家作为嘉宾，汇聚预计 3 000 名开发者重点分享云计算的应用与实践成果，展现阿里云未来的产品布局和业务规划，从而推动中国云计算产业的发展。在去年橘子红了的时候，小镇露天广场汇聚了全世界 5 000 多位互联网高手、云计算怪才和大数据侠客。我想，那一天整个山谷一定沸腾了。我眼前呈现的是电影里井冈山红军在黑夜中举着火把伫立山头的景象，大有星星之火可以燎原的气势。

领衔策划、建设云栖小镇的是阿里巴巴 CTO 王坚博士。他对省长说，当时许多人都怀疑，谁会来这里开会。我说，此会非彼会。参会者不是因会而来，而是为爱创新、想创业而来，这为以后的实际所证明。在 2013 年阿里云开发者大会上，王坚说，阿里云之所以有今天，是众多的阿里云开发者拿命换来的。有过命交情的大家，在这里，期待不只收获满满的知识和技术干货，我们更奉献浓浓的情意让大家相识相知，携手向前。

虽然夜色已近，省长一行听完汇报，还是冒着细雨，到阿里人自主研发的、5 000 台计算机并联运行的“飞天”5K 基地参观。此项目自 2008 年 10 月 18 日奠基开工，2013 年 8 月 15 日竣工，阿里巴巴自此成为中国第一个独立研发并拥有大规模通用计算平台的公司，也是世界上第一个对外提供 5K 云计算服务能力的公司。

在一条清澈的小河旁耸立着一块石碑。碑文大意是：2008年10月24日，一群有理想的平凡兄弟用了1 757个日夜，用生命和热血写成代码，为云计算事业开启了光荣之梦。石碑下面刻着王坚的亲笔签名，四周是众多开发志愿者的名字。王坚一再说，这不仅是梦想和承诺，我们要用行动把它变成现实。是的，梦想、承诺和行动，是一切成果的三大基石。

到国外访问，我最想去的不是纽约、东京、巴黎等大城市，最吸引我的是多瑙河、尼罗河、亚马孙河畔和阿尔卑斯山麓的那些知名或不知名的自然、生态、民俗、人文小镇。听省长说，浙江在“两美”建设中要规划、修复和建设100个特色小镇，甚喜甚欢。

尽管我当时已在这个被我们称为云栖小镇的地方折腾了几年，但这篇短文给了我新的启发，让我觉得云栖小镇是一个不一样的地方，云栖小镇是一次尝试，试图抓住互联网转变的历史性机会。如果我们能更早地在中国把计算变成一种公共服务，我们就会在互联网经济时代把握一次巨大的机遇，这是小镇和硅谷不同的历史机遇。

2017年8月，杭州的云栖小镇和无锡的雪浪小镇结为姊妹小镇。云栖小镇与雪浪小镇相距不足两小时车程，却分别是云栖大会、世界互联网大会和世界物联网博览会的永久会址。如此密集分布的小镇，让人看到这一区域计算经济的崛起近在眼前。从爱迪生的门洛公园到硅谷，再到小镇，这代表着不同时代的不同创新。

在一次在中国工程院的研讨会上，有人问我在互联网、云计算和大数据之后，新的技术发展是什么？我的回答是：至少 50 年以内，我们都还是围绕着互联网做事。很多时候我们面临的问题不是一哄而上，而是一哄而下——很多事情没搞清楚就放弃了，失去了许多发展机会。

创新与计算同行，我们还有很长的路要走。

8

互联网、数据和计算的聚变

数据本没有价值，就像你留在地上的脚印，直到你有计算能力去处理

才会产生价值。计算，如同其他基础设施一样，能够把沉寂的数据

“沙子”变成经济、产业、财富的“金矿”。

互联网成了基础设施，也是创新平台

互联网是目前国家社会经济发展的基础设施，它大大扩展了传统的时空界限。

为什么称互联网为基础设施？就是因为它跟公路、铁路一样。但作为基础设施的互联网彻底打破了时空界限，这又超越了公路、铁路。一个国家如果没有基础设施，就没有 GDP。

互联网是什么？今天大家对此的认识非常不一样，以前大家的关注点是互联网，而现在的关注点是移动互联网和产业互联网。我在 2011 年最困惑的时候说过一句话：移动互联网不是互联网。后来我发现自己错了，其实移动互联网还是互联网。无论是移动互联网还是产业互联网，包括大家讲的物联网，都是互联网的一部分，它们的基础都是互联网。今天的互联网与 20 多年前的互联网已大不一样了，如今的互联网变成国家和社会发展的基础设施。从基础设施的角度理解互联网是很重要的。

20 多年前，互联网还没有成为基础设施。我的第一个电子信箱账号开在中科院高能所，为此还特意找了朋友帮忙。为了接收邮件，那时先要交六七千元给当时的中国电信，装一部电话，然后专门开通长途功能，用长途电话拨号到北京，这样才能接收电子邮件。大家可以设想接收一封电子邮件要花这么多钱吗？这么不方便而且昂贵的互联网肯定不是基础设施，但今天已经不是这样了，我们可以从规模、成本和便利性三个角度来看今天的互联网。

大规模的使用是看待基础设施的第一个角度。北京的第一条高速公路是八达岭高速公路。当时，八达岭高速公路是北京标准最高的一条路，我经常说八达岭高速公路在刚开始时并不能算得上基础设施，不管这条路修得多高、多宽，车在上面能跑多快，它都只是一条便道，因为它只能解决从北京到八达岭的问题。1972 年美国总统尼克松访华，想去参观八达岭长城，结果前一天下了一场雪，后来动用了几十万人去扫雪，从钓鱼台一路扫到八达岭，才圆了尼克松去长城的心愿。今天的八达岭高速公路是京藏高速公路的一部分，也终于成了国家基础设施的一部分。今天从上海市区到浦东机场的磁浮列车也是“便道”而已，无缘成为国家的基础设施，而高铁早已成为中国的新基础设施。基础设施和用什么技术无直接关系，但和使用规模直接相关。

随着物质条件的改善，人们逐渐意识到，修建高速公路是多么重要的事情，没有高速公路，我们就无法远行，我们已经很难想象没有这些基础设施的生活。基础设施的意义就是，必须达到一定的规模，才能发挥出最大的作用。云计算也是这样，必然要走规模化的路线，封闭在一个小圈子里是没有意义的。

成本是我们看待基础设施的第二个角度。电力是我们当今社会的一个重要基础设施，大家设想一下，如果不是出于环保的原因，大家不会特别在意装几盏电灯，因为电的成本已经不是问题，大家更关心照明的舒适度。但在 30 年前，几乎每个中国家庭都会为了电灯的数量以及每个灯泡的瓦数纠结不已，因为那时电费是一个家庭不可忽视的支出。所以，今天大家说要降低网络费用，其实更多的是想让互联网成为基础设施。

电报曾经也是一种重要的通信工具，从成本的角度看，用电报发一个字是很贵的。电视和收音机出现之后，单字的传播成本大大下降了。第一封电子邮件和第一条短信出现时，单位信息的传播成本依然还在。在 19 世纪和 20 世纪之交的电报网络时代，每条跨大西洋的信息（包含 10 个字）要 100 美元，移动通信时代每条短信收费一角钱，而今天已没有人能准确回答每条短信的价格。到了今天的在线社会，你不会想着一个字的输出成本是多少，因为成本大大降低了。

便利性或渗透率，是我们看待基础设施的第三个角度。还是以电为例，装修时，电源插座一定要在设计的考虑之中，大家从不担心会在房间里找不到电源插座，也就是说电的便利性非常之重要。到今天，大家设想一下，是在周围找到一个电源插座容易，还是连上互联网容易？因为有了手机，你可能找不到电源插座，但能连上互联网。于是就有了各种公共场所的手机充电站，移动电源变成了人们的必需品。大家可能没有意识到的事情是，互联网作为一种基础设施，它的便利性远远超出世界历史上任何基础设施，它成为所有人都离不开的基础设施。这意味着什么？对互联网公司来说，这是一个新挑战，是下一个征途的开始；对传统公司来说，这实际上也是一个机会，这使得它们与过去的互联网公司又站在了同一起跑线上。这条起跑线可以让大家发现，一个人的影响力是可以跟一家有一万人的公司的影响力相比的。所以，大家不要怀疑一个人创业会不会有机会。从另一个角度讲，因为有了这条新的起跑线，一家一万人的公司的灵活性可以与一个人的公司竞争。

当有了一个新的基础设施时，你可以先不考虑它能起到什么作用，而要想你能利用它干什么？你往村里修一条路，本意可能是方便村里的年轻人上学，但是一定会有人利用它“投机倒把”。所以我不会考虑功能，但是我认为它会改变很多东西。这就是基础设施的力量。我们也不需要纠结有没有互联网思维，一个正常的人只要开了汽车，就不会有自行车思维；开始用电，自然而然就有交电费的思维。基础设施就是这么简单的事情，这样大家才会真正愿意把它变成一个基础设施来用，不然大家不会用的。我们至少没有听说过，要先有高速公路，卡车司机才能开好车的思维，司机只要遵守交通规则就行。互联网、移动互联网、物联网，这些称呼的变化其实反映的是基础设施的变化。现在大家讲的互联网是传统的互联网，把全世界的个人计算机连在一起就出现了互联网。当互联网这个基础设施把全世界的手机都连在一起时，便出现了移动互联网。现在大家说的物联网，实际上就是设想未来世界里你能想到的东西都会被连到互联网上，我更愿意把这种现象称作“万物互联网”，互联网成了万物的基础设施。

互联网成为基础设施之后，所有其他跟互联网看起来没有关系的产业、公司，都会变得跟互联网有关系，好比今天没有一个人能说自己跟高铁、公路没关系。100 多年前，铁路在美国成为基础设施，为美国带来了翻天覆地的变化。今天互联网作为基础设施，对中国未来发展的推动绝对不会亚于当年铁路给美国带来的变化。

互联网成为基础设施后，我们有了一条残忍的分界线，所有互联网公司都变成了传统的互联网公司，一个新的创新周期开始了。

数据成了生产资料，也是自然资源

数据是本来就存在的，不是因为互联网出现才有的，但有了互联网之后，数据的沉淀和利用变得更容易、更自然、成本更低，这让我们的产业有了一次历史性的发展机遇。今天只要修好了路，当你走过时就会留下脚印，我如果有能力把你走过的每个脚印都计算一遍，就知道你去了哪个餐馆，进了哪个商店，当然也可以猜出你收入多少，也大概知道你是什么人。可是为什么以前留下的脚印没有被分析和处理呢？因为成本太高，所以只有警察破案时，才会去量脚印，分析高矮胖瘦。

从这里可以看出，数据不是搜集起来的，而是沉淀下来的，跟脚印一样，脚印不是修路的人搜集起来的，只要有了路就一定有脚印，不可能说修一条路不留下脚印，世界上没有这样的路。

数据并不是互联网时代的产物，它早已存在于社会生活的方方面面。为什么“大数据”这个词会成为这个时代的热词？因为互联网这个基础设施的特殊性——让数据沉淀的速度大大加快。这与互联网技术的特点有关，从最基础的 TCP/IP 和路由，再到 http 协议和超文本链接，都是数据天然沉淀的基础。只要在这个基础设施上走过，就会留下脚印。所以今天的数据变成了真正的生产资料，而且是人类第一次没有依赖大自然、单纯依靠自身行为获得的生产资料。那么，作为一种新的生产数据，数据会给产业发展带来哪些影响？

未来互联网上的东西都会自然而然地沉淀下来，随着沉淀的成本越来越低，我们就有机会对沉淀数据进行分析。我根据你的脚印知道你穿的鞋的款式，知道你这双鞋多少钱，知道你的收入，这与互联网是一样的，只不过分析脚印太辛苦了，所以没有人去做。但有了万物互联网以后，一切都发生了变化，你走路的数据真的开始被记录下来，而且数据的沉淀也变得比较容易。这再一次说明数据不是搜集起来的，而是沉淀下来的。

2014 年的 MH370 失踪事件，从互联网和数据的角度看是很有象征意义的。2014 年 3 月 8 日，航班号为 MH370 的波音 777-200 飞机，在从吉隆坡飞往北京的途中与胡志明管制区的管制中心失去通信联络，同时从雷达屏幕上消失。因为 MH370 这个事件，全世界的飞机乘客第一次那么清楚地知道，飞机发动机运行的数据可以不通过飞机的整机厂家以及这架飞机的拥有者，被传送回飞机发动机公司的所在地。《新科学家》（*New Scientist*）后来报道波音 777 飞机的 Trent 800 发动机的制造商罗尔斯 · 罗伊斯公司在其设在英国德比的全球引擎健康管理中心收到了两组来自 MH370 的数据报告。这样的数据传输，在没有互联网作为基础设施的时候是不可想象的。

如今，飞机引擎的制造也变成了数据之战。波音 787 飞机上的最新 GEnx 发动机每秒产生 5 000 个数据点，每次飞行会产生 0.5TB 的数据。罗尔斯 · 罗伊斯公司的 Trent 发动机，从过去的几十个传感器，几百个信号，每次飞行产生数兆的数据，发展到最新的 Trent XWB 发动机上数百个传感器，数千路信号，每次飞行产生数 GB 的数据。另一家发动机制造商普拉特 · 惠特尼公司更是发生了巨变，其生产的发动机成为 A320NEO 和 B737MAX 的撒手锏。PW1000G 系列发动机有超过 5 000 个传感器。每台发动机每秒最多可以产生 10GB 的数据，但目前只能低速搜集。即便只对一台发动机产生的一部分数据进行处理利用，过去大约需要 10 个人，而现在只要一个人就够了。所以说，当下飞机发动机研发面临的挑战，可能是材料、工艺和设计，但是再过二三十年你就会发现，哪怕这些都不成问题，也未必能生产出一台合格的发动机。为什么？因为你没有这二三十年飞机发动机运营的数据。到那时，不只材料、设计和制造工艺是核心竞争力。MH370 告诉大家的事情是，互联网成了名副其实的基础设施，数据成为产品非常重要的组成部分，成为新的生产资料。

MH370 的搜寻过程表明，当传统的信息没有办法确定飞机的位置时，只有数据才能告诉大家飞机在哪里。在只有数据的情况下，我们能否相信它？今天那么多的信息搜集方式，比如雷达、导航站、通信联系，都不知道飞机在哪里，但是数据能够告诉你飞机哪去了，这是推算出来的，靠的是飞机跟卫星的握手信号，就是我们网络里的 ping（网络诊断工具）信号。它本来不是为了定位而设计的。这个数据第一次用于定位是在 MH370 失事之前两三年，有一架从南美洲飞往巴黎的飞机掉到海里了，人们过了很长时间才用 ping 信号找到。从那以后，人们才决定用它定位，并加了时间戳，如果不加时间戳，MH370 的位置也不好确定。这都是远远超出人的经验范围的。所以我觉得，这是一个很典型的例子，当传统的信息不知道世界是什么样子时，数据会告诉你它是什么样子，剩下的就是你敢不敢相信了。

数据不是搜集起来的，数据是沉淀下来的。搜集起来的是信息，沉淀下来的才叫数据。这是数据作为生产资料的重要特征，就像石油一样是慢慢沉淀下来的，我们只不过是把石油从地下开采出来而已，我们并没有选择去采集石油，它只不过是自然产生的资源，是地球几十亿年活动留下的财富。而数据是人类自身活动留下的财富，这是人类历史上第一次大规模地通过自身活动产生自然资源。

数据是重要的战略资源，也是产品非常重要的组成部分。淘宝对中国社会最大的贡献，不只是方便了老百姓购物，而是把中国消费者的消费习惯数据慢慢沉淀下来。

数据作为生产资料需要立法保障。在改革开放的过程中，土地所有权和使用权的确定，对经济发展起到了关键性的作用。所以，“数据是谁的”这个问题很基本，也很重要，搞不清楚数据所有权，会影响信息经济的长远发展。就像中国改革开放以前，作为生产资料的土地也面临同样的挑战，所以才有了“包产到户”。今天在数据面前，我们面临的问题与改革开放前的包产到户一样，既简单又复杂，而且决定了生产力的解放。数据就像石油和煤炭一样，我们确实开采出了石油和煤炭，但是实际上它们都是经过几十亿年沉淀下来的太阳的能量。互联网的出现让数据真正变成自然资源，因为数据沉淀变得极其容易了。盲目搜集到的不是自然沉淀的数据，只有自然沉淀的数据才是真正意义上的自然资源。

计算成了公共服务，也是能源动力

计算是新的公共服务，成为国家和企业的核心竞争力。计算让数据变得可被利用，让数据在使用和流动过程中产生价值，而使用和流通过程是要消耗掉大量计算能力的。数据不是天然就有价值的，就像路上的一串脚印，在没有被数字化、被计算之前，它无法产生价值。但你在网络上的“脚印”，被计算后就变得有价值了。为什么今天我们可以那么好地服务消费者，就是因为后台有你们看不见的计算。如今，互联网上的数据量那么大，计算不可能在几台机器上完成，一定要在数据中心里成千上万台的计算机上完成，这时计算就变成了公共服务。这样的公共服务就是云计算。巨大的计算能力自然成为企业的核心竞争力。

从产业角度讲，我们要把计算变成一种新的公共服务，就像电一样。美国是人类历史上第一个把电变成公共服务的国家，所以它在工业领域占据非常大的优势。因此，如果能把计算变成一种公共服务，中国就有可能迎来一次跨越性的发展。我们的历史使命，就是在全世界最早地把计算变成公共服务，作为一种核心竞争力推动下一轮经济的发展。云计算作为公共服务，将支撑下一波信息经济的发展。计算对于信息经济的重要性，就像电对于传统经济的重要性一样。随着互联网基础设施的发展，计算之所以成为公共服务有两个最直接的推动力：一是人类对计算的需求大大增加了，数据的出现更是让社会对计算的需求达到一个前所未有的高度；二是人们需要随时随地获取计算能力，而互联网的发展对获得计算能力的公平性提出了挑战。

其实在计算机出现以前，大家对计算就有需求，从这个意义上讲，一张纸和一支笔，就可以让人们进行计算。今天，哪怕只在纸上写下 2+2=4，也是计算，只不过计算过程是在一张纸上完成的。计算这个需求是一直存在的，但最终使计算走向繁荣的是晶体管。

晶体管是计算装置最基本的单元，人类对计算的需求，可以简单地换算成晶体管的数量，著名的摩尔定律也是根据晶体管数量推算得出的。1971 年，英特尔的 4004CPU 只有 2 300 个晶体管，而生产于 1979 年的第一台个人电脑，其 8086CPU 有 29 000 个晶体管，大约增加了 10 倍。

到了 2016 年，英特尔的 CPU 拥有超过 70 亿个晶体管。早在 2007 年 6 月，华盛顿大学的埃德·拉佐斯卡（Ed Lazowska）就在一次讲座中提到了一个令人吃惊的数字，如果一个晶体管对应一粒米，那么在 2004 年，全球晶体管的生产数量和米的产量是一样的。人类对晶体管的需求就像我们对米的需求一样普通，只是大家没有感受到而已。

iPhone 6 的处理器拥有超过 16 亿个晶体管，这是什么概念？阿波罗飞船的导航计算机只有 12 300 个晶体管，iPhone 6 中的晶体管数量是它的 13 万倍。如果把这一数字换算成计算机的性能更是吓人，大约是 1.2 亿倍，换句话说，一部 iPhone 6 的计算能力足够为 1.2 亿艘阿波罗飞船进行导航。1997 年 5 月 11 日，IBM 的“深蓝”计算机击败国际象棋世界冠军卡斯帕罗夫，这是计算机第一次战胜人类的象棋冠军。“深蓝”是一台超级计算机，当年它在世界超级计算机中排名第279位，尽管如此，“深蓝”的计算能力在今天仍不及大家手中的iPhone。当我们在手机上搜索、回邮件、玩网游和上网购物时，通过互联网云为你提供的计算能力，比你手机的计算能力还要多百倍、千倍。这就是为什么在互联网时代你不可能去买计算机从而得到你所需的计算能力。重要的计算需求只有通过公共服务的方式才能得到满足。

“深蓝”的重量超过一吨，任何一个普通家庭都不可能负担得起，小公司也负担不起。即便你有同样的程序设计技能和思想，你也无法实现这样的想法，计算能力集中在少数人手里。那时云计算还没有流行，类似这样的比赛注定会成为大公司的游戏，这就是计算能力获取的不公平性，至少它没有纸和笔的时代那样公平。计算作为公共服务的意义就是要改变这种不公平。

2016年3月，AlphaGo（一款围棋人工智能程序）对战韩国九段高手李世石，以4∶1的成绩获胜，一时成为新闻，也燃起了大家对人工智能的热情。围棋的魅力就在于那19×19的方格加上黑白的棋子，会产生3^{361}种不同的可能性——天文数字。

早在2016年1月，《自然》杂志就以封面文章的形式介绍了由一家英国人工智能公司DeepMind开发的AlphaGo系统，详细介绍了设计原理和使用的机器学习方法。当时AlphaGo以5∶0的成绩赢了欧洲围棋冠军、专业二段选手樊麾。其实那场比赛在2015年10月就结束了，只是没有宣布而已。

与人类棋手不同，AlphaGo只用了不到半年时间，就完成了从专业二段到九段的转身，关键就在于它的学习能力。根据《经济学人》的报道，与李世石比赛的AlphaGo系统共享了1 900个CPU和280个GPU（图形处理器），文中并没有说明它们的性能，有人推断AlphaGo的计算性能大概是“深蓝”的2.5万~3万倍。在系统上线前，AlphaGo还要利用巨大的计算能力完成它的初步学习。AlphaGo的训练是从学习16万局专业选手的棋谱开始的，共有3 000万手棋，一共花了三周时间。然后进行强化学习：AlphaGo系统自己和自己对垒了130万盘棋，这在一个有着50个GPU的系统中要花大约一天时间。AlphaGo还要分析15亿不同的落子，从中学习如何下棋，这又需要50个GPU花上一周时间。这还只是整个系统学习的一部分。

2016年的AlphaGo与1997年的“深蓝”的不同之处不只存在于计算能力方面。1997年时，除了IBM，普通程序员是无法获得巨大计算能力的。而如今，如果你有思想和程序设计能力，你可以购买阿里云的计算服务，获得与AlphaGo相同的计算能力，高出“深蓝”几万倍。这是计算作为公共服务带来的好处，它让创新变得更平等。

计算之所以能够渗透人们的生活，除了人类对计算的需求外，还有一个重要的原因——计算的单位成本不断下降，以前要花100万元做的计算如今可能花一元钱就可以做了。与此同时，计算能力也在不断提高，量子计算机的出现将使计算能力实现成千上万倍的提升，一台量子计算机的计算能力可以是一台“天河二号”计算机的100万~200万倍。

因为有了计算的能力，我们的创造力以及我们可以想象的空间不再受约束。有了作为的公共服务的计算能力，无论大公司还是个人，无论买得起或买不起计算机，计算都将不再是瓶颈。所以我想，从这个角度讲，当计算变成一种公共服务时，所有人的创造力都会被激发出来。创造力是人类最稀缺的资源，同时也是人类取之不尽、用之不竭的资源。

聚变产生的计算经济

从发展的角度讲，当互联网变成基础设施，它就与传统互联网区分开来了。当数据成为一种新的生产资料时，我们面前就出现了一块新大陆，这块新大陆使彻底的分享成为可能。这让我们对数据这种生产资料有了更大的想象空间。数据如何产生经济价值？答案是通过计算，所以我更愿意把这种新经济形态称为计算经济。

计算经济三要素的关系

作为基础设施的互联网，成为新生产资料的数据，以及变成公共服务的计算，这三要素结合裂变的结果就是计算经济的出现，它就是在线时代的经济。计算经济三要素之间的相互关系如图 8-1 所示。

计算经济不是互联网公司的经济，但计算经济的基础设施是基于互联网的。过去大家一讲互联网，就会觉得这只是互联网公司的事情，好像跟我们没有关系。实体经济对应的不是虚拟经济，称其为数字经济比较合适。美国如果仅仅把互联网当成一种虚拟经济来看，不可能获得这样的国家竞争力。把互联网简单地视作虚拟经

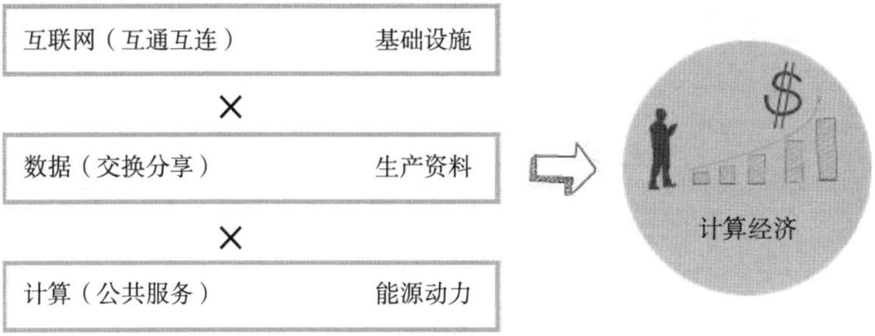

图 8–1　在线时代的计算经济示意图

济，国家是不会有实力的。美国如果没有互联网，连阿富汗的仗都打不下去，它对作为基础设施的互联网已经依赖到这个程度，只是大家现在没有意识到。

在计算经济的各种基本要素中，在线是基础，不在线的东西不具有经济价值。计算经济时代的到来，将使人们的想象力和创造空间不受限制。

数据本身并没有价值，它要通过计算和交换才能产生价值，在这里，交换的是数据的价值，而不是数据的所有权。但数据的所有权是一个亟须解决的问题。数据在为我们带来价值的同时也带来了挑战——所有权问题。这是我们今天面临的问题，就像中国改革开放以前，作为生产资料的土地也面临同样的挑战，所以才有包产到户这样的改革。如果我们不把数据所有权搞清楚，这会对将来的社会经济发展产生很大的影响。后来我在互联网上看到一位读者把他自己对在线和计算经济的理解手绘成了一张图（如图 8–2），视角很特别，我把这张图放在这里，帮助大家进一步思考。

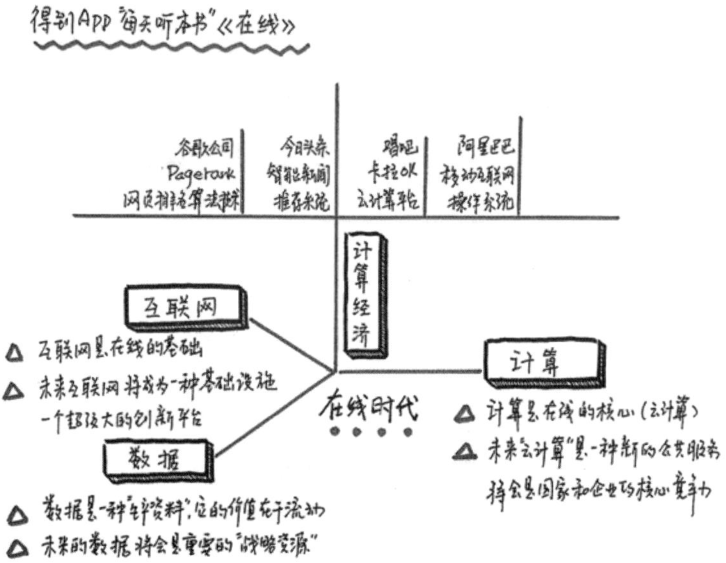

图 8–2　读者摩西理解的在线时代与计算经济的示意图

2016 年 4 月 14 日，在法国的斯特拉斯堡，欧洲议会正式通过了《一般数据保护条例》，它取代了 1995 年通过的《欧洲数据保护指令》。新的《一般数据保护条例》有几个非常重要的变化。在以前的法律中，立法管辖权通常是按照国家或地域进行划分的。但新的《一般数据保护条例》同样适用于向欧盟居民提供产品或者服务的企业，与这些企业所在的国家或地区无关，即按照数据的分布认定法律管辖范围。这符合互联网上的数据也在流动这一大特点，因此法律管辖范围也可以随着数据的流动而变化。

此外，“被遗忘权”被明确地写进这部法律。它明确了数据所有者删除个人数据的权利。用户如果不希望自己的数据由互联网企业使用，可以撤回数据的使用权，相关的数据就必须完全删除。这里强调的是个人对数据的权利。此举的目的就是为欧洲数据的未来发展奠定基础，繁荣欧盟的数据经济。

我们可以看到，不仅在中国，在全世界范围内，关于数据这件事，大家都处于类似中国 30 年前改革开放初期的那个状态。今天许多大公司做的还不如当时中国的小岗村。小岗村的农民干了什么？他们将土地所有权和经营权分开了：土地是集体的，经营权是农民的，生产出来的东西归农民。而《一般数据保护条例》并没有明确数据的所有权和经营权。

在石油经济中，原油值钱，但这不是价值最大的地方，只有把石油提炼出来才能产生最大的价值。在很长一段时间里，人类没有发挥出石油的最大价值。如果原油是最后的价值所在，那么沙特阿拉伯会是比美国还要强大的国家。人们可以控制石油的产量，但人们控制不了石油的价值。土地可以卖钱，但土地最大的价值是在上面进行的拓荒和开发，人的价值就是在同样的土地上创造出更大的价值。

算法是计算经济的核心价值

算法在计算经济中起着这样的作用——算法是计算经济的灵魂。网页排名（PageRank）是最著名的算法之一。1998 年，谷歌创始人拉里 · 佩奇和谢尔盖 · 布林发表了论文《网页排名引用排行：让网络变得有序》（The PageRank Citation Ranking: Bringing Order to the Web）。网页排名算法是谷歌早期的搜索系统使用的链接分析算法，奠定了谷歌的商业地位，使公司获得了空前的成功，对其现在几千亿美元的市值起到了关键作用。随着公司的成功，该算法也成为学术界十分关注的算法计算模型。

网页排名的基本想法很简单，它分析超文本链接之间的关系：一个网页的重要性会随着被其他网页链接的数量增加而增加，也就是说网页排名会靠前；当一个排名靠前的网页链接其他网页时，那个被链接网页的排名也会变得靠前。超文本链接的思想在1945年就出现了，但用超文本链接评估网页的权重，却是谷歌搜索的优美之处，也是当时谷歌击败其他搜索公司的秘诀，它成为这家公司的核心价值。

如果说网页排名算法影响了互联网的过去，那么区块链算法可能会影响我们的未来。

大部分人认识区块链可能是从比特币开始的，它是比特币最核心的技术。但与网页排名不一样的是，这项重要的技术至今连发明人都是一个谜。2008年11月1日，一个自称中本聪的人贴出了一篇他对一种新型电子货币进行的设想的文章，声称区块链不受第三方机构的制约，简单来说，“区块链就是一个公开账簿，它存有所有交易的记录，它不是由某一个实体独家控制的，是对所有人开放的”。

2009年以来，比特币市场起起伏伏，未来如何也不得而知，其真正的创始人依然是一个谜，但区块链本身变得越来越重要。有人认为区块链已变成像TCP/IP那样既基础又重要的技术，大家都知道没有TCP/IP就没有现在的互联网，我们可以想象一个没有区块链的互联网未来吗？如果区块链成为未来计算经济的基础，那么监管是必要的。微软的 Azure 也开始提供区块链即服务（Blockchain as a Service），号称是加密验证、分享和分布式分类账簿，这可能是微软错过搜索以后的一次真正的机会。

未来，我们的整个体系可能都要基于这些变革重新设计，比如管理进出口的方式，将从管理计算机的进出口，演变为管理计算的进出口。这实际上已经发生了，今天，美国的企业正在利用阿里的云计算，而中国的企业正在利用亚马逊的云计算，计算已经成为和高铁一样的进出口产品，创造“看不见的价值”。

在计算经济下，公司的形态也会发生变化。在这种大环境下，如何判断创业公司的价值？过去我们判断一家公司的前景，主要看三件事情：一是用不用计算机，二是会不会设计软件，三是提供了怎样的服务。今天，互联网就是一台很大的计算机。所以，如今你首先要看这家公司是不是跟数据相关，其次看这家公司消耗了多少计算能力。

互联网对于中国经济的长期意义被低估了。欧洲悲剧的地方在于，基本上所有的互联网服务都是由美国提供的，已经没有翻身的机会。在将来的计算经济下，哪家企业为全世界提供的服务多，就能占领资源。美国的互联网人口占了全世界互联网人口的 20% 左右，但美国的互联网公司提供了全世界 80% 的互联网服务，这种竞争力已经与公司的市值大小无关。这是大家不应该忽略的一个事实。

无论是欧洲所说的工业 4.0 和数字经济，还是美国所说的分享经济以及产业互联网，它们相互结合的终极结果就是以互联网、数据和计算为基础的计算经济。

9

从摩尔定律到在线定律

在线让我们看到了完整的世界，也让我们遇上了全新的挑战。

人类不会恐惧挑战，这源自人类的自信。

火、新大陆和电

人类很容易把对自然的探索，变成对自然的索取。我们应该转变态度，从过去对自然的索取，变成对自然的贡献，在线为我们提供了一种途径。

以前，人类的许多智力都用在索取自然资源上，而如今我们应该主动回馈自然，计算经济的出现使之成为可能。数据既无法替代石油，也不是石油的补充，而是超越了石油，成为一种新的资源。

在线世界是一个没有被开垦的世界，我们可以做的事情还有很多，而唯一的限制就是我们的想象力，而不是其他东西。

今天，互联网、数据和计算这三者对人类社会的影响在大多时候都被低估了，它在接下来的 10 年、20 年，甚至 100 年中都会对我们产生持续的影响。这种影响的深远再强调也不为过，甚至会远远超出我们今天所从事的工作。将来有一天人们没有饭吃或没有房子住，都可能跟计算有关，生活中的每一件事都会与互联网有关。所以大家认真想一下，在人类发展历史上，如果还有什么东西可以与互联网、数据、计算相比，那便是火、新大陆和电。

互联网的价值像火

十几年以前我在跟一些朋友聊天时，大家问我互联网是什么，它对人类有何价值？我想了想，然后对大家说，如果从人类发展历史的角度来看互联网对人类的价值，我觉得以我自己有限的知识，只有一个东西可以与互联网相比，那就是火。今天大家对火已经习以为常，火让我们吃到了熟肉，帮我们驱散了黑暗，火对人类的影响非常大。偶尔的一次火山爆发，偶尔的雷电劈中树木，偶尔的可燃物质的燃烧，让人类在偶然间知道了火的作用。烤熟的肉比生肉更好吃，火把可以用来驱赶洞穴暗处的野兽，就这样，人们走过了茹毛饮血的时代。

火，帮助人类征服未知的世界，改变人类的大脑认知。人类社会最初的变革节点，都与火密切相关。火的使用历史，如果从北京周口店的猿人开始算起，至今有 50 万年；若从非洲的古猿开始算起，就有 142 万年。人类通过摩擦燧石学会了人工取火，之后不断加深对火的认识，最终把火这一伟大的事物控制在了手中。火可以用来狩猎，火可以加工武器，火可以驱寒，火可以带来光明，火可以烧制器皿，火可以开垦农业，火可以冶炼金属。

数据是新大陆

如果只把数据用于改进今天的工作，那它就不叫大数据。我们认识到数据的重要性，就相当于当年哥伦布发现美洲新大陆，突然发现世界上还有一个人类未知的地方。

数据在线后，我们就像在哥伦布时代发现了美洲新大陆一样，需要做一次新世界的移民。

新大陆肯定有不好的地方，有野兽，有野人，有各种危险，连房子都没有建好……但新大陆被发现后，还是出现了大批移民，他们勇气很足，他们觉得新大陆代表着未来，人与人之间机会平等，因此干劲十足。

图 9–1 在线时代的数据新大陆

美国的新移民拓荒者的创新显而易见——铺铁路、炼钢、筑桥，发明现代无线电、汽车、喷气式飞机，移民的热情与天赋使他们无所不能。而他们带来的不仅仅是新物品，由于移民刚刚摆脱传统国度的过度束缚，所以他们倾向于凡事都要问个究竟。就大多数移民来说，他们没有任何专利发明，没有任何巨额财富或者特殊关系，他们在踏上新世界的土地时，命运都是未卜的。神奇的是，他们在自然竞争的刺激中找到一条道路，这背后隐藏着他们对新世界的强烈向往。

在《他们创造了美国》[①]（*They Made America*）一书的序言中，

① 《他们创造了美国》一书简体中文版由中信出版集团于 2013 年出版。——编者注

哈罗德·埃文斯（Harold Evans）写道：“卡内基基金会大名鼎鼎的总裁凯瑞尔·P. 哈斯金斯（Caryl P. Haskins）想起 1965 年提交给总统的一份报告中提及：‘直到 1929 年，人们仍普遍认为银河系就是宇宙的全部，而我们都了解到我们所在的星系实际上只是数百万甚至数十亿这样的星系中的一个，了解到宇宙在膨胀是最近 10 年的事情。1920 年，甚至到了 1950 年，我们都对此知之甚少。’从这点上说，我们与那些在 1607 年第一次踏上詹姆斯敦海滩的男男女女身处同样的境地。”

百年以后，移民们建立了美利坚合众国，如今它比英国要强大得多。我们探索在线社会的节奏，与第一批移民踏足美洲大陆是一样的。

毕竟是全新的大陆，这让人兴奋而无措。在线也是一样，它并不是去摧毁一个旧东西，而是建立一个新东西，等待创新移民慢慢到来。从人的角度来说，在线的出现让我们多了一种选择。离线与在线的界限越来越模糊。在这个过程中，我们愿意也必须摸索前进。

当电作为公共服务出现时，美洲被彻底地改变了。

计算像电力

为什么电在欧洲发明，而作为产业的兴起却在美国？其中一个很重要的环节，就是美国首次把电变成了公共服务。过去用电，必须去买一台发电机，甚至要盖一座发电厂。20 世纪初，在美国建工厂，一定会配套建设发电厂。工厂倒闭时，发电厂也就没用了，对大部分工厂来说，发电厂花费最多。爱迪生最大的贡献是在纽约首次把电变成基础设施，搭建电网。

作为公共服务的电力也因此成为美洲发展的动力。互联网出现之后，计算的价值被重新发现。计算不是今天才有的，也不是因为计算机的出现才有的。当人类用一根绳子打结计数时，用一张纸和一支笔算数时，计算就已经存在了。相对于一根绳子和今天大家不再使用的算盘，我们的计算工具已经变成了不起的计算机了。可是大家只看到了设备的进步，却没有想到会出现如此强大的计算能力，而且对人类有这么大的帮助。

其实我们已经走过了最关注成本的时期，这并不是说成本不重要，而是说成本问题已经被技术解决得差不多了。这时我们才会真正关注计算带来的价值。

在线让我们看到了完整的世界

我们对世界的认识永远在矛盾中进步，在物理学世界中我们观察到光的粒子性与波动性，无数天才的物理学家为此奋斗了几百年。1655 年，意大利博洛尼亚大学数学教授格里马第通过观察，猜想光是与水波一样的流。1672 年，牛顿根据光的色散实验认为光是不同颜色的微粒混合。1921 年，爱因斯坦由于提出“光的波粒二象性”而获得了诺贝尔物理学奖。人们发现了光的两面：既表现出粒子性，又表现出波动性。

身心这个词语也具有双重含义，身体是一面，心是另外一面，这是人的不可分割的重要组成部分，没有心智的身体是不存在的。

在线让我们发现了完整的世界，当你理解了在线，你就会发现，除了原来我们所知的离线世界知识，还有更多丰富多彩的世界文明等待我们去发现，就好像我们的心智要比身体广阔。在线给了我们一个完整的世界，我是真的这样认为。但是在线又不会受限于离线世界，在线会摆脱传统物理学的规则。过去大家用虚拟世界一词描绘互联网，背后的意味就是在线世界和以往大家熟悉的世界不一样，只是大家没有意识到在线世界那么有味道，对我们未来的影响有那么大，没有认认真真去探究在线这一本质。

“在线世界是另外一个新世界”这一说法，并不是比喻，我真的这样认为。

在离线世界中，你我生活在同一个时空。你每一次走的路都是确实存在的，你和我的往来一定是同一个时间段里发生的，不可能你在白天，我在黑夜。到了在线世界，我们的交往距离和交往时间都是不受限制的。从这个角度来说，在线是多出来的一个世界。在一种限制被打破后，肯定会出现新的变化。在线改变了人类生存的时空。

谷歌等公司正在推动在线翻译这件事。2013 年 5 月，谷歌一年一度的 I/O 大会在旧金山召开，工程师乔希·埃斯特尔（Josh Estelle）透露了一些谷歌不曾分享的数据：谷歌翻译每天为 2 亿名用户提供超过 10 亿次的翻译服务，其中 92% 的使用者在美国之外；谷歌翻译目前可以提供任意 71 种语言之间的相互翻译，最近又新增了波斯语、宿雾语、苗语、爪哇语和马拉地语。尽管如此，这也只是数千种语言中的一小部分。这是一种只能以在线形式提供的服务，因为它的规模使其无法以离线方式提供，毕竟谷歌翻译每天的翻译量超过 100 万册图书，比所有专业翻译人员一年的工作量还要多，传统离线世界已经无法负担这样的工作量。

在线释放了这些限制，给了新世界更大的空间。所以就我自己的理解，关于计算的价值，如果非要在人类历史上找一个类比的话，那就是蒸汽机。火的使用、美洲大陆的发现和蒸汽机的发明，这三件事情的出现花费了人类几万年的时间。所以我想我们就生活在这样一个时代，同时出现了可以与火、美洲大陆和蒸汽机相比的事情，那就是互联网、数据和计算。我想这是一个非常激动人心而又令人向往的时代。

在线世界是一个没有被开垦的世界，我们的工作其实还没有开始，可以做的事情还有很多。面对在线世界，唯一的限制就是我们的想象力，而不是其他因素。新的世界肯定有新的游戏规则和新的定律。

在线定律

在线，正一点点重构我们生活的基础细节。这些看似不起眼的变化，不断创造着全新的规则与产物。在线世界会变成什么样，完全取决于人类的想象力。我们正处于这样一个在线的世界，只有在本质上理解它，懂得审视它，学会使用它并保护好自己，才能发展。若干年后，当我们都习惯于在线状态时，就不会有人专门讨论这个问题，正如人们不会再去刻意讨论太阳为何悬挂在头顶一样。

但今天不是这样，我想问大家一个问题，你觉得你的朋友是见过面的多，还是没见过面的多？见过面的朋友是指在离线状态下交流过的，没见过面的朋友是指只通过在线状态进行过文字、语音、视频交流的。

研究表明，人们通过在线维护的朋友与其在离线环境下维护的朋友在数量上基本是一样的。英国牛津大学的人类学家罗宾·邓巴（Robin Dunbar）通过研究英国人寄圣诞卡的习惯，提出了著名的150定律，即人类拥有稳定社交网络的人数大约是150。与传统生活中的数字并无太大差别，脸书的分析数据表明这一数字同样适用于网络世界。

人数的差别在这里可能不重要，但问题的关键是当人均在线好友占社交关系总数的一半以上时，我们的生活将会发生彻底的变化。

类似的，美国著名推销员约瑟夫·吉拉德（Joseph Girardi）提出了250定律，大意是在每位顾客身后，大约有250名同事、邻居或好友。你如果获得了一位顾客的口碑，就意味着同时获得了250个人的口碑；反之也成立。但我们知道，在互联网上，得罪一个人可能会导致你得罪一亿人。在这里，人数的差别很重要，这就是在线和离线的差别。

在线意味着你出门的频率大大减少，乘坐火车和飞机的次数大大减少，用于网络和在线设备的支出在你的总支出中占比不断上升，周到的外卖服务比优雅的法国餐厅更容易打动你，SOHO（在家办公）成为上班常态而不是特例，开会指的就是在网上发起视频对话。正如多年前天猫的一句广告语：没人上街，不一定没人逛街。

在我看来，在线社会将带来一系列新的社会关系，包括新工作、新机构、新家庭、新婚姻、新友谊、新消费，原因简单而又神秘：它们与互联网连接到了一起。

在数字化时代，著名的摩尔定律对整个产业（不仅仅是半导体）未来走向的判断起着非常重要的作用。

如今，我们迎来了在线世界，有不同的规律需要我们去探索，我们要用不同的方法认识这个世界。对我们来说，在线后的互联网、数据和计算有三个基本定律要遵守。

定律一：每一个比特都在互联网上

世间万物，你可以说它是原子状态，也可以说它是比特状态。比特，可以被理解为物理上所说的对象。其实定义无所谓，反正它的最终状态一定要在线，这样一来，世间万物就通过比特连接在一起了。

哪怕是一棵树，你也可以人工地给它做个标记，这个标记会使树被纳入在线系统。事物只有依附于在线系统才能实现发展，原子与比特才是未来的状态。

IPv6 的地址长度为 128 位，相比 IPv4 的 32 位，它能为世界上每一粒沙子都分配一个 IP 地址，好像专门为在线设计。

定律二：每个比特都可以在互联网上流动

离线世界如果没有太阳、石油、风力等能源，是运转不起来的。而数据是让整个在线系统能够焕发生机的一种能量，是系统运作的重要基础。每个比特所代表的数据必须是流动的，这是使在线系统充满活力的源泉。

在线系统如果没有了数据流动，那就一定会退化为离线系统。一旦没有了数据流动，也就是说你与别人的交换越来越少，这意味着你就快要离线了。我再强调一遍，在线系统不是因为连上网络就叫在线了，只有进行数据流动的才是在线系统。就像一条公路，哪怕全部铺上柏油，10 年没人走路，野草照样会长出来。退化总是在无意中悄无声息地出现。为什么我反对私有云，从本质上说，私有云就是数据不流通，只在自己内部循环，人们必须在一个晦涩、虚假而且封闭的系统内，看着数据流动，却忘了数据流动天生就该服务于全社会的需求。私有云是美国在线式的互联网，而今天我们将互联网称为互联网，而非美国在线。

真正的流动，必须是在互联网而不是局域网内流动。有时我会和别人讲，如果你一定要强调大数据，那请记住，“大”指的是互联网的大，把东西封闭在自己的公司里是没有前途的，数据在互联网上流动产生的价值比在局域网中流动要大得多。这个道理很浅显，但不见得每个人都明白。

局域网和互联网是很好区分的。美国在线鼎盛时，我正好在美国，他们推广自己的网站时要卖光盘，用户需要用光盘装载特定的软件，这样才能登录美国在线。这是为了挡住一部分用户，也为了留住一部分用户。虽然美国在线什么服务都有——邮件、信息、论坛等，但它实际上是封闭的互联网，只不过它是当时世界上最大的局域网，几乎等同于互联网。等到真正的互联网席卷全球，美国在线这种局域网模式就扛不住了。

在传统的信息系统中，“一旦数据流动起来，它的价值将呈几何级数增长”。

定律三：比特所代表的每个对象在互联网上都是可计算的

2006年，麻省理工学院教授赛斯·劳埃德（Seth Lloyd）在《设计宇宙的程序》（*Programming the Universe*）一书中写道：“宇宙自诞生之日起就开始计算了。生命、语言、人类、社会、文化——这一切全是由于物质和能源有处理信息的内在能力。”世界的诞生源于宇宙大爆炸，而旧的离线社会是否可被计算还有待研究。由比特组成的在线新世界，应该是可被计算的。可以说，计算是在线世界的天然属性。

为什么说移动互联网引爆了互联网的一次变革？因为它与这三个定律的匹配度很高。第一，移动的本质是便携式设备在线了；第二，移动互联网是随时随地在线的，绝对不能用离线的思路管理和运用；第三，因为随时在线，所以随时有数据在流动，移动互联网是目前数据交换率最高的领域。移动互联网与这三个定律的匹配度最高，所以是最有活力与希望的商业环境。

万物互联网更是在线的最佳代表。一切在线意味着过去很多前沿技术可以被再度融合。今天很热门的技术，其实几十年前就被讨论过了，包括可穿戴计算、人工智能、虚拟现实或增强现实等。过去，这些技术被认为是无法融合在一起发展的；如今，在在线的大框架下，它们又焕发了新的活力。

例如可穿戴计算，今天又被提起了。经常与可穿戴计算联系在一起的一个场景是，在人体内植入一枚芯片，记录身体的一举一动。在新的框架下，你就会明白，如果这枚芯片不在线就没有价值。类似的很多技术，在线之后，都可以被重新定义。在 1853 年的《科学美国人》（*Scientific American*）中有这样一段话：“直到 1846 年，我们国家仍然没有一件衣服是由缝纫机器缝制的；那一年，第一台享有专利的缝纫机诞生。如今，成千上万的人穿着由机器缝制的衣服，每件都足以与克什米尔少女的衣服媲美。”关于在线的技术，大家目前也许还无法形成一个直观的印象，但是当它们上市时，它们必然会被迅速采用。因为，这是一个时代的大趋势。

身处这样一个时代，我们要用一种新方法探索这个新世界，那就是云的方法，数据的方法。

云的方法要求我们在对一个东西做出判断时，首先要看它的规模，而这种规模在离线世界很难达到。我们需要慢慢学会的是，把原先认知中的东西放大一万倍来看。比如当你原本准备花三年时间完成的事情突然花一天就完成时，你的潜意识反应肯定是寻找新的事情来做。这是肯定的。过去没有飞机，从杭州到拉萨，估计一辈子也只能来回几趟。现在呢，一个杭州人去拉萨不会仅仅为了朝圣，他大可以是想去大昭寺看一看，完全可以当天去当天回。

按照这个逻辑，你可以想象一下自己身边那些还没有在线的东西在线之后会是什么样子。

用数据的方法想问题，而不是用传统的统计方法想问题。这个社会正在从个人参与慢慢变成数据参与。无论你喜欢与否，数据都决定了许多东西。今天你看到的新闻不是编辑为你准备的，而是数据为你准备的。通过数据“猜你喜欢”，已经成为购物网站、音乐网站甚至是新闻网站的必备功能。

如果“猜你喜欢”这个功能不是用数据的方法来做，而是通过访谈的方式和你沟通，花费的成本就会很高了。实际上，无论花费多少成本，你也不可能做成这件事——那是用数据思维才能做到的事情。

《功夫熊猫》里有一句话：“昨天已是过去，明天是谜团，只有今天是天赐的礼物。”这句话是教大家珍惜当下。如果从讨论数据的角度看，只要我们有足够的数据，数据不仅可以解释历史，还可以解决很多未知的谜题。我们可以搜集的数据会越来越多，大家从数据中学到的东西也会越来越多。云和数据，这两样东西相遇时产生的化学反应超出了其本身各自存在的意义，成为云数据。在线世界里，没有大数据，只有云数据，只有流动的数据才有价值。

我们一定会感受到在线对自己的影响，很多我们身边的东西都因为在线而被改变了。世界上所有东西都是可以在线的，就看你敢不敢做这件事。从离线到在线，我觉得真正被优化的过程只占 1%，至少还有 99% 的空间可以留给大家想象。我希望在未来，我们可以花点儿力气，把在线这件事情做得更好。

离线社会的文明已经有了 5 000 年的历史。今天这个时间点，好比是在线社会 5 000 年历史的头 10 年。这头 10 年里已经发生了很多了不起的改变。我们已经重新发明或者解释了离线社会留下来的资产，例如谷歌眼镜。不过，真正属于在线社会的东西，其实还没有到来。

一个偶然的机会，我碰到了一个在浙江丽水工作的朋友，我问了他一个百思不得其解的傻问题：为什么丽水那么偏远的地方，会出现龙泉宝剑和龙泉青瓷这样了不起的东西，并且闻名世界？在我的理解中，一个闭塞的地区不会在古代产生先进的文明产物。而龙泉宝剑是中国古代十大名剑之一，工艺水平十分高超；古代龙泉名窑也是宋代“官、哥、汝、定、钧”五大名窑之一，龙泉青瓷以色泽纯净享誉世界。结果，那个朋友给我了一个很简单的解释：丽水有条瓯江，瓯江就好比丽水通往外部世界的高速公路。文明是依靠流动的，流动速度越快，文明程度越高。丽水有了瓯江，它就和文明汇流了。在人类历史上，四大文明古国都是临近水流的，也是因为这个道理。在线就是瓯江，不对，它不仅仅是瓯江，它对于文明的作用是远大于瓯江的。

在离线文明中，因为开始使用工具，我们完成了从猿到人的进化，我们开始直立行走，最终形成了我们今天的大脑。在线文明为我们提供了全新的工具，我们面临的是另一次进化，我们的大脑准备好了吗？

阳光下的阴影

在线给大家带来的冲击，必然是巨大的。在线改变了很多事情，接下来会改变更多东西，这是不争的事实。但是，在线对这个社会意味着什么，还需要讨论。

《大西洋月刊》早在 2008 年就刊登了一篇名为《谷歌是否让我

们变得愚蠢》（Is Google Making Us Stupid）的文章，作者是尼古拉斯·卡尔，他在文中是这样描述的。

过去几年来，我一直有一种不祥之感，似乎某些人或某些东西正在熔化、改造我的大脑，重布我的神经电路，重写我的记忆程序。我的神志还没有消失——至少到目前为止还没有消失，但是它在改变。我不再以过去习惯的思维方式来思考，当我阅读的时候，我对这一点的感受最为强烈。以前我很容易就会沉浸在一本书或者一篇长文当中。观点的论证时而平铺直叙，时而急转直下，二者交织推进，把我的思绪紧紧抓住。即使是索然无味的长篇大论，我也能花上几个小时徜徉其间，但现在这种情形已经很少见了。现在我看上两三页，注意力就开始游移不定，我就会感到心绪不宁、思路不清，于是开始找点儿别的事做。我感觉总是需要把自己天马行空的思绪拉回到文本上来。过去那种自然而然的深度阅读如今已经变成了费力挣扎的苦差事。

还是这位卡尔，在2010年写了另一本书《浅薄》①（*The Shallow*），他努力用大脑和认知科学的研究成果向我们证明，互联网正在侵害人的大脑，让我们慢慢失去专注能力和深度思考能力。但《纽约时报》的评论认为，卡尔对互联网的各种担忧与苏格拉底对书本的恐惧没有本质差别。

---

① 《浅薄》一书简体中文版由中信出版集团于2015年出版。——编者注

我想我知道问题出在哪里。过去十多年来，我把大量时间花在网络上，我在互联网庞大的数据库里搜索查找，畅游冲浪，有时候也会“添砖加瓦”。我是一个作家，互联网是我的天赐之物。过去需要花上几天时间泡在图书馆期刊室中所做的调查检索工作，现在几分钟就能完成。在谷歌网站上搜索一下，点击几个超文本链接，别人对我的评论或引用都会一目了然。即便在不工作的时候，我也会在网络数据的丛林中觅食——看邮件、写邮件、浏览热点新闻和博客网站、追踪社交网站的内容更新、收看视频节目、下载音乐作品，或在一个个的链接之间轻快地跳来跳去。

互联网成了我的全能传媒，它是进入我的耳目乃至头脑的绝大部分信息的来源。数据存量丰富得令人难以置信，而且这些数据又是那么容易检索。能够轻松便捷地获取这些数据真是好处多多，人们为这些好处欢呼雀跃并广为传诵。媒体提供思考的素材，同时它们也在影响思考的过程。互联网所做的似乎就是把我们的专注和思考能力撕成碎片，抛到一边。无论上网还是不上网，我现在获取信息的方式都与互联网传播信息的方式一样，即通过快速移动的粒子流来传播或接收信息。以前，我戴着潜水呼吸器，在文字的海洋中缓缓前进。现在，我就像一个水上摩托骑手，贴着水面呼啸而过。

很多深远影响的确只有在事后才能被发现。我们直到今天才明白，有了电灯，夜晚活动突然变得丰富了，于是人们的睡眠时间变少了。和过去的人类社会相比，因为电灯的出现，我们的身体循环模式发生了变化，我们的生殖繁衍效率发生了变化，突然多出来了一个夜生活消费指数，同时，我们工作时间的延长也促使社会发展增速。

火曾经是凝聚家庭的灵魂：家人们聚集在客厅，围坐在火焰旁互相讲述白天的生活。电灯的出现，使得家人们多出了一些选择，比如可以待在私密的个人房间内，独自阅读、工作或者娱乐。家庭的向心力被电灯破坏了。

电灯对人类社会产生了这么巨大的影响，在其发明之初肯定没人会想到。

今天，在万物互联网时代开始的时候，我们需要思考的可能比卡尔担心的更多。

可是在线也会让我们的缺点暴露无遗。在飞机及其发动机在线后，人们只要在地面控制在线设备，就可以直接让飞机失控、坠落。这种“新安全”的定义，会让相应的产业都发生变化。谷歌和特斯拉推出的无人驾驶汽车，都意味着未知世界的开始。

但问题来了。当到处都是无人驾驶汽车时，突然两辆无人车相撞，责任在谁？是你还是对方车主，是汽车所在公司、地图数据提供者，还是谁？保险公司的老规矩应该怎么修改才能符合新的情况呢？

在线打破了离线世界的时空界限，必然需要一个新的规则。对今天网上发生的事情，我们如果试图用线下这些规则方法去衡量，是行不通的。行不通是必然的，当你发现有一个规则同时适用于离线和在线社会，那就肯定是出问题了。

在线的维基百科在网络乌托邦之路上狂奔了近 15 年之后，终于遇到了自己的挑战——保持词条的中立性和可验证性。这些原则在自由、免费和开放的大旗下，被人掺入了有水分的内容，受到了“水军”的围攻，这不是维基百科的错，只是在线世界的规则不一样了而已。和离线世界一样，在线世界的规则也需要逐步完善。

美剧《国土安全》第二季中有这样一个剧情：在安保措施严密的情况下，恐怖分子获得了副总统心脏起搏器的唯一设备编号，远程向起搏器发出产生强电流的命令，使副总统心脏病发，猝死在自己的办公室里。

这种看起来只会在电视剧里发生的事，也可能发生在现实世界中，而且会更富戏剧性。

2013 年 7 月 25 日，美国拉斯维加斯的年度黑客大会召开前一周，35 岁的“明星黑客”巴纳比·杰克（Barnaby Jack）在旧金山的家中突然蹊跷死亡。

杰克早在 2010 年的大会上就展示了令自动取款机疯狂吐钞票的黑客技术，还在 2012 年发现了可以用来攻击胰岛素注射泵的漏洞。在 2013 年的大会上，他原本计划展示一项最新的黑客技术：在 9 米之外入侵植入式心脏起搏器等无线医疗装置，植入不同软件，发动攻击。可惜这样一位白帽黑客英年早逝。

以前的说法是：在互联网上，没人知道你是谁。现在的说法是：在互联网上，人人都知道你是谁。这是一个典型的从无知到有知的过程。隐私的问题，已经成为全社会都在讨论的热门话题。

《时代》周刊 2006 年的年度人物评选结果是“YOU”——所有网民。颁奖词是下面这样的。

是的，就是你。你控制着信息时代。欢迎来到你的世界。历史上著名的伟人理论出自苏格兰哲学家托马斯·卡莱尔（Thomas Carlyle），他写道："世界的历史只不过是伟人们的传记。"他认为，为数不多的名人、强人塑造了我们人类整体的命运。这个理论在今年严重地动摇了。

……

回顾 2006 年，你会看到另一个不同的故事，一个和战争、伟人无关的故事。那是一个关于前所未有的规模的社区和合作的故事。那是一个关于聚合全球知识的维基，连接数百万人的视频网络 YouTube 和网上大都会 MySpace 的故事。那是一个关于人们花费时间和精力无私地帮助别人的故事，而这不仅改变了世界，还改变了世界改变的模式。

还有网民调侃，以后可以把当选《时代》周刊年度人物写到个人简历中。网民成为年度人物，这是一个里程碑式的事件，它距离 1982 年个人计算机当选年度风云人物只过去了 24 年。但是，大家看待事物的角度的确变了。在我写论文时，把 URL 地址写入参考文献是一件很纠结的事情，因为我害怕网页哪天就没有了，所以宁可去图书馆、去托人、去想尽办法找一本纸质书，用这种"奢侈"的行为代替简单地敲一行网址。而现在，没人再干这种蠢事了，也再没人担心互联网说没就没了。

对在线社会的担心，对在线社会的信心，不同的情绪左右着我们的判断。这种渺小而不断发生的情绪与判断，会慢慢地改变一些最基本的东西。

几年前，特斯拉汽车被人批评，因为它的 API 身份验证不够安全，容易被黑客攻击。由于特斯拉车内配有 API，车主可以用 iPhone 或其他安卓系统的智能手机连接汽车，检查电池电量、控制运行气温、操作遮阳篷顶、识别车辆位置、操控喇叭、打开充电口，还可以记录车辆的行踪。以前从来没有人关心过汽车上的 API 问题，现在出现这种质疑，就是因为特斯拉汽车在线了，大家开始用看待在线产品的眼光看待它。

你会发现，在线可以加速商业发展的步伐，可以创造新的服务，可以完善社会。一开始互联网如洪水猛兽，慢慢地，人类开始驾驭在线这匹快马。我们对在线世界的发现和探索还没有开始，在线对人类的影响也远没有开始。

我认识的一位中学语文老师对我说，如果没有钢笔的话，人类文明不会发展到现在这种程度。毛笔的使用成本实在太高了，毛笔本身就很贵，另外，书写者还需要桌子，以及好纸、好墨、好砚台。毛笔只适合富贵人家，根本无法普及。只有在钢笔出现后，大规模识字、认字、用字才成为可能。但他又补充说，会写毛笔字显得文化底蕴厚一点儿。在线文明会碰到的情况就好比毛笔变成钢笔后的情况。

在 18 世纪的英国，火车代表着一个失控的世界，因为它的时速超过 80 千米，吞噬了农村、摧毁了中产阶级，还撞死过人。城市也曾经是一头怪兽，在城市刚刚兴起的德国，流传过这样一个说法：“在去慕尼黑之前，最好把遗嘱写好。”但今天，我们谁也不能否认，城市是人类了不起的发明。

10

人类的自信

对别人的敬仰就是对自己的信心。数据和计算给了人类史无前例的

巨大能力，也带来了前所未有的未知，挑战着人类的自信。

对别人的敬仰，对自己的自信

这是一个最好的时代，在线让我们遇到了人类发展历史进程中前所未有的重要机遇。那么，逐渐成为基础设施的互联网给这个时代的创新者带来了什么变化？互联网发展到今天变成社会经济发展的基础设施，它的渗透性远远超过其他的基础设施，数据与计算的结合带来了史无前例的巨大能量，但同时也带来了前所未有的未知，挑战着我们的自信。

在谈完互联网、数据和计算后，不得不思考的问题就是在今后的 50 年，我们能为世界的科技发展做些什么？任何对未来的预测在事实面前都会显得苍白，不过在过去 50 年中发生的三件事对我有所启发，它们分别是人类第一次登上珠穆朗玛峰、阿波罗登月计划的实现以及波音 747 飞机的诞生。这三件事不只给我留下了深刻的印象，也改变了我的人生态度。

征服高山之巅

无论珠穆朗玛峰的高度是中国和尼泊尔共同宣布的 8 848.86 米，还是美国所说的 8 850 米，它都是世界最高峰，是大自然创造的奇迹，登顶珠峰也成为很多人的梦想。

1953 年 5 月 29 日上午 11 时 30 分，人类第一次到达珠穆朗玛峰峰顶，到达峰顶的分别是新西兰的埃德蒙·珀西瓦尔·希拉里（Edmund Percival Hillary）和尼泊尔舍巴人向导登津·诺盖（Tenzing Norgay）。他们俩尽管在峰顶只停留了短短 15 分钟，却为人类留下了无数财富。

在《雪地之虎》一书中，诺盖回忆当时的情景时说："在接近峰顶时，我和希拉里停下来，我们向上望了望，又继续前行……我从来没有想过所谓登顶的先后顺序……我们只是慢慢地向上爬，但是脚步很坚实……希拉里先爬了上去，然后是我。"这是诺盖第 7 次攀登，而首先上去的却是希拉里。

大家如果找到当时的新闻报道，会发现首登珠峰照片上的人不是希拉里，而是向导诺盖。诺盖不会拍照，是希拉里让诺盖站在山顶，拍了一张照片，然后传给了全世界。在全世界都能看到的照片中的，是手持冰斧的诺盖。这不是为一个人拍的照片，是为全人类拍的照片。当诺盖要给希拉里拍照时，希拉里摇了摇头，于是希拉里也就没有了登顶记录，但这并没有影响他的头像被印在新西兰的 5 元硬币上。希拉里率先登顶，却让向导站在上面，为他拍了一张照片，这可能是我们大多数人都做不到的。而诺盖在后来也被称为一个"好的"向导，他不需要用第一个登顶来证明。

这次攀登活动的真正组织者是约翰 · 亨特（John Hunt）上校，他率领的这支探险队有超过 400 人，其中包括 362 名搬运工，20 名像诺盖这样的舍巴人，另外还有超过 1 万磅[①]的行李。1953 年 5 月 26 日，汤姆 · 鲍迪伦（Tom Bourdillion）和查尔斯 · 埃文斯（Charles Evans）进行过一次登顶尝试，但没有成功，他们俩距离顶峰的垂直距离只有 91 米。亨特上校选择了希拉里和诺盖进行第

① 1 磅 ≈ 0.454 千克。——编者注

二次登顶尝试，相比于鲍迪伦和埃文斯，他们俩是幸运的。

如果没有亨特的远见，就不会有这支登山队；如果没有希拉里的决心，就不会有诺盖这位向导；如果没有向导，希拉里永远不会到达无限风光的顶峰。

但不是只有这支探险队才有这样的远见和决心。

1921 年、1922 年和 1924 年，英国人乔治·马洛里（George Mallory）三次挑战珠峰，虽然未能成功，但他成为一个被人们永远铭记和尊敬的人。马洛里与著名经济学家约翰·梅纳德·凯恩斯曾经是同学与好友。1924 年 6 月 8 日，马洛里和安德鲁·欧文（Andrew Irvine）一起做了最后的努力，当他们距离顶峰还有 800 英尺（约 244 米）时，人们用望远镜看见云遮住了他们俩，之后他们再也没有回来。直到 1999 年 4 月 30 日，一支美国探险队在珠峰 8 170 米处发现了马洛里已经革化的遗体。用现代科技的标准衡量，马洛里的登山装备非常原始，他所携带的氧气不足以让他登顶。但在马洛里的遗物里，人们并没有发现他妻子露丝的照片，他曾说过，如果登顶成功，他会把照片留在顶峰，所以我更愿意相信马洛里是第一个登顶的人。有人说登山追梦者的遗体是通向珠峰的路标，登顶是登山的开始，活着从珠峰峰顶走下来才是最终目的。

珠峰不是用来证明人类攀登能力的，希拉里写道："我们征服的不是高山，而是自己。"但是，沉默的高山拓展了人类能力和想象的极限。

挑战太空任务

比高山更高的是太空。

1961年4月12日，苏联发射了第一艘载人飞船“东方一号”，突破第一宇宙速度，把航天员尤里·加加林（Yuri Gagarin）送入太空。1961年5月5日，美国把航天员艾伦·谢泼德（Alan Shepard）乘坐的“自由七号”太空飞船发射进入太空。但是谢泼德和加加林的差距不只是晚了20多天：加加林进入的是地球轨道，绕地球飞行，谢泼德却被发射到了亚飞行轨道，然后掉了下来，并没有绕地球飞行；“东方一号”重10 428磅，而“自由七号”只有2 100磅；加加林失重的时间是89分钟，而谢泼德只有短短的5分钟。这样的差距让美国人民对自己国家的国力产生了疑问。

1961年5月25日，美国总统肯尼迪向全国宣布：要在20世纪60年代末，把一个美国人安全地送到月球并安全返回。这就是阿波罗计划，在美国历史上，只有巴拿马运河计划可以与它相提并论。阿波罗计划开始于1963年，结束于1972年，它标志着美苏两个国家的霸权竞争变成科技竞争。1969年7月16日上午9点32分，“阿波罗11号”在肯尼迪航天中心的第39号发射台发射升空。7月20日，飞船到达月球，下午4点18分，载人飞船首次在月球着陆，晚上10点56分，阿姆斯特朗成为第一个踏上月球的人，他传回来的第一句话就是：“这是我个人的一小步，却是人类的一大步。”

大家如果认真去看当时的报道，可以发现当第一个美国人登上月球时，新闻报道的头条写的并不是美国人登上月球，而是人类登上月球。这确实是人类唯一成功的登月计划。起因于美苏冷战，为的是重振美国人的信心，美国的科学家和工程师最后居然按时把人平安送上月球。阿波罗计划里最了不起的部分就是自信心。“不要问这个国家为你做了什么，问问自己能为这个国家做什么。”这句话充分说明了这种精神。这种自信在“东方一号”和“自由七号”发射升空时体现得淋漓尽致，加加林的太空之旅是发射成功以后才告诉全世界的，而谢泼德的短暂旅行是直播给几百万人观看的。从此以后，美国把每一次发射的过程都直播给全世界。直播发射可能会将你所有的缺陷告诉全世界，可是当你有了这份自信、能够把自己的问题很坦荡地告诉全世界时，技术的进步只是时间问题。

这份自信，比任何事情都重要。到今天为止，我觉得美国这个国家所做的最能体现领导力的事情，就是阿波罗登月计划。至今我们享受的很多科技，从通信技术到生物医疗，再到材料以及其他很多东西，都要感谢阿波罗登月计划打下的非常好的基础。

1969 年 7 月 3 日，在苏联秘密的拜科努尔基地，登月火箭 N1 在发射台上爆炸，炸毁了发射塔，其爆炸威力相当于 7 000 吨炸药，与广岛核爆炸相当。这是人类历史上最大的人为非核爆炸事故，全世界是通过美国的间谍卫星知道这次事故的。随着 1972 年 11 月 N1 火箭的另一次事故，苏联载人登月的计划悄然落下了帷幕。直到 1989 年，苏联政府才正式确认 N1 火箭研制计划的结束。

2011 年 4 月 7 日，第 65 届联合国大会通过决议，将每年的 4

月 12 日定为载人空间飞行国际日，那是加加林乘坐“东方一号”宇宙飞船首次飞入太空的日子。

人类已经进入太空无数次，可是直到今天，进入太空依然充满风险；人类曾经到过月球，可是直到今天，再到一次月球依然显得那么遥远。

飞上天际

太空之下、高山之上的天空是人类自由的空间。人类可以在天空中自由地飞翔，要感谢一个人，他就是波音 747 飞机的总设计师乔·萨特（Joe Sutter）。

波音 747 飞机的首飞发生在 1969 年 1 月 9 日，比“阿波罗 11 号”登陆月球早 6 个多月。当全世界都在为人类登月欢呼时，波音公司却为这架刚诞生的飞机背上了 20 亿美元的债务，波音公司因此成为当时世界上负债最多的公司。但它还不是世界上最大的飞机公司，那时的麦道公司才是世界上最大的飞机制造公司，大名鼎鼎的“超级大黄蜂”战斗机就是麦道公司生产的。

阿波罗计划是美苏冷战时期的产物，而波音 747 飞机当初也是波音公司董事长艾伦·穆拉利（Alan Mulally）与当时泛美航空公司董事长胡安·特里普（Juan Trippe）打赌的产物。泛美航空公司是当时美国非常成功的航空公司，1958 年 10 月，一架泛美航空的波音 707 飞机从纽约飞往巴黎，从此开启了喷气式飞机旅行时代。喷气式飞机不但飞得快，而且飞行高度在 32 000 英尺（约 975 4 米）以上，不受天气约束，飞行变得更自由。

特里普预测 1965 年会有 3 500 万人乘坐国际航班，而这个数字到 1980 年还会增加 200%。特里普因此产生了大胆的想法。传说，1965 年 8 月，特里普和穆拉利一起在西雅图的普吉特湾钓鱼[①]，特里普向穆拉利提出要造一架比波音 707 飞机大 2.5 倍的喷气式客机，而且每个座位的成本还要下降 30%。特里普说："如果你敢造出来，我就买下它。"穆拉利也不含糊："如果你敢买，我就敢造！"

其实当时飞机制造商看好的是超声速飞机。1962 年，英国与法国签署协议共同研制"协和号"飞机；1963 年，苏联开始了图-144 客机的设计，同年，波音公司开始研制超声速飞机 2707。用萨特的话讲，大多数人都认为 747 飞机只是个过渡方案，一旦超声速运输飞机投入商用，747 飞机会被立即替代。

萨特受邀担任这架后来被称为波音 747 飞机的总设计师，他因此离开了 707 和 737 项目。萨特当时在波音并不是最好的设计师，他在西雅图长大，在他家门口就可以看到波音飞机的试飞场，他从小的梦想就是自己设计一架可以从这个试飞场起飞的飞机。同样，萨特所在的 747 项目团队虽然优秀，但并不代表公司的未来。当时最热门的技术是超声速，大家都觉得超声速才是未来，波音公司最好的技术人员都在做 2707 超声速飞机。

波音对这架飞机的市场前景也没有很大把握，所以就觉得这样一架飞机不应该只做客机，还应该可以做货机，以降低风险。因此，设计上也被要求考虑这些。有了这个想法以后，又一个问题接

---

① 另一种说法是在阿拉斯加。

踵而来：以当时各个机场的能力，这么大体量的飞机装满货，没办法在机场规定的时间内把货全部卸完，所以除了能够从后面卸货，它还要能从机头卸货，这就是为什么波音 747 飞机的机头有鼓起来的驼峰结构。就是这样一个妥协的设计，最后变成了波音 747 飞机的象征。如今大家对这个设计也已经习以为常。

1965 年 12 月 22 日，泛美与波音签署了 5.25 亿美元的订购意向书，泛美决定购入 25 架 747 飞机。从 1966 年 3 月 747 项目正式启动，到 1969 年 1 月试飞，在短短的三年时间里，波音 747 飞机创造了技术奇迹，因为当时许多技术还只存在于工程师的梦想里。

当时世界上发动机的最大推力大约是 15 000 磅，而波音 747 飞机需要大于 40 000 磅的推力。想要正常起飞，它只能等待还在研发中的 JD-9D 发动机，这在飞机制造史上无疑是一场大赌博。

在波音 747 飞机出现以前，没有人想过一架飞机可以有两个走道，虽然今天大家都习以为常，但 40 年前并不是这样，是波音 747 飞机第一次让飞机有了两个走道。

波音 747 飞机比前一代波音 707 飞机大两倍，空中巴士 A380 也只比波音 747 飞机大 30% 左右。波音 747 飞机上由三个活动部分组成的襟翼增加了 21% 的机翼面积以及 90% 的升力。在没有计算机辅助设计的条件下，大约 100 人的团队手绘了 75 000 张设计图纸。今天，即使有了计算机辅助设计这样强大的工具，一架飞机延期三年交付都很正常。波音 747 飞机大约有 459 万个零件，219 千米的电缆。而且完成后的波音 747 飞机单座成本降低了 30%，全机有近 400 个座位，满座后的成本与只能运送 100 名乘客的“协和号”超声速飞机相当。

1970 年 1 月 22 日，泛美航空的波音 747 飞机首次执飞从纽约到伦敦的航线。与跨大西洋邮轮 5~7 天的航程相比，波音 747 飞机只要 8 个小时，它让洲际旅行的平民化成为可能。

可惜的是，泛美在 20 世纪 70 年代购买了太多波音 747 飞机。1973 年中东石油危机爆发，航空燃料价格上涨了 10 倍。这对泛美和波音来说，都是沉重的打击，泛美没能从这场危机中复苏，于 1991 年破产。幸运的是波音在 20 世纪 80 年代逐步复苏，1989 年波音 747–400 飞机投入使用，更奠定了这个机型的传奇历史，10 年时间共交付近 700 架，波音 747 飞机成为名副其实的空中女皇。

而在 1969 年试飞的“协和号”超声速客机直到 1976 年才投入使用，英国航空和法国航空分别将其用于执行往返于伦敦和纽约以及巴黎和纽约的跨大西洋飞行，直到 2003 年停飞，历史上只生产了 16 架“协和号”超声速飞机。我最近看到消息说空中巴士 A380 可能要停产了，1 200 架的生产目标如今只完成了 319 架，这个机型还远远没有到赢利的时候。今天，还有超过 500 架波音 747 飞机在天上飞行，人们已将乘坐波音 747 飞机视作稀松平常，也没什么人记得泛美航空做出的牺牲了。

2016 年 8 月 30 日，波音 747 飞机总设计师乔·萨特在美国逝世，享年 95 岁。这不是一件会引起大家注意的事，一个伟大的时代很安静地结束了。

我一直在反思，我们是不是真正对技术怀有敬畏。同样都是技术，命运为什么如此不同。当谈到对技术的热爱时，大家并没有真正意识到，我们要为之付出什么。打一个不太恰当的比方，我们与技术的关系就像是农夫与蛇。

什么是对技术的热爱？你真的相信技术会改变很多东西吗？你有没有足够的自信和热爱，去捂暖这条蛇，哪怕它苏醒以后可能会咬你一口？当你热爱一个东西时，你很难预料最终的结果。当你把这条蛇揣在怀里时，你面对的最大的考验是对你心脏的考验，你不知道这条蛇醒来后是否会咬你一口，也许你的身体足够强壮，可以抵抗。泛美航空没能抵抗住，马洛里也永远地留在了登顶的路上。可每个人都希望这条蛇是《白蛇传》中经菩萨点化来到人间的白娘子。在登顶珠峰的路上，马洛里被无情地吞噬了；在通往月球的路途中，拜科努尔基地成了苏联人的终点，让他们永远留在地面；自由的天空没有给“协和号”超声速飞机更多自由飞翔的空间，而是让它永远停在通往理想的半途中；美国的航天飞机计划，也没有等来美丽如仙的白娘子。虽然路途如此坎坷，但我们还是要怀揣希望。

人们熟知的一句名言是：“天才是 1% 的灵感加 99% 的汗水。”可事实上，爱迪生像疯子一般，为其每一项发明都付出了 200% 的努力。有意思的是，早在 1904 年，美国俄亥俄州的一个卖 T 恤衫的小店就打出了这么一条广告语：“组成成功的要素是 1% 的运气、2% 的灵感和 97% 的汗水。”与许多登山追梦者一样，马洛里付出了 200% 的努力和牺牲，却没能到达珠穆朗玛峰的峰顶，只因为他没有 1% 的运气。我们要对这 1% 的运气怀有敬畏和感恩之心。

城市大脑，下一个 10 年的登月计划

人工智能和机器智能

2016 年 12 月，在北京的尤伦斯当代艺术中心，我和无人机教父、亚马逊机器人 Kiva 系统创始人拉菲罗 · 安德烈（Raffaello D'Andrea）教授进行了一次有关智能硬件的对话。他是瑞士联邦理工学院动态系统和控制专业的教授，他在 TED 演讲中展示了像一群飞舞的萤火虫一样的无人机，令人印象深刻。在这次对话中，我第一次在公众场合谈到了区分人工智能和机器智能的必要性：人工智能的定义是随着时代的变化而变化的，以前的人工智能是把人的想法装到机器里，而现在的人工智能是让机器完成人完成不了的事情，称为机器智能更合适。

在 2017 年 5 月的贵阳数博会上，我再次表达机器可以帮助人类做许多人类自己做不到的事："大家意识到在机器智能或者人工智能出现以前，世界上只有两种智能，一种是关于人类的智能，另外一种是关于动物的智能。实际上，早年的任何可以模拟人和动物的智能都可以叫作人工智能，因为那是人创造出来的。所以，我想世界上有三种智能，一种是人的智能，一种是机器智能，一种是动物的智能。只要能创造出关于动物和人的智能，它们都可以叫作人工智能。但是，今天人与动物不具备的智能，如果机器具备了，那就是机器智能。"

今天多数人谈到人工智能时，关注点都是人会不会被取代，这

是一个奇怪的逻辑。人们在让一条狗去找毒品时从来没有说过人类的鼻子被狗的鼻子取代了，这说明人类对机器的尊重还是不够，我们要尊重机器在某些方面的能力已经超越了人类。

2017年8月在杭州举办的全球人工智能高峰论坛上，牛津大学历史学博士、《未来简史》[①]（*Homo Deus: A Brief History of Tomorrow*）的作者尤瓦尔·赫拉利（Yuval Noah Harari）专门谈到了人工智能与人工意识的关系，让我更加觉得有必要区分人工智能和机器智能，不然大家永远会和人过不去。

> 在此次全球人工智能高峰论坛上，王坚以“机器智能、城市大脑、下一个10年的登月计划”为题做了主旨演讲。一开场，王坚就回应了《未来简史》作者尤瓦尔·赫拉利关于人工智能与人工意识的观点，坦言把机器跟人比毫无意义，因为人还有更了不起的事情，比如无意识，机器根本没法做。
>
> 人工智能尽管从学科创立之初，就一直努力让机器模仿人，著名的图灵测试的本质也是在讲如何模拟人，但王坚认为，“互联网发展到今天，我们要做的，是用机器解决人类解决不了的问题。在这个意义上，比起人工智能，机器智能这个词更加准确”。

1956年，一批科学家齐聚达特茅斯，举办了一场研讨会——人工智能夏季研讨会，4位图灵奖获得者起了关键作用，其中一位

① 《未来简史》一书简体中文版由中信出版集团于2017年1月出版。——编者注

就是司马贺（Herbert Simon）。他曾在20世纪80年代到过杭州几次，访问过我就读的杭州大学心理学系。当时，我是一个从没有出过国门的学生，听他讲人工智能让我热血沸腾，相信人工智能就是未来，尽管后来我才知道，老先生一开始也不赞同“人工智能”的叫法。司马贺是心理学家出身，却获得了诺贝尔经济学奖，在经济学界非常有名。他在我们系里的访问，让我在大学快毕业时做了一个重要的选择。大家都知道心理学可以从生物学的角度研究人，还可以从信息学的角度研究人，我当时就选择了从信息学的角度研究，所以后来才去修关于计算机科学的课程，从此走上了一条不同的路。

当时，所有讨论人工智能的人都在讲怎么让机器做一些人可以做的事情。直到今天，《牛津字典》里对人工智能的解释，还是在讲怎么让计算机去做人可以做的事情。著名的图灵测试，本质也是怎么模拟人。其实这里存在一个非常大的悖论，就是人脑到底有没有能力研究人脑？这是一个非常有争议的问题。

1981年，日本首创第五代计算机，建立知识处理系统，希望日本能在全球信息产业建立领导地位。因此在20世纪80年代初至90年代末，人工智能又变得炙手可热。日本在第一次公布第五代计算机委员会的报告时，邀请了专家系统开创者，也是司马贺的学生，斯坦福大学教授爱德华·费根鲍姆（Edward Feigenbaum）。费根鲍姆后来出版了著作《第五代：人工智能和日本计算机对世界的挑战》（*The 5th Generation: AI and Japan's Computer Challenge to the World*），书中的一些重要观察可能出自他的日本裔太太。

20 世纪 80 年代，费根鲍姆等人合编的四卷本《人工智能手册》（*The Handbook of Artificial Intelligence*）成了我的人工智能教科书，里面重点讨论的是知识工程，其风头有点儿像今天的深度学习。这也是我第一次读完这么大部头的英文书。

20 世纪 80 年代末，中国提出了智能计算机计划。

1992 年，五代机计划正式流产，画上句号，日本从此停在了所谓的第五代计算机上。我相信的人工智能没有到来。几乎在同时，我在学校开始了虚拟现实的研究工作，那时虚拟现实就是智能计算机计划的一部分。后来智能计算机计划的关注重点从“智能计算机”变成了“计算机软硬件技术”。

今天，人工智能再次成为焦点，其实不是人工智能本身发生了重大变化，而是世界发生了重大的变化。中文版的《金融时报》刊载过一篇专栏文章《互联网终结，人机智能崛起》。人工智能能否崛起我还不好判断，但互联网终结的结论肯定是错的。

今天我们可以重新探讨人工智能的巨大价值，有三个非常重要的基础。

第一个非常关键的物质基础是互联网，互联网成为人类历史上最重要的基础设施。如果没有这个物质基础，我们不但没有数据，所有事情都将不存在。我们不能把互联网作为基础设施和传统意义上的网络化混淆在一起。对我来讲，可能人生最大的梦想就是看到大脑被连到互联网上。

第二个基础是数据。今天语音识别能做到这个程度，当然和深度学习的算法有关，但是如果我们还是像互联网出现之前那样获得语音的数据，语音识别的突破就是不可能的。成像技术的发展也是突破性的。成像技术为我们带来了什么东西？因为成像技术的发展，人类突然多了一个爱好——“自拍”，结果有关人类自己自身的数据就被保留了下来。同样，大家在说无人车、无人驾驶时，一辆车上有多个成像设备，无论是摄像机，还是雷达的电磁波，本质上都是成像技术，一辆无人车实际上就是一辆成像技术的车。

2017 年 7 月我去看了几家公司，其中有一家是负责处理卫星照片的。这家公司利用卫星的图像估算全世界石油储油罐的储量，对石油期货交易很有帮助。还有一家是加拿大的创业公司，创始人告诉我他做的不是叫作人工智能的 AI，而是被称作情感计算（Affective Intelligence）的 AI。他们也是用手机照相机来看你的脸，但不是做大家想象的人脸识别，而是读出你的心率是多少、血压是多少。他告诉我，人们每天都在低头看手机，为什么不能顺便把体检做了？而这件事情是人永远做不了的。我们今天看到很多公司正在做的人工智能，其实都是人做不了的事情。

第三个基础当然是计算能力。我们正在使用的计算能力也经历了一次颠覆性的发展。深度学习要的就是计算能力，而计算能力是通过晶体管数量体现的。

前几天我和朋友聊到一个数据，听起来还是很刺激的，尽管这个数据不是很精确：我们每年每个人平均要消耗大概 20 亿个晶体管。20 亿个晶体管是什么概念？20 世纪 70 年代初，英特尔的一个芯片中只有 2 000 多个晶体管。大家认真想一下，那时候整个美国拥有的晶体管，可能都没有现在一个人拥有的晶体管多。计算能力的爆发超出所有人的想象。这些东西带来的变化其实是今天我们重新看待人工智能的基础。

我看到硅谷的一家创业公司正在研发新一代的芯片技术，希望其处理能力是今天最好的 GPU 处理能力的 1 000 倍。大家认真想一下，如果每个人拥有的晶体管数量从 2 000 个变为 20 亿个，我们能干什么事情？任何人在有生之年不能干完的事情，我们一眨眼就干完了。

大家一定要记住，硅实在是了不起，不管摩尔定律是否存在，硅都很了不起。从 20 世纪 70 年代一个芯片上只有几千个晶体管，到今天地球上每个人每年消耗几十亿个晶体管，这是世界的巨大进步。

目前，人工智能的发展主要依靠的就是我在上文中提到的三个基础，这也让我觉得人工智能最好的叫法可能是机器智能，让机器去干人不能干的事情。

我觉得，人工智能再次成为大家讨论的话题，实际上标志着互联网对社会发展的又一次推动。

下一个 10 年的登月计划

今天，世界各国城市的可持续发展面临很大挑战，这些挑战也带来了一个难得的机遇，那就是利用机器智能解决城市发展过程中许多重要的问题，如交通治理。同时，这也是像机器智能这样的新一代技术快速发展带来的机遇，也是我全身心推动城市大脑的原因。

过去20年，中国持续投入城市信息化建设，特别是公安交警部门始终走在前列，为城市积累了丰富的数据资源。但是，如果没有机器智能的帮助，一个城市一天产生的交通道路监控视频，光靠人可能100年都看不完。这些宝贵的数据，绝大多数还没有发挥过作用就已经被默默删除。数据不通，则交通不畅。

城市大脑要做的，就是以互联网为基础设施，利用丰富的城市数据资源，对城市进行全局的实时分析，解决今天靠人脑无法解决的问题，有效调配公共资源，不断完善社会治理，推动城市可持续发展。在城市发展中，数据资源将会比土地资源更重要，这是城市大脑的基本思想。

交通治理只是一个开始，更重要的是数据开始为社会产生价值。城市大脑将为城市发展带来三个重要的突破。

第一，城市治理模式的突破。以社会结构、社会环境和社会活动等各方面的城市数据为资源，城市大脑向数据要人力，向数据要服务能力，解决城市治理中的突出问题，实现创新的人性化治理模式。

第二，城市服务模式的突破。城市大脑是政府服务好民生非常重要的物质基础，城市依靠城市大脑可以更精准地服务好企业与个人。城市的公共服务，如交通，将进入精准和高效服务时代，杜绝公共资源的浪费。

第三，城市产业发展的突破。开放的城市数据资源是推动传统产业转型升级、推动创新产业发展非常重要的基础资源，就像石油和半导体材料对产业发展的意义一样。

城市大脑的实践体现了国家对未来发展的要求。许多城市明确了要在城市大脑的整体框架下，以交通治理为重点，提升城市管理的智能化水平。公安部门将联合交通运输、市容市政管理、旅游、轨道交通等部门先行开展试点，把来自各个部门的海量数据汇聚到城市大脑，利用大规模的计算能力和机器智能，帮助城市高效平安地运转。

城市大脑不仅是科技创新，也是机制创新，加速了从数据封闭到数据开放的观念转变，通过打通城市的神经网络，对整个城市进行实时分析，让数据指导城市的思考、决策和运营。

今天，在世界范围内，还没有一个城市把城市大脑当作新的基础设施来看待。城市大脑能够最早在杭州提出并付诸实践，得益于中国发达的互联网基础设施。今天，当中国的老百姓已经开始用手机付钱买烤红薯时，美国的大部分老百姓还在使用支票付水电费。这种看似很小的差异让中国拥有了独特的竞争力。我们的城市数据资源的积累将比世界上任何一个国家都快，这给了我们一个重要的机会，让我们可以利用比发达国家更先进的办法解决城市发展问题。

2017 年 5 月，我对《每日人物》的记者张寒谈起城市大脑，后来看到了她在《王坚：一个预言家的命运》一文中对这件事的描述。

云计算如今已经炙手可热。王坚已经不是当初那个需要大声疾呼、和所有质疑作战的堂吉诃德式的布道者。现在，王坚退出了细节化的管理。他更多是去开拓各种边界，开始了新的“折腾”。很奇怪，在和政府的高层官员交流时，他不再是一个难懂的王坚。“这成了他情商爆表的时刻”，他对战略的梳理，更容易被官员接受。他希望官员能够接纳他关于未来城市的想象，为城市安装一个智能中枢——“城市大脑”。

最简单的，他说，世界上最遥远的距离是红绿灯和交通道路摄像头的距离。它们在一个杆子上，却从未通过数据被连接起来。

他要连接，让城市看到的都能被数据思考。数据是城市最重要的资源，“比土地还要重要”。

智能技术发展到今天，让这个想法变得更加可能。虽然听起来很遥远，王坚却相信这会在中国实现，“城市大脑就像电网一样重要，中国有机会为城市贡献一个新的基础设施”。今天，杭州已经有5万个交通道路摄像头充当“眼睛”采集车流数据，通过人工智能方法处理后，它们就可以智能调控红绿灯，改善交通状况。

在他看来，更大的运气来自苏州的加入。“苏州几乎倾其所有”，拿出所有与城市相关的数据资源。王坚认为，杭州和苏州的经验，将成为城市大脑可复制的范本。

这一次，似乎不像阿里云当初那样，那时候他是站在山顶上能看到更远的地方的人。而现在更像是一个国王的新衣的故事。

看到未来的似乎不止他一个，人工智能是一个热闹的场域，大家一拥而上。王坚有他惯有的执拗坚持，他看到了，还要自己做出来。

有人读了他的《在线》后留言："你自己预言，又自己实现，这不就是作弊嘛。"王坚觉得这句话说得很有道理："就让我继续作弊吧。"

城市大脑不仅对中国城市的发展有重要意义，也为中国的科技创新提供了一个规模足够大的探索场景。20 世纪 60 年代的登月计划催生了通信技术、生物工程技术等一系列重要创新。今天，互联网在中国已经成为基础设施，我们拥有空前的计算能力和数据资源，城市大脑不但能够造福百姓，也会像登月计划一样，成为机器智能未来 10 年最重要的研究平台。每一次技术革命，都会推动城市文明前进一步。蒸汽机时代，城市发展的标志是修公路；电力时代，城市发展的标志是铺电网。我们身处的互联网时代，数据成为重要的资源，城市需要构建一个数据大脑以再一次促进文明的发展。就像 160 年前伦敦第一次开通地铁，135 年前曼哈顿第一次铺设电网，城市大脑将成为一个全新的城市基础设施，是中国为世界做出的重要探索和贡献。

"互联网 × 数据 × 计算"的在线时代才刚刚开始，那 1% 的机会的确让人心动。在线时代的数据之巅像珠峰一样迷人而充满挑战和残酷，在线时代的计算就像火箭技术一样可以把人类送上月球，但也可能是永远留在拜科努尔基地的火箭残体；在线时代的互联网可以像波音 747 飞机那样陪你游走万物互联的世界，也可以像美丽的“协和号”超声速飞机一样把人类的梦想永远定格在伦敦、巴黎、纽约之间。

同样，有了创新，一个城市也可以在线运行，城市数据资源成为未来城市的血液。

无论如何，我们已经走在前所未有的技术创新之路上了。目的地见！

后记

2008 年加入阿里巴巴，是我第一次那么近距离地接触互联网。我曾经读过很多有关互联网的书，但对互联网形成真正的认识还是在 2008 年加入阿里巴巴之后。我想因为有了阿里巴巴等有影响力的公司，我们有了空前的实践经验。互联网会进化成什么样，中国应该有自己独立的思考。

2013 年 11 月，在飞往台北的飞机上，我顺手翻阅了 11 月 25 日的那期《时代》周刊，里面有杰弗里·克鲁杰（Jeffrey Kluger）的一篇文章——《发明的火花》（The Spark of Invention）。文章的内容谈不上有多精彩，但里面有两个观点还是很有意思的。一是提到历史上三个最重要的发明，分别是轮子、电和互联网：电和轮子本身都没什么用处，但没有电就不会有电视机、电冰箱、计算机等，轮子如果不是成为自行车、汽车、火车甚至飞机的一部分也没有单独存在的价值，互联网也是一样。二是调查发现，全球 84% 的人认为今天是发明的最好时代。有传言称美国专利局局长查尔斯·迪尔（Charles H. Duell）曾在 1899 年说"能被发明的东西都已经被发明了"，并写信给当时的美国总统要求关闭专利局。这个传言从来没有被证实过，但是否从侧面反映了当时大众的心态？相比之下，今天的大众是自信的还是盲目的？如果我们认同有了电才有所有带电的发明，有了轮子才有后来所有带轮子的发明，我们就更应该相信，刚刚到来的在线时代会为我们带来更多的发明。

《周礼·冬官考工记》中曾描述："车人为车，柯长三尺，博三寸，厚一寸有半，五分其长，以其一为之首。毂长半柯，其围一柯有半。辐长一柯有半，其博三寸，厚三之一。"从文中对轮子的要求，我们可以看出轮子对车的意义，它是车辆适应不同路况的重要基础。1975年在贵州省兴义市万屯镇出土的东汉铜制轺（双辕单马的小马车），也是轮大而车毂小，比较适合当时云贵之间的5尺道路。读到这些故事，我觉得"不要重新发明轮子"这句话是否可以被重新理解为：轮子为这个世界创造了更多发明的机会。同样，我们今天也不需要重新发明互联网，热闹的物联网、车联网等还是互联网的一部分，这也是为什么我慢慢明白了移动互联网还是互联网。我曾经和人开玩笑说，谷歌能搜索的所谓互联网，只不过是新闻和出版物网站。在线世界比谷歌呈现给我们的要大得多。

同样，你周围的人也会让你生活的世界变得更大。特别要提到的是，我的很多想法和观点，得益于与不同人的谈话和讨论。我很幸运能碰上这些亦师亦友的好人，也要特别感谢潘越飞、李静怡、刘江、刘湘明、张宇婷、李佳师、郭雪梅、周国辉、徐俊、李倩、吴以四、吴磊、陈志刚等许多和我交谈过的朋友，他们的创造力和对互联网的憧憬让我的一些普通想法有了不同的视角，我也感谢他们让我在本书中使用他们采访我的内容。

美国著名建筑学家路易斯·康（Louis Kahn）说过一句话："这

个世界永远不会需要贝多芬《第五交响曲》，直到贝多芬创作了它。现在我们离开它无法生活。”进入在线时代，我们面临更多的未知，如果只有一件事是已知的话，那就是我们会创造出更多的、人们离开了它们就无法生活的东西。

我们很幸运，生活在一个创造决定未来的时代。但创造能否决定未来取决于我们的信念和坚持，坚持相信的，相信坚持的。

——**王坚** **2016年4月于云栖小镇**